DAVID RYBACK studierte Psychologie und unternahm ausgedehnte Reisen durch Europa und Asien sowie nach Mexiko und in den mittleren Osten. Er arbeitet als Schriftsteller, Publizist und Theaterautor. Als Managementberater war er unter anderem für das US-amerikanische Verteidigungsministerium tätig. Er ist Mitglied im »Atlanta Press Club« und in der »National Speakers Association«.

Gibt es prophetische Träume? Und wenn ja, welchen Einfluß können sie auf unser Leben haben?

Dieser Frage nähert sich der Autor vollkommen pragmatisch und kritisch. Mit streng wissenschaftlichen, empirischen Methoden untersucht er dieses unendlich wertvolle Geschenk, das unser Unbewußtes uns macht. Mit unzähligen Fallbeispielen belegt der Autor, daß viel mehr Menschen als angenommen von künftigen Ereignissen träumen und wie sich diese Träume von herkömmlichen unterscheiden. Dieses Buch rüttelt auf und fordert geradezu von seinen Lesern, die eigenen Träume wahrzunehmen und zu überprüfen.

David Ryback

Letitia Sweitzer

Wahrträume

Ihre transformierende und übersinnliche Kraft

Aus dem Amerikanischen
von Erika Ifang

Dreams that come true
© 1988 by David Ryback and Letitia Sweitzer

ins Deutsche übersetzt von Erika Ifang
© 1990 Droemer Knaur Verlag, München

ISBN 3-89767-462-9

Ab 2007 ISBN 978-3-89767-462-9

© 2005 für die vorliegende Ausgabe
Schirner Verlag, Darmstadt

Umschlaggestaltung: Murat Karaçay
Satz: Elke Truckses
Herstellung: Reyhani Druck und Verlag, Darmstadt

www.schirner.com

Inhalt

Dieses Buch ist den jungen Menschen in meinem Leben gewidmet: David Surrency, Rhonda und Kenny Ryback sowie Michael und J. J. Marx.

In Träumen liegt Verantwortung begründet.

W. B. Yeats: *Responsibilities* (1914)

Aufrichtigen Dank sagen wir allen, die uns von ihren Träumen, den transformierenden und den übersinnlichen, erzählt haben. Sie sind die Helden dieses Buches, denn sie haben uns Einblick in ihr Leben gegeben und bewiesen, daß Träume wahr werden können.

Für ihre Unterstützung und sachkundige Hilfe danken wir Alix Kenagy, der uns zusammengeführt hat, Bella Pomer, unserer Beraterin, und Casey Fuetsch, dem engagierten Lektor der amerikanischen Ausgabe.

David Ryback und Letitia Sweitzer

Besonderen Dank schulde ich Fred Richards, Ronee Griffith und Leslie Van Toole für die Unterstützung, die sie mir all die Jahre haben angedeihen lassen, in denen ich an diesem Traumbuch arbeitete. Ein herzliches Dankeschön auch an Stanley Krippner und den verstorbenen Carl Rogers für ihre Unterstützung zu Anfang dieses Buchprojektes.

David Ryback

Von ganzem Herzen danke ich Kathryn Heath Gable, die mich dazu ermutigt hat, meinen Träumen auf der Spur zu bleiben, sowie Virginia Stone Humphries und Holly Palmer Rhodes, die mir den weiteren Weg gewiesen haben.

Letitia Sweitzer

Vorwort

Als der Psychologe David Ryback zum ersten Mal mit dem Vorschlag an mich herantrat, ein Buch über prophetische Träume zu schreiben, mußte ich ihm bekennen, daß ich ein Skeptiker bin. »Das ist ganz in Ordnung«, sagte er mir, »ich war auch einmal ein Skeptiker.«

Er erzählte mir, wie er oft aus reinem Vergnügen Ereignisse wegdiskutierte, die andere Leute für außersinnliche Phänomene hielten. Nur für prophetische Träume, Träume, die genau die Zukunft voraussagen, hatte er keine logische Erklärung. Deshalb führte er eine Untersuchung durch, um festzustellen, wie viele normale Menschen tatsächlich außersinnliche Traumerlebnisse hatten. Die Zahl der Versuchspersonen, die ihre Träume für ihn aufschrieben, und die Ähnlichkeit der Traummuster bewirkten bald, daß er die Erfahrung prophetischer Träume ernst nahm. Er lud mich ein, sein Material darüber anzuschauen.

Er holte also einen riesigen dinosauriergrünen Ordner mit Briefen von Träumern, die prophetische Träume gehabt hatten, aus dem Schrank, Briefe, die er nach Veröffentlichung seiner Forschungsergebnisse erhalten hatte. Einige waren maschinengeschrieben mit Universitätsbriefkopf; andere stammten offensichtlich von Leuten, die beruflich mit dem Thema zu tun hatten; die meisten jedoch waren einfach handgeschrieben und kamen aus den verschiedensten Gegenden.

»Wenn all diese Leute Träume über unerwartete, ferne Zukunftsereignisse hatten und all diese Träume wahr geworden sind«, sagte Dr. Ryback, »dann muß die Erforschung dieses Phänomens unsere Vorstellung von Raum und Zeit von Grund auf verändern.« Er fing an, aufgeregt von der Zukunft und holistischem Wissen zu reden. Und ich begann, die Briefe zu lesen.

Was ich las, brachte mich nicht etwa auf Gedanken über die theoretische Physik, die Relativitätstheorie oder die Krümmung der Zeit. Ich las vielmehr von Menschen – geängstigten, glücklichen, geselligen, zurückgezogen lebenden, jungen und alten, verwirrten und ihrer Sache gewissen Menschen ... und ich schloß sie alle in mein Herz.

Ich war im Innersten angerührt von den Bekenntnissen, die nicht einmal der engste Angehörige oder Freund erfahren hatte und die sie nun einem Fremden machten. Ich war angerührt von der Unschuld, die daraus sprach (»Ich habe nie von diesem alten Freund geträumt, *weil ich ja verheiratet war*«), der Verärgerung (»George sagt, warum ich, wenn ich schon prophetische Träume haben muß, immer Schlimmes vorausträume, das ihm zustößt«), und der Feinfühligkeit (»Der Traum war so lebhaft, daß ich ihn meiner besten Freundin erzählt habe, aber ohne die Stelle, die ihre Gefühle hätte verletzen können«). Auch die Einzelheiten aus dem häuslichen Leben der Träumenden gingen mir zu Herzen. Während Dr. Ryback vor allem beeindruckt war von den Todesträumen, die Wirklichkeit wurden (der Tod ist wissenschaftlich unwiderlegbar), nahm mich eher das Unbedeutende gefangen – der Traum von einer Glasmurmel, die sich im Schnee fand, oder der Traum von einem Avocadostein. Denn der Tod spukt uns allen im Kopf herum, aber wer träumt schon von einer Glasmurmel oder einem Avocadostein!

Angesichts des erdhaften Realitätssinns dieser Leute verlor sich meine Skepsis, so wie Dr. Rybacks Zweifel sich angesichts der Zahlen und Beweise aufgelöst hatten. Als ich zur Vorbereitung auf dieses Buch an einem von Dr.

Ryback geleiteten Kurs über symbolische Trauminhalte teilnahm, stellte ich fest, daß einige Träume, die von Teilnehmern erzählt wurden, eher in einem symbolischen als im wörtlichen Sinne wahr wurden. Mir schien diese Art von Traum ebenfalls in das Buch zu gehören. Dr. Ryback war zuerst anderer Meinung, weil er nur den rein prophetischen Traum, der im wörtlichen Sinne und ohne jede Verwässerung durch einen subjektiven Symbolismus wahr wird, aufnehmen wollte. Die Beweiskraft prophetischer Träume sollte nicht durch etwas so Spekulatives wie den möglichen Symbolgehalt abgeschwächt werden. Seine Argumentation leuchtete mir zunächst ein.

Dann geschah etwas, das mich noch mehr in meiner eigenen Idee bestärkte. Eine Belgierin, die meine Familie bei einer Straßenbahnfahrt in Brüssel kennengelernt hatte und der wir freundschaftlich verbunden blieben, kam für drei Wochen zu uns nach Atlanta zu Besuch. Im Laufe dieser Wochen erzählte sie mir nach und nach von ihrem Leben. Ich erfuhr, daß sie in ihrer Kindheit von ihrem Vater mißhandelt worden war, dann einen Mann geheiratet hatte, der sie gleichfalls mißhandelte, und daß sie ihr Los als verdiente Strafe ansah. Ihr Leid war zwar unter anderem eine Folge des frühen Todes ihrer Mutter und des zweimaligen Einmarsches der Nazis, die den Bauernhof ihrer Familie niederbrannten und ihren Bruder mitnahmen, aber ihre Seelenqualen waren doch größtenteils durch einen Mangel an Selbstachtung begründet, der seine Ursache in der Ablehnung durch den Vater hatte.

Stets auf der Suche nach Material für das Buch, fragte ich sie gegen Ende ihres Aufenthaltes, ob sie je einen Traum gehabt hätte, der ihr Leben entscheidend beeinflußt hatte. »Ah, oui, le rêve le plus important de ma vie«, sagte sie daraufhin und erzählte mir einen Traum, dessen Bedeutung ich dank meines Studiums der Traumanalyse von Dr. Ryback sofort verstand. Es handelte sich eindeutig um ein symbolisches Geschehen, das in eindringlicher Form auf versteckte Weise ihr Abgelehntwerden und ihre erfolglose Abwehrhaltung darstellte: die Quintessenz symbolischen Träumens.

Dann erzählte meine Freundin zu meiner Überraschung, daß sich am Morgen nach dem Traum das dramatische Geschehen nicht mehr symbolisch, sondern wirklich und wahrhaftig abgespielt hatte, bis der ganze Traum in Erfüllung gegangen war. Von da an war ich vollkommen davon überzeugt, daß sich Prophetisches und Symbolisches überschneiden, und so entstand das achte Kapitel dieses Buches, das auch den Traum meiner Freundin enthält.

Obwohl ich als Journalistin und Mitarbeiterin von Dr. Ryback viele der Interviews selbst durchgeführt habe, ist das Buch in der ersten Person Einzahl geschrieben, denn es ist letztlich doch Dr. Rybacks Buch. Er war es, der auf die Idee kam, prophetische Träume kämen bei normalen Menschen so häufig vor, daß ihre Realität nicht abzuleugnen sei, auch nicht unter Wissenschaftlern; er war es auch, der sich überlegte, wie diese Realität wissenschaftlich erklärt werden könnte; und er glaubte zehn Jahre lang fest daran, daß diese Idee und das zusammengetragene Material ein einzigartiges Buch über den gesamten Bereich der prophetischen Träume ergeben könnten. Ich brachte schließlich seine Ideen und die aus den Briefen und meinen Interviews gewonnenen Einsichten auf einen gemeinsamen Nenner, indem ich die Nutzanwendung daraus zog: Jeder, ob Skeptiker oder nicht, kann von Wahrträumen profitieren, wenn er sie annimmt, auf sie reagiert und sie auf positive Weise in sein Leben integriert.

Letitia Sweitzer

Einleitung

Das Träumen ist eine universelle Erscheinung, die sich nicht auf den Menschen beschränkt, sondern auch bei vielen Säugetieren auftritt. Wissenschaftliche Forschungen haben ergeben, daß das Träumen für die normale Gehirnfunktion noch wichtiger ist als der Schlaf. Versuche sowohl mit Menschen als auch mit Katzen, die aus ihren Träumen aufgeweckt wurden, in den traumlosen Phasen jedoch ungestört schlafen durften, bewiesen, daß die Betreffenden danach reizbar und desorientiert waren. Wenn sie ungehindert träumen durften, holten beide Gattungen das Versäumte ausgiebig nach und kamen wieder in ihre normale Gemütslage zurück.

Wir träumen mehr, als wir im allgemeinen zugeben wollen. Bis zu einem Drittel unseres Schlafes können wir mit Träumen verbringen. Doch die meisten von uns erinnern sich, wenn überhaupt, nur an einen Bruchteil ihrer Träume. Warum? Psychologisch betrachtet ist unser Geist dreigeteilt – in Es, Ich und Über-Ich, wie ursprünglich von Freud beschrieben. Das *Es* umfaßt unser Unbewußtes, einen Riesenspeicher für Eindrücke und weit zurückliegende Erinnerungen, die bis in die Kindheit reichen und sich per Definition dem Zugriff des bewußten Denkens entziehen. Träume entstehen im Es und bleiben meistens auch dort. Das *Ich* oder Ego ist unser Bewußtsein, es bestimmt unser Selbstbild und unsere Beziehung zur übrigen Welt. Wir entwickeln unser Ich ungefähr mit zwei Jahren, etwa zu der Zeit, wo wir auch sprechen lernen. Das *Über-Ich* läßt sich am einfachsten als Gewissen bezeichnen, das wir laut Freud ungefähr in der Pubertät vom Elternteil gleichen Geschlechts übernehmen. Warum wir uns nun an den größten Teil unserer Träume nicht mehr erinnern können, liegt am Zusammenspiel dieser drei psychischen Instanzen. Das Über-Ich hat die Aufgabe, alles, was moralisch nicht mit dem Selbstbild in Einklang zu bringen ist, fernzuhalten. Es fungiert als Zensor und fällt Urteile über alles Traummaterial, das nicht mit dem Ego vereinbar ist. Manchmal erinnern wir uns beim Aufwachen noch an einen Traum, der jedoch einen Augenblick später bereits wieder aus unserem Gedächtnis entschwunden ist. Unter Umständen sind uns noch undeutliche Bilder in Erinnerung, aber auch diese flüchtigen Eindrücke verlieren sich bald. Das Über-Ich leistet ganze Arbeit. So geht jeder Traum, der uns eben noch lebhaft vor Augen war, meist unweigerlich verloren, wenn wir ihn nicht schnell aufschreiben oder jemandem erzählen. Es mag unsinnig klingen, daß sich derjenige, dem wir unseren Traum schildern, später leichter daran erinnert als wir selbst. Aber es ist beileibe kein Unsinn: Das Über-Ich zensiert unser Es, während derjenige, dem wir den Traum erzählen, nichts mit dessen Moral oder Ego-Kompatibilität zu tun hat – sein Über-Ich kommt nicht mit ins Spiel. Er wird infolgedessen keine Schwierigkeiten haben, sich an unseren Traum zu erinnern, den wir selbst im wesentlichen bald wieder vergessen haben.

Die Menschen sind in dieser Hinsicht sehr verschieden. Die einen schwören, sie würden *nie* träumen, während die anderen Abenteuernacht für Abenteuernacht lange Träume haben und in allen Einzelheiten wiedergeben können. Die Mehrzahl von uns hält sich allerdings in der Mitte dieser beiden Extreme.

Wie wichtig Träume sind, wurde schon in biblischer Zeit erkannt, aber erst in den letzten paar Jahrzehnten haben sie eine grundlegend neue Bedeutung für uns erlangt. Freud und Jung haben maßgeblich die Art und Weise beeinflußt, wie wir unsere Träume deuten. Die Psychoanalyse und ähnliche Verfahren, die den heutigen Formen der Psychotherapie vorausgingen, sahen in den Träumen »den Königsweg zum Unbewußten«, wie Freud es nannte. Seit ungefähr zehn Jahren bauen bestimmte Schulen der Psychotherapie, so die Jungsche Traumarbeit und die Gestalttherapie, mehr und mehr auf die Traumanalyse.

Gewiß, es herrscht Uneinigkeit zwischen den Traumforschern. Manche behaupten, Träume seien nichts weiter als Zufallsschaltungen im Nervensystem, den Muskelzuckungen während des Schlafes vergleichbar. Aber selbst wenn wir eine so beschränkte Auffassung von den Träumen haben, ist doch wohl offensichtlich, daß sich in einer solchen Zufallsschaltung die ungelösten emotionalen Konflikte, mit denen wir uns schlafen gelegt haben, in aller Freiheit ausleben, ohne durch irgend etwas in ihrer Ausdrucksform eingeschränkt zu werden. Das erklärt, warum Träume aus rationaler Sicht so chaotisch und scheinbar formlos wirken. Auf emotionaler Ebene jedoch erkennen wir ein elegantes Gefüge, das über das surrealistisch und unlogisch Anmutende des Traumes hinausweist. Von Jungschen Begriffsfindungen ausgehend habe ich festgestellt, daß jeder Traum eine zutiefst bedeutsame Frage aufwirft, diese Frage beantwortet und darüber hinaus dem Träumer oft noch eingibt, wie das im Traum zum Ausdruck gekommene Dilemma zu lösen ist.

Außerdem ist durch das Medium des Traums ein ganz neuer Wahrnehmungsbereich entdeckt worden: das Vorauswissen. Bei meiner jahrelangen Beschäftigung mit Träumen konnte ich keine logische Erklärung dafür finden, daß manche Leute von Träumen erzählten, die zukünftige Ereignisse vorausnahmen.

Vor meiner eigenen Forschungsarbeit gab es keine wissenschaftliche Untersuchung über die Häufigkeit solcher

Berichte. Ich beschloß, mich auf dieses mißachtete Forschungsgebiet vorzuwagen, um wenigstens meine eigene Neugier zu befriedigen und vielleicht auch die wissenschaftliche Welt mit Beweisen für prophetische Träume zu konfrontieren, die zuvor unter den Teppich gekehrt worden waren. Wenn nicht Hunderte und Aberhunderte von Leuten mich oder sich selbst belogen haben, habe ich Beweismaterial zusammengetragen, das nicht länger ignoriert werden kann. Da prophetische Träume einigen deutlich erkennbaren Mustern folgen, hätten sich die Hunderte von Menschen aus allen Teilen des Kontinents schon verschwören müssen, um sich Träume nach diesen Mustern aus den Fingern zu saugen. Wie man es auch drehen und wenden mag, hier liegt der schlagende Beweis für ein Phänomen vor, das die wissenschaftliche Welt erschüttern müßte. Seltsamerweise wurde der Veröffentlichung meiner Forschungsarbeit über prophetische Träume anfangs starker Widerstand entgegengesetzt. Die konventionellen Wissenschaftsmagazine fanden das Material verständlicherweise zu unwissenschaftlich, und die psychologisch orientierten Zeitschriften hatten nichts für meine vorsichtige Einstellung zum Thema übrig. Mit meiner wissenschaftlichen Erforschung eines Gebietes, das mit Okkultismus und Esoterik zusammenhing, betrat ich Niemandsland. Zum Glück zeigt das vorliegende Buch jedoch, daß es doch noch Verleger gibt, die bereit sind, die Grenzen dessen, was als glaubwürdig gilt, zu erweitern.

Wahrträume ist ein ganz besonderes Buch: Zuerst wird ein Reizthema, für dessen Richtigkeit es bisher keinerlei Beweise gab, mit einiger Skepsis beleuchtet. Als Psychologe mit über 30 eigenen Veröffentlichungen stand ich natürlich meiner Erziehung nach fest auf dem Boden des Kausalitätsprinzips. Jedem Ereignis ging nach meinem Verständnis ein ihm ursächlich verbundenes Ereignis voraus, und nur durch die Kausalgesetze konnten wir den Weltenlauf mitsamt dem menschlichen Verhalten und dessen innersten Kern, den menschlichen Geist, verstehen. Und da stand ich nun vor dem Phänomen prophetischer Träume, die nicht in irgendeinem schulwissenschaftlichen Sinne zu erklären waren. Nach meiner Ausbildung zu urteilen, waren prophetische Träume barer Unsinn. Aber die Fakten, die ich durch eine wissenschaftlich anerkannte Untersuchung erhielt, liefen meinen Annahmen völlig zuwider. Ich wollte die Ergebnisse selbst nicht glauben, finde also die Bestürzung meiner wissenschaftlichen Kollegen, wie ich überhaupt so etwas erforschen konnte, durchaus verständlich. Ich erinnere mich noch an ein Treffen mit meinem Doktorvater lange Jahre nach meiner Promotion. Als ich ihm von meinem Forschungsgebiet erzählte, sagte mir sein irritierter, mißbilligender Blick: »Was habe ich bloß falsch gemacht bei Ihnen, Ryback?«

Besonders an diesem Buch ist ferner, daß es über die Erforschung prophetischer Träume hinausgeht und sich auch mit solchen Träumen befaßt, die in das weite Spektrum zwischen den prophetischen und den normalen Symbolträumen gehören. Wie schön wäre es, wenn man diese Kategorien sauber trennen könnte! Aber die menschliche Natur ist nicht so, und schon gar nicht die des menschlichen Geistes. Mit diesem Buch möchte ich dem Leser herausfinden helfen, was ihm seine eigenen Symbolträume zu bieten haben. Ob Sie nun mehr Interesse an außersinnlichen Phänomenen oder an normalen Träumen haben, Sie werden sich auf jeden Fall angesprochen fühlen.

Allen Träumern in aller Welt wünsche ich, daß dieses Buch ihnen den Rücken stärkt, sie belehrt und unterhält.

Süße Träume!

David Ryback

1 Eine erstaunliche Entdeckung

Ich werde nie den Tag vergessen, an dem ich den Brief von Jim T. mit einer äußerst schmerzlichen Nachricht öffnete. Ich habe ihn viele Male gelesen, immer wieder, und werde jedes Mal von dem gleichen gemischten Gefühl überwältigt, einer Mischung aus Trauer und Mitgefühl, das die vorbehaltlose Offenheit hervorruft, mit der er mir seinen Kummer mitteilte. Der Schreiber, ein ehemaliger Marineoffizier und Lehrer, stellte sich darin vor und erklärte, er habe in der Zeitung von meiner Forschungsarbeit über Träume gelesen. Nach eigenen Angaben litt er weder unter Halluzinationen, noch besaß er eine blühende Phantasie, aber er fügte hinzu: »Ich muß Ihnen eine seltsame Geschichte erzählen.«

Eines Nachts, wir schliefen beide schon, wurde ich von meiner Frau Allison geweckt, die im Schlaf weinte – ich spürte, daß sie geängstigt war, aber nicht in der Lage aufzuwachen. Sie hatte einen Alptraum, und ich hörte aus ihrem Schluchzen und ihrer Unruhe, daß er schlimm war. Ich rüttelte sie und wollte sie trösten, ihr sagen, daß sie nur einen schrecklichen Traum habe – sie hörte mich nicht. Sie weinte weiterhin, und ich nahm sie in die Arme, um ihr zu zeigen, daß sie nur träumte.

Als ich sie schließlich doch aufwecken konnte, sagte sie: »Es war furchtbar ... es war einfach furchtbar.« Sie hörte nicht auf zu weinen und erzählte mir, wie wirklich und schrecklich es gewesen sei. Ich konnte sie kaum dazu bewegen, mir den Traum zu erzählen.

Endlich sagte sie: »Es war ein Zug – ein Zug kam und überfuhr mich.« Ich kann mich nicht an den genauen

Wortlaut erinnern, aber ich weiß noch, daß sie im Traum von einem Zug getötet wurde.

Sie stand gleich auf und sah nach unserer vierjährigen Tochter Tessa – wir haben noch einen zehnjährigen Jungen, aber zu ihm ging sie nicht, wenn ich mich recht erinnere. Auf jeden Fall ging sie zu Tessa und sah nach, ob alles in Ordnung war. Im Traum war sie vor einem Zug her gerannt, um Tessa zu retten, die auf die Gleise geklettert war.

Allison war zutiefst aufgewühlt. Ich tröstete sie die Nacht über, so gut ich konnte. Ich weiß noch, daß ich ihr sagte, wenn ich ein Kind auf den Eisenbahnschienen und einen Zug mit großer Geschwindigkeit ankommen sähe, würde ich es nicht auf normale Weise herunterzuziehen versuchen, sondern auf das Kind zulaufen, so schnell ich nur könnte, mir das Kind wie ein Rugbyspieler den Ball schnappen und mich und das Kind durch meine eigene Geschwindigkeit vorwärts von den Gleisen tragen lassen. Es dauerte lange, bis wir wieder einschliefen.

David, ich weiß nicht, wie lange vor dem Unfall dieser Traum auftrat, aber ich würde sagen, höchstens zwei Wochen.

Am 5. Januar 1976, nach den Weihnachtsferien, brachten Allison und Tessa einen Freund zum Bahnhof von De Land in Florida.

Tessa schaute einem Bahnarbeiter zu, der einen Gepäckwagen zog; eine Thermosflasche fiel herab auf die Gleise – Tessa rannte los, um sie zu holen – Allison sah den einfahrenden Zug zu spät und stürzte hinter ihr her, um sie zu retten.

Beide kamen ums Leben – sie waren auf der Stelle tot, glaube ich – ich war nicht da, Gott sei Dank ...

Der Brief von Jim T. mag bewegender sein als andere, aber er ist in vieler Hinsicht ein typisches Beispiel für die Briefe, die ich in den 15 Jahren meiner Forschungsarbeit über Wahrträume erhalten habe. Er beschreibt ein außerordentlich lebhaftes Traumbild von einem Ereignis, in dem es um Leben und Tod geht, und enthält einen Hinweis auf das Positive am Vorauswissen. Der mit seinem Sohn alleingebliebene Ehemann schrieb: »Irgendwie fühle ich mich (durch das Traumerlebnis) mit Allison und Tessa verbunden, weil etwas, das ich nicht begreifen kann, sie vorwarnte. Wir standen einander sehr nahe.«

Innerhalb des weiten Bereichs der Träume gibt es einen einzigartigen, herausragenden Bereich – die *prophetischen* Träume, Träume, die wahr werden. Allisons Traum ist ein Beispiel dafür.

War Allisons Traum über ihren eigenen und den Tod der Tochter wirklich ein präkognitiver, prophetischer Traum, ein Traum, der die Zukunft vorwegnahm? Skeptiker werden das verneinen und von einem bemerkenswerten zeitlichen Zusammentreffen sprechen.

Stellen Sie sich einmal vor, wie Sie zu Jim T. sagen: »Tut mir aufrichtig leid, die Sache mit Ihrer Frau und dem Kind. Und dieser Traum – welch ein Zufall!« Wenn ich Jim wäre, mit dieser lebhaften Erinnerung daran, wie ich meine zitternde Frau in den Armen halte, und jemand sagte mir so etwas, wäre ich außer mir.

Doch wenn ich meine Gefühle einmal beiseite lasse, muß ich objektiv die Frage stellen: »War Allisons Traum reine Koinzidenz?« Und nach allem, was ich über Koinzidenz weiß, muß ich die Frage bejahen. Das Wort *Koinzidenz* bedeutet, daß zwei oder mehr Ereignisse zeitlich zufällig zusammentreffen, und ereignen kann sich alles rein zufällig. Selbst diese Tragödie konnte eins unter einer Million Ereignissen sein, das zufällig nach einem bösen

Traum wirklich eintraf. Ich kann diese Argumentation gut verstehen, denn ich war selbst ein Skeptiker, was das Thema prophetischer Träume betrifft.

Ich habe noch nie einen prophetischen Traum gehabt. Trotzdem haben mich Träume immer interessiert, da ich als klinischer Psychologe durch die Deutung symbolischer Träume Patienten in psychotherapeutischer Behandlung zu helfen versuchte, ihre Konflikte zu verstehen.

Während meines Psychologiestudiums hatte ich unter anderem auch Traumanalyse studiert, von Freud bis hin zu den modernsten Theoretikern, und als klinischer Psychologe habe ich die konventionellen Methoden der Traumanalyse benutzt, sie miteinander kombiniert und in ein einheitliches System gebracht, um sie bei Patienten praktisch anwenden zu können. Ich habe auch ganz normalen Träumern diese Methode beigebracht, symbolische Träume zu analysieren, wie Sie später noch sehen werden. Beim Gespräch über symbolische Träume in der Therapie gibt es geradezu elektrisierende Augenblicke, nämlich wenn ich einem Patienten sein eigenes Traumsymbol vorhalte und er daraufhin eine neue Idee zum Ausdruck bringt, eine Einsicht, die er noch nie zuvor hatte. Seine Augen weiten sich, während er sich selbst zuhört, wie er ein neues Selbstverständnis artikuliert, und dann macht sich Erleichterung bei ihm bemerkbar. Um einen Patienten durch seine widersprüchlichen Gefühlswelten hindurchzugeleiten, muß ich mich ganz auf meine Intuition verlassen. Aber ich habe mich nie als medial veranlagten Menschen oder Mystiker gesehen, nur als Wissenschaftler. Mit außersinnlichen Träumen hatte ich mich natürlich nie befaßt, ich glaubte ja nicht einmal daran, daß es sie gab – ich war meiner festen Überzeugung nach ein Wissenschaftler des 20. Jahrhunderts.

Eines Tages jedoch, an Bord eines Schiffes, befand ich mich plötzlich in einem intellektuellen Dilemma. Ich hatte mir als Belohnung für ein Jahr besonders harter Arbeit und als Verschnaufpause vor Antritt einer neuen Dozentenstellung eine Europareise gegönnt. Die Muße einer Atlantiküberfahrt per Schiff sollte meine Seele von dem lastenden Druck des gewohnten Arbeitsstresses befreien, aber wie ich merkte, sagte mir die Muße gar nicht zu.

Das Schiff glitt Tag für Tag durch die Meereswogen. Genua und andere verlockende europäische Städte würden sicher halten, was die Prospekte versprachen, aber die Tage bis zur Landung dehnten sich und waren für mich auch durch Frühstücke mit drei Gängen, Zwischenmahlzeiten mit dänischem Gebäck und Kaffee, Sonnenbäder an Deck, Mittagessen mit fünf Gängen, Nachmittagsgenüsse, Cocktails usw. nicht zu füllen ... ich saß auf See in der Falle.

Ich begann, auf den Decks herumzuwandern, um mir die Zeit zu vertreiben, auf der Suche nach Gesprächspartnern. Ich fand sie – und machte eine erstaunliche Entdeckung.

Ich hatte mich zu einer Gruppe von Reisenden gesellt, die mitten in einer Unterhaltung über außergewöhnliche Ereignisse begriffen waren, die ihnen zugestoßen waren. Ein junger Mann erzählte von einem Traum, den er über einen Todesfall in seiner Familie gehabt hatte. Er schreckte verstört aus dem Schlaf auf, so inhaltsschwer und ungewöhnlich lebhaft war der Traum. Stundenlang konnte er nicht wieder einschlafen. Am nächsten Morgen rief ihn jemand an und teilte ihm mit, daß die Familienangehörige, deren Tod er geträumt hatte, tatsächlich plötzlich gestorben sei. Die Betreffende war nicht krank gewesen und ihr Tod ein Schock für die ganze Familie. Dieser Traum machte an sich schon betroffen, aber was mich noch mehr überraschte, war die Reaktion verschiedener anderer aus der Gruppe auf die Erzählung des jungen Mannes: Sie erzählten selbst Träume, die in Erfüllung gegangen waren – Träume von Todesfällen, Verletzungen und glücklichen Ereignissen, die eigentlich nicht vorherzusehen waren.

Die Traumwiedergabe folgte einem bestimmten Muster: Die Träumer beschränkten sich auf nackte Tatsachen und versuchten nicht, nun unbedingt zu überzeugen. Die Träume, die sie erzählten, waren außerordentlich lebendig gewesen, hatten sich auf bestimmte Ereignisse bezogen und Menschen betroffen, die dem Träumenden gefühlsmäßig nahestanden. Was sich im Traum ereignete, war außergewöhnlich und zu dem betreffenden Zeitpunkt höchst unwahrscheinlich. Die Ereignisse trafen jedoch während des Traums oder kurze Zeit später tatsächlich ein.

Ich, der ich mir oft einen Spaß daraus machte, zumindest mir selbst eine wissenschaftliche Erklärung für das zurechtzulegen, was andere übersinnliche oder »parapsychische« Phänomene nannten, konnte mir das alles nicht erklären. »Ja, aber sehen Sie …« fing ich an und merkte, daß mir nichts dazu einfiel.

Gewiß, von prophetischen Träumen hatte ich schon gehört, Legenden wie die von Abraham Lincoln, der geträumt hatte, er würde ermordet. Und ich hatte auch schon von den Träumen des allgegenwärtigen »Freundes eines Freundes« gehört, die später wahr wurden. Aber solchen Geschichten aus zweiter Hand hatte ich nie Beachtung geschenkt.

Doch hier stand ich nun vor Leuten, deren Wahrheitsliebe ich selbst beurteilen konnte – vernünftigen, glaubwürdigen Menschen, Geschäftsleuten und anderen Berufstätigen. Jeder erzählte einfach seine Geschichte und ging auf Fragen ein, die natürlich bei den Zuhörern aufkamen. Ich ging verwundert in meine Kabine zurück. Alle möglichen Dinge, die andere für außersinnliche Phänomene hielten, hatte ich schon wissenschaftlich wegdiskutiert, aber diese Traumereignisse wußte ich mir nicht zu erklären. Gab es prophetische Träume?

Die einzige Erklärung, die mir für die Träume einfiel, von denen ich an Bord des Schiffes gehört hatte, war Koinzidenz, ein zufälliges Zusammentreffen geträumter und realer Ereignisse. Wir alle, das heißt Abermillionen Menschen, träumen jede Nacht, sagte ich mir. Von diesen Träumen müssen Tausende beispielsweise den Tod beinhalten. Tausende von Menschen sterben jeden Tag, und es versteht sich von selbst, daß einige dieser Todesfälle in Familien auftreten, wo zufällig jemand kurz vorher einen Todestraum hatte. Und so konnte es mit allen Traumereignissen sein.

Aber wenn Träume nur dann wahr werden, wenn sie in der Unendlichkeit von Raum und Zeit zufällig mit sehr unwahrscheinlichen Ereignissen zusammenfallen, wie kam es dann, daß so viele solcher Träumer hier auf dem Schiff waren?

Was, wenn die Wahrscheinlichkeit, vom Tod eines Menschen zu träumen, der kurz darauf wirklich bei einem Unfall ums Leben kommt, eins zu eine Million betrüge und diese Koinzidenz bei einer von 1000 Personen zu beobachten wäre? Läge dann nicht die Vermutung nahe, daß nicht der Zufall, sondern eine andere Kraft am Werk ist?

Nach diesen Überlegungen plante ich mein nächstes Forschungsprojekt: Ich wollte feststellen, wie viele Menschen aus der gesamten Bevölkerung tatsächlich prophetische oder Wahrträume haben, genauer gesagt präkognitive Träume (sie beziehen sich auf Ereignisse in der Zukunft) und telepathische Träume (sie beziehen sich auf

Ereignisse, die gleichzeitig mit dem Traum, jedoch entfernt vom Träumer und ohne sein Wissen stattfinden). Ich ging von einer geringen Zahl aus, aber das spielte keine Rolle für mich – ich war so neugierig, daß ich der Sache auf jeden Fall auf den Grund gehen wollte. Es bestand immerhin die Möglichkeit, daß irgend etwas Spannendes dabei herauskam. Trotz meiner Skepsis konnte ich es kaum erwarten, mit dieser Arbeit zu beginnen.

Nach meiner Rückkehr vertiefte ich mich in ältere Forschungsarbeiten über Wahrträume und stellte fest, daß es zwar schon viele Studien über einen kleinen Kreis von Versuchspersonen gab, die wegen ihres Interesses an solchen Träumen ausgesucht worden waren, daß aber noch niemand eine Versuchsreihe mit einer großen Anzahl von willkürlich ausgewählten normalen Leuten als Versuchspersonen durchgeführt hatte. Wenn ich mir selbst den Beweis oder Gegenbeweis liefern wollte, daß Wahrträume existieren, mußte ich zuerst herausfinden, wie häufig dieses Phänomen in der Normalbevölkerung in Erscheinung trat. Je mehr Leute von solchen Träumen berichten, desto weniger lassen sich die Träume allein durch Zufall erklären. Und je mehr Traumdetails mit den Details der tatsächlichen Ereignisse übereinstimmen, um so unhaltbarer ist die Erklärung, dieses Zusammentreffen sei reiner Zufall.

Als Dozent für Psychologie teilte ich an 433 Studenten einen von mir ausgearbeiteten Fragebogen aus, um festzustellen, wie viele von ihnen schon Träume über später tatsächlich eingetretene Zukunftsereignisse oder Ereignisse hatten, die simultan mit dem Traum, aber entfernt von ihnen und ohne ihr Wissen stattfanden. Mit dem Fragebogen versuchte ich auch, die Kriterien für das parapsychische Traumerleben näher zu bestimmen. Die Versuchspersonen machten Angaben über die Zeitspanne zwischen ihren Träumen und den vorausgeträumten Ereignissen, über ihre emotionalen Beziehungen bei der parapsychischen Traumerfahrung. Ich bat außerdem jede Versuchsperson um die schriftliche Wiedergabe eines solchen Traums und der darauffolgenden Ereignisse.

290 Versuchspersonen, also 66,9 Prozent derjenigen, die den Fragebogen ausfüllten, gaben an, schon Wahrträume gehabt zu haben. Ich war sprachlos. Die 290 Leute meinten, wenigstens einmal ein Phänomen erlebt zu haben, das von Wissenschaftlern und Laien gleichermaßen für unmöglich gehalten wird.

Um die Wahrheit zu sagen, fand ich viele der Berichte von Träumen, die angeblich in Erfüllung gegangen waren und die von den Träumern als parapsychisch angesehen wurden, nicht überzeugend. In manchen der Träume von nahendem Unglück kam zum Beispiel eine ständig vorhandene Angst vor einer gefahrvollen Situation zum Ausdruck. Eine Frau hatte sich beispielsweise immer Sorgen um ihren Mann gemacht, einen älteren Dachdecker. Dann träumte sie, er würde bei seiner Arbeit vom Dach fallen, und am nächsten Tag geschah das auch. In solch einem Fall konnte das tatsächliche Ereignis durch die Kenntnis der realen Gefahr vorausgeahnt worden sein.

Andere Träume wieder waren so ungenau oder die Ereignisse, auf die sie sich bezogen, so alltäglich, daß ich sie nicht als Wahrträume einstufen konnte. Hier ein Beispiel für einen solchen Traum: »Mein Hund Racer war ein paar Tage verschwunden, und ich dachte, er habe einfach das Weite gesucht. Eines Nachts träumte ich, Racer kratze am Fliegengitter meiner Hintertür. Am nächsten Tag war er wieder da.«

Das ist der typische Bericht von einem Traum, den ich nicht als Beweis für die Existenz parapsychischer Träume gelten lasse. Verlorengegangene Hunde kehren häufig nach Hause zurück. Hätten ungewöhnliche Einzelheiten in dem Traum mit der Wiederkehr des Hundes übereingestimmt, läge die Sache anders. Damit will ich nicht behaupten, daß ich die Möglichkeit, die Versuchsperson der Studie habe einen prophetischen Traum gehabt, kategorisch verneine. Vielleicht hatte der Traum tatsächlich seine Ursache in parapsychischem Vorauswissen. Ich sage nur, daß die Normalität des Ereignisses und der Mangel an damit übereinstimmenden besonderen Details dieses Erlebnis als Beweis für die Existenz prophetischer Träume unbrauchbar macht.

Ich mußte nach bestimmten Kriterien vorgehen: die Menge der Details eines Traums, das Maß, in dem die Besonderheiten mit dem Ereignis übereinstimmten, wie unwahrscheinlich es war, daß das Ereignis so eintraf, wie es stattfand, wie schnell nach dem Traum das Ereignis stattfand usw. Ich wollte unbedingt vermeiden, einen Traum parapsychisch zu nennen, wenn sich die Beurteilung nur auf etwas so Subjektives wie Gefühle gründete, ob nun meine oder die des Träumers.

Selbst dann noch, als ich nach strengen Kriterien vorging, erwies es sich, daß Träume nicht nur bei einem von 1000 Menschen wahr werden, auch nicht bei einem von hundert, sondern bei mindestens einem von zwölf. Ich stellte fest, daß von den 290 erzählten Träumen 38 Träume, die von 38 Träumern – also 8,8 Prozent meiner Versuchspersonen – geschildert worden waren, nicht als normal bezeichnet werden konnten.

Wenn 8,8 Prozent – oder jeder zwölfte Träumer – parapsychische Träume hat, ist das mehr, als mit dem Zufall zu erklären wäre? Im Hinblick auf die Wahrscheinlichkeit der Geschehnisse ja. Wie groß ist beispielsweise die Wahrscheinlichkeit, daß man von seiner Anwesenheit bei einem bewaffneten Raubüberfall auf eine Bank träumt und sich am nächsten Tag wirklich von Bankräubern mit gezogener Waffe bedroht sieht? Ein Teilnehmer meines Forschungsprojektes beschrieb einen kurzen, aber detailreichen Traum; er befand sich in einer Bank und eröffnete ein Konto. Zwei bewaffnete Räuber kamen herein. Der Träumer stand an einem Schreibtisch seitlich im Raum, und die Räuber waren an der Kasse. Im Traum steckte einer der Räuber dem Träumer seine Waffe in den Mund. Der Teilnehmer gab noch an, der Traum sei sehr lebhaft gewesen und habe in seiner dramatischen Klarheit einen so tiefen Eindruck gemacht, daß er ihn am Morgen unbedingt einem Freund erzählen mußte.

Später an diesem Tag, als der Teilnehmer gerade in der Bank ein Konto eröffnete, stürmten zwei Räuber herein und überfielen die Bank. Der Teilnehmer stand auf der Seite, und die Räuber bedrohten mit gezogener Waffe die Kassierer. Die Bankräuber nahmen genau die gleiche Position ein wie im Traum, und der Teilnehmer hatte genau den gleichen Blickwinkel wie im Traum. Er räumte ein, daß die Räuber zwar die Bankkunden mit ihren Waffen bedrohten, daß jedoch keiner von beiden ihm die Waffe in den Mund hielt.

Dieser Traum erfüllt all meine Kriterien für einen prophetischen Traum. Sowohl der Traum als auch das tatsächliche Ereignis wurden in allen Einzelheiten wiedergegeben – zwei Männer, Waffen, die Position des Träumers auf einer Seite des Schalterraums, die Position der Räuber an der Kasse und der Überfall selbst. Anzahl der Männer, Waffen, die Positionen von Träumer und Räubern und das eigentliche Geschehen stimmen miteinander überein. Eine Unstimmigkeit besteht. Die Tatsache, daß keiner der Räuber die Waffe in den Mund des Teilnehmers hielt, bedeutet einen Minuspunkt für diesen Traum als parapsychisches Phänomen, aber die Offenheit, mit der er diese Unstimmigkeit zugab, machte den Traum noch überzeugender. Der genauestens vom Träumer geschilderte Unterschied beweist, daß er nicht bewußt oder unbewußt die Traumgeschehnisse übertreibt, um sie der landläufigen Vorstellung von einem Banküberfall anzupassen. Wahrscheinlich äußert sich in dieser Unstimmigkeit nur das Gefühl des Träumers von der extremen Bedrohung, der er ausgesetzt war.

Die Beweiskraft des Traums liegt in der Unwahrscheinlichkeit eines solchen Ereignisses und der noch größeren Unwahrscheinlichkeit, daß es einen Tag nach dem Traum eintritt. Bankraub ist relativ selten. Die Chancen, gerade in den wenigen herzbeklemmenden Minuten in einer Bank zu sein, in denen sie überfallen wird, sind ziemlich gering. Und die Wahrscheinlichkeit, am Tag nach einem Traum über einen Banküberfall bei einem Bankraub zugegen zu sein, ist verschwindend gering.

Noch eine Angabe, die dieser Teilnehmer machte, kann als Zeichen für einen prophetischen Traum gelten. Der Träumer fand den Traum so lebendig, daß er ihn unbedingt jemandem erzählen mußte. Menschen, die parapsychische Träume haben, bemerken an ihrem Traum oft eine besondere Qualität und Eigenartigkeit und versuchen aus diesem Grund, sich jemandem mitzuteilen. Die Person, der der Traum erzählt wird, bevor er in Erfüllung geht, kann gegebenenfalls alles bestätigen und die Sache damit noch beweiskräftiger machen.

Der Traum vom Banküberfall war, wie über die Hälfte der parapsychischen Träume meiner Studie, präkognitiv. Er nahm ein Ereignis in der Zukunft vorweg, von dem nur die Bankräuber gewußt haben. Auch der folgende präkognitive Traum nimmt in allen Details ein Ereignis vorweg, von dem zum Zeitpunkt des Träumens niemand etwas gewußt haben kann. Daß jede Einzelheit genauestens wiedergegeben ist, macht diesen Traum zu einem überzeugenden, echten prophetischen Traum, der mit all seinen Details kein reiner Zufall sein kann.

Im April suchten mein Mann und ich nach einer neuen Wohnung. Eines Nachts träumte ich, ich säße in einem roten VW, dessen Fahrerin ein blondes Mädchen war. Ihr Baby war auf dem Rücksitz des Autos festgeschnallt.

Wir kamen von einer Seitenstraße auf eine Hauptverkehrsstraße. Die verkehrsreiche Straße war mir vertraut, nicht aber die Seitenstraße. Es gab vier Fahrbahnen, und wir wollten zu einer Tankstelle auf der anderen Seite hinüber. Wir achteten auf jede Lücke im Verkehrsstrom, während wir uns langsam von Spur zu Spur hinüberschoben. Da rammte uns ein Fahrzeug auf der Fahrerseite. Das Mädchen fing an zu schreien: »Nimm mein Baby!«, immer wieder. Ohne mir darüber klar zu werden, ob ich selbst verletzt war, stieg ich aus dem Auto und hinten bei dem Baby ein, wo ich zusammenbrach, unfähig, mich zu bewegen, so sehr schmerzte mich mein Rücken und meine rechte Seite. Blut tropfte mir vom Gesicht.

In dieser Nacht erzählte ich meinem Mann von meinem Traum. Er meinte, es sei »bloß ein Alptraum« gewesen und tat ihn mit der Bemerkung ab, wir würden nicht einmal jemanden mit einem roten VW kennen.

Ich erzählte ihn auch meiner Mutter, und sie sagte, ich dürfe nie in einen roten Volkswagen einsteigen – mit niemandem.

Wir suchten weiter nach einer anderen Wohnung, und ich dachte nicht mehr an den Traum. Im Juni zogen wir in ein Doppelhaus, das in einer Seitenstraße von der Hauptverkehrsstraße meines Traums gelegen war. Unsere Nachbarn, die die andere Haushälfte bewohnten, besaßen einen roten Volkswagen; das Mädchen war blond und hatte ein Baby. Wir wurden innerhalb weniger Tage Freunde. Wenn wir uns zur Stoßverkehrszeit auf den Weg machten, fuhren wir immer erst einen Block weiter zu einer Ampel. Eines Tages vergaßen meine Nachbarin und ich diese Vorsichtsmaßnahme und bogen gleich aus unserer Seitenstraße in die Hauptstraße ein. Wir wollten zur Tankstelle, um einen Ölwechsel machen zu lassen. Während wir uns einfädelten, wurden wir angefahren, und alles passierte genau wie in meinem Traum. Doch erst als ich hinten auf dem Rücksitz zusammenbrach, wurde mir bewußt, daß dies alles in meinem Traum vorausgesagt war. Der Schmerz in meiner Seite kam von einer Nierenprellung, und das Blut tropfte mir vom Gesicht, weil ich mir am Armaturenbrett das Nasenbein gebrochen hatte.

Später in der Ambulanz sagte mein Mann: »Du hast das alles geträumt, und ich habe dem keine Beachtung geschenkt.«

Meine Mutter, die gerade mit meinem Vater nach Kanada gereist war, erzählte mir später, sie hätte plötzlich Schmerzen in der rechten Seite und im Rücken gehabt, und ihre Nasenhöhlen hätten so weh getan, daß ihre Augen zu tränen anfingen. Sie machte die Reise mit der Umstellung auf anderes Wasser und Klima dafür verantwortlich, aber sie hatte zugleich ein geradezu zwanghaftes Bedürfnis, mich anzurufen.

Als sie später am selben Abend anrief und hörte, was geschehen war, mußte sie einhängen und erst die Fassung wiedergewinnen.

Dann rief sie nochmals an ...

Träume mit so vielen Details und solcher Stichhaltigkeit sind zwar selten, aber nicht so ungewöhnlich, wie man meinen könnte. Die Frau aus Michigan, die mir den folgenden Einbruchstraum sandte, hätte anhand der Liste der Sachen, die ihrem Traum zufolge gestohlen wurden, den ganzen Polizeibericht abfassen können.

Ich war gerade im März aus dem Staat Washington weggezogen. Beim Auszug nahm ich nur mit, was auf die Ladefläche unseres Pickups paßte, und ließ alles übrige in dem verschlossenen Haus zurück. Ich hoffte, daß meine Eltern dort ab und zu nach dem Rechten sehen würden.

Eines Samstagabends Ende August träumte ich sehr lebhaft von unserem Haus in Washington. Mir war, als schwebe ich durch ein zerbrochenes Fenster hinein und dann durch jedes Zimmer des Hauses, das offensichtlich total verwüstet war. Ich erinnere mich noch, daß ich mir merkte, welche Gegenstände nicht an ihrem gewohnten Platz waren.

Ich wachte am nächsten Morgen auf und sagte als erstes zu meinem Mann: »Ich will nie mehr in unser Haus nach Washington zurück, denn da ist eingebrochen worden, und wer immer es war, hat es in einem schrecklichen Zustand zurückgelassen.« Mein Mann bedachte mich mit einem Lächeln, als wollte er sagen: »Jetzt fängst du aber wirklich zu spinnen an.« Daraufhin stellte ich für ihn eine komplette Liste all der Gegenstände zusammen, die meinem Traum zufolge gestohlen worden waren.

Nun, zwei Wochen später kam er nicht mehr umhin, mir zu glauben. Meine Mutter rief nach einem Besuch des Hauses in Washington an, sie war ganz außer sich. Sie sagte, die Polizei sei unterwegs, denn mein Haus sei völlig verwüstet, und sicher seien etliche Gegenstände gestohlen worden. Da erzählte ich ihr von dem zerbrochenen Fenster im Zimmer meiner Tochter und gab ihr eine genaue Beschreibung der Gegenstände, die fehlen mußten. Meine Mutter war völlig entgeistert, denn ich hatte in allen Einzelheiten recht.

Manchmal beeindruckte mich nicht so sehr das erdrükkende Gewicht oder der Detailreichtum eines Traums, sondern eher ein einziges abstruses, fast surrealistisches Detail, von dem ein Mensch auch in einer Million Jahre nicht zufällig träumen würde. Hier eins meiner Lieblingsbeispiele:

Gute Freunde von uns zogen von Los Angeles ins nördliche Kalifornien. Sie gaben ein Abschiedsfest für all ihre Bekannten. Die Nacht vor dem Fest hatte ich einen Traum, in dem ich einen merkwürdigen dunklen Gegenstand ganz allein für sich sah. Er hatte Ähnlichkeit mit einem menschlichen Herzen oder mit einer großen dunklen Pflaume, war aber keins von beidem. Ich hatte dergleichen noch nie gesehen, und so erzählte ich am nächsten Morgen meinem Mann davon.

Auf der Party gaben die Kinder der ausziehenden Familie jedem Anwesenden eine Kleinigkeit zur Erinnerung. Die Gäste bekamen Topfpflanzen, alte Leserausweise von der Bibliothek usw. Die älteste Tochter kam zur Tür herein und hielt das nächste Geschenk in der Hand, etwas in einem Glas. Ich erkannte es sofort. Ich stieß meinen Mann an und sagte ihm, der Gegenstand in dem Glas sei das seltsame Ding, von dem ich in der vorigen Nacht geträumt hatte. Ich sagte, ich sei sicher, sie würde es mir schenken. Das tat sie auch. Es war ein Avocadokern in einem Glas Wasser, der noch nicht zu keimen begonnen hatte. Man erklärte mir, daraus würde bei richtiger Pflege eine hübsche Pflanze. Ich habe so etwas dort zum ersten Mal gesehen.

Bei einem anderen Traum, in dessen Mitte ein einziges einprägsames Bild stand, träumte eine Frau, sie trüge ihren in ein Tierfell gehüllten Neffen auf dem Arm. Nach der Schlaffheit seiner Glieder zu urteilen, war er tot, und sie wachte tiefbetrübt auf. Kurze Zeit nach dem Traum wurde der Neffe in ein Krankenhaus eingeliefert, angeblich wegen einer Grippe. Die Krankheit wurde zuerst nicht als ernst angesehen, aber sein Zustand verschlechterte sich. Als die Träumerin das Kind besuchte und es auf einem *Schaffell* liegen sah, wußte sie, daß es sterben würde. Sie hätte nie gehört, daß man es Kranken mit einem Schaffell bequemer macht, sagte sie, doch das Fell, auf dem ihr Neffe lag, entsprach genau dem Fell im Traum. Es war das letzte Mal, daß sie ihren Neffen sah, der kurz darauf starb.

Die Träume vom Avocadokern und dem Schaffell akzeptiere ich nicht aufgrund der Menge genau vorausgesagter Details als parapsychisch, sondern wegen der Unwahrscheinlichkeit eines signifikanten Details und der Gewißheit, mit der die Träumenden ihren Traumgegenstand im wirklichen Leben wiedererkannten.

Meine Kollegin Letitia Sweitzer, die mir half, mein Material für die Veröffentlichung zu ordnen, glaubte zu Anfang nicht recht an diese Dinge. Zum Teil fände sie meine Ergebnisse überzeugend, zu einem anderen Teil nicht, sagte sie, wollte mir jedoch auf jeden Fall bei der Bearbeitung beistehen. Und sie wünschte, selbst noch einige andere Träumer in unserer Gegend zu befragen, um sich ein Bild davon zu machen, welche Rolle prophetische Träume in ihrem Leben spielten.

Ich sagte ihr, daß es der Suche nach einer Stecknadel im Heuhaufen gleichkäme, solche Menschen vor Ort zu finden. Daraufhin redete Frau Sweitzer mir ins Gewissen. »Glauben Sie etwa nicht an Ihre eigene Forschung?« sagte sie. »Wenn einer von zwölf Menschen im Durchschnitt der Bevölkerung nachweislich parapsychische Träume hat, brauchte ich eigentlich nur zwölf Leute zu interviewen, um darunter einen Menschen zu finden, der solche Träume hat.« Das stimmt zwar statistisch nicht ganz, aber wir einigten uns darauf, ihr im Punkt der Anklage recht zu geben. Ich bekannte mich schuldig, wieder in meine frühere Skepsis zurückgefallen zu sein, was die Wirklichkeit parapsychischer Träume betraf, und schwieg fortan still.

Frau Sweitzer fing an, Leute zu fragen, ob sie schon einmal prophetische Träume gehabt hätten. Obgleich ihre Auswahlmethode für die Befragungen nicht im wissenschaftlichen Sinne dem Zufall entsprach, konnte die Befragung selbst doch als erste Probe aufs Exempel für meine Forschungsergebnisse gelten.

Nach meiner Nadel-im-Heuhaufen-Bemerkung verließ Frau Sweitzer mein Büro, um ihr Kind von der Schule abzuholen. Dort angekommen, fragte sie eine andere Mutter, ob sie je einen prophetischen Traum gehabt hätte. Nicht die Spur, erwiderte die Mutter.

Dann hielt Frau Sweitzer auf dem Heimweg an einem Geschäft, um sich ein Kleidungsstück zu kaufen. Sie fragte die Angestellte an der Kasse, ob sie je einen prophetischen Traum gehabt hätte. »Dauernd«, entgegnete die Frau. Auf die Bitte, einen zu erzählen, konnte die Verkäuferin kein bestimmtes Beispiel anführen.

Als nächstes machte Frau Sweitzer einen Besuch bei einer guten Freundin. Die Freundin, der sie die gleichen Fragen stellte, erzählte von drei angeblich prophetischen Träumen. Der erste sagte die tödliche Verletzung eines nahen Verwandten voraus, der zweite handelte vom geheimnisvollen Glücksstern eines Freundes, und der dritte lieferte nützliche, vorher nicht bekannte Informationen zur Lösung eines Problems.

Damals wußte Frau Sweitzer noch nicht, daß sich das Grundmuster, das sich bei diesen ersten drei aufs Geratewohl befragten »Versuchspersonen« abzeichnete, bei ihrer ganzen Arbeit ständig wiederholen würde. Von drei Leuten, die sie befragte, verneinte meist einer die Frage nach prophetischen Träumen, einer bejahte sie, konnte aber auch auf ihr Drängen keine näheren Angaben machen, und der dritte konnte endlich einen glaubwürdigen prophetischen Traum erzählen.

In ihrer Verblüffung, bei den ersten drei Versuchen gleich einen Menschen mit parapsychischen Träumen gefunden zu haben, glaubte Frau Sweitzer, sie habe wohl etwas »nachgeholfen« mit ihrem Besuch bei der guten Freundin, von der sie im voraus wußte, daß sie stark an ihren Träumen interessiert war. Um den Fehler wiedergutzumachen, beschloß sie, mit ihrer Frage an den Menschen heranzutreten, von dem sie am allerwenigsten annahm, daß er parapsychische Träume hätte – an ihre Schwiegermutter. Da diese konservative Dame in einem traditionellen Sinne religiös und wahrscheinlich allem »Okkulten« zutiefst abgeneigt war, mochte Frau Sweitzer sie nicht einmal ohne Umschweife fragen, ob sie schon einmal einen prophetischen Traum gehabt habe. Statt dessen fragte sie: »Glaubst du an prophetische Träume?«

»Ja«, erwiderte die alte Dame.

»Warum?« fragte Frau Sweitzer.

»Weil ich mal einen hatte«, war die erstaunliche Antwort.

Dann erzählte sie einen Traum, in dem der Bruder ihrer Schwägerin bei einem Jeep-Unfall ums Leben kam. Sie hatte den Traum »seltsam« gefunden, weil sie sich kaum jemals an Träume erinnerte. Noch in derselben Woche hörte sie, daß der Bruder einen Tag vor Ablauf seiner Militärdienstzeit auf den Philippinen bei einem Jeep-Unfall den Tod gefunden hatte.

Beeindruckt von der Leichtigkeit, mit der sie die ersten beiden prophetischen Träume entdeckt hatte, fing Frau

Sweitzer an, die bewußte Frage bei jedem geselligen Treffen zu stellen, sofern sie sich in die Unterhaltung einflechten ließ.

Eines Abends war sie bei Freunden zu einem Fest mit ungefähr 30 Gästen eingeladen. Sie unterhielt sich einige Zeit mit etwa zehn Anwesenden, und drei dieser Leute fragten sie nach ihrer Arbeit. Sie erzählte ihnen von dem Buchprojekt und ließ gleich ihre Frage los. Ein Gast wollte noch nie einen prophetischen Traum gehabt haben; ein anderer war sicher, schon in dieser Art geträumt zu haben, konnte sich jedoch auf kein konkretes Beispiel besinnen; und der dritte, eine Frau, erzählte, sie hätte geträumt, eine außerhalb der Stadt wohnende Freundin, von der sie lange nichts gehört hatte, hätte Zwillinge bekommen, ein gesundes Kind und ein Kind mit Schäden, von denen es kaum genesen konnte. Einige Wochen später wurden die Zwillinge geboren. Eins der Kinder starb bald. Wieder hatte sich das gleiche Muster ergeben: Bei zwei von drei Personen ließ sich nichts Beweiskräftiges feststellen, während eine von drei Personen einen eindrucksvollen prophetischen Traum wiedergeben konnte.

Ein paar Tage später gingen Frau Sweitzer und ich zu einem Büro in der Nachbarschaft, um etwas zu kopieren. In dem Büro befanden sich zwei Frauen und ein Mann. Frau Sweitzer, unablässig mit ihrem »Experiment« beschäftigt, fragte, ob einer von ihnen schon einmal einen prophetischen Traum gehabt hätte. Der Mann verneinte. Eine Frau sagte sofort ja, doch auf die Bitte nach einem Beispiel hin äußerte sie nur: »Ich glaube, mir fällt im Augenblick keiner ein.«

Die andere Frau erzählte von einem prophetischen Traum über einen Todesfall in ihrer Familie. Nach einer Pause setzte sie noch hinzu: »Ach, das hätte ich beinahe vergessen. Ich hatte noch so einen Traum.« Und dann schilderte sie einen sehr bedeutungsvollen prophetischen Traum mit vielen Einzelheiten.

Jetzt informierte mich Frau Sweitzer, daß sie bei ihrer kleinen laufenden Untersuchung unter drei Personen immer eine mit prophetischen Träumen entdeckt hätte und damit mehr, als ich bei meiner formellen Forschungsarbeit gefunden hatte. Sie hatte auch feststellen können, daß zwei von drei Personen *behaupteten,* schon einen solchen Traum gehabt zu haben, was genau dem Prozentsatz bei meiner eigenen Studie entsprach, und daß eine davon, ebenfalls wie bei meinen eigenen Versuchen, keine Beispiele anführen konnte und deshalb nicht zählte. Die Erfahrungen, die sie machte, spiegeln ein wesentliches Element der wissenschaftlichen Forschung wider: Die Ergebnisse, die eine genügend große Zahl von willkürlich ausgewählten Versuchspersonen liefert, sollten beim allgemeinen Bevölkerungsdurchschnitt wiederkehren und damit den Beweis für ihre Richtigkeit erbringen.

Für die Tatsache, daß Frau Sweitzer unter drei Personen eine fand und findet, die prophetische Träume hat, statt eine unter zwölf, wie ich angenommen hatte, gibt es verschiedene Erklärungen. Erstens ist ihr Versuchspersonenkreis womöglich doch zu klein, um danach ein Urteil zu fällen. Zweitens befragt sie Leute aller Altersgruppen. Die Studenten bei meinem Versuch waren überwiegend jung, hatten also noch nicht soviel Zeit gehabt wie ältere Leute, um die Erfahrung eines solchen Traums zu machen. Außerdem könnte die freundliche Unterhaltung von Mensch zu Mensch, die Frau Sweitzer pflegte, eine größere Bereitwilligkeit bewirken und mehr fast vergessene Traumerlebnisse in Erinnerung zurückgerufen haben als mein nüchterner Fragebogen.

Jedenfalls muß ich unter wissenschaftlichen Bedingungen bei meiner These bleiben, daß eine von zwölf Personen prophetische Träume hat. Allerdings ziehe ich durchaus die Möglichkeit in Betracht, daß solche Träume noch viel weiter verbreitet sind, als zu beweisen ist.

»Beweise« sind schwer zu definieren, und Skeptiker werden skeptisch bleiben. Ich denke da an eine Bekannte, die mich vor kurzem höflich nach meiner Arbeit fragte. Nachdem sie geduldig eine Kurzfassung meiner These, meiner Ergebnisse, meiner 400 Briefe und Interviews und schließlich meines Buches über sich ergehen lassen hatte, verkündete sie mit Nachdruck: »Aber das ist doch alles Quatsch!«

Und fast im gleichen Atemzug erwähnte sie dann eine gute Freundin, die geträumt hatte, ihr Schwiegervater sei gestorben, und …

Ich ging der Sache nach. Hier der Bericht der Träumerin:

Eines Nachts träumte ich, mein Schwiegervater sei gestorben. Keiner schien darüber unglücklich zu sein. Vielmehr gab meine Schwiegermutter sogar ein Fest. Ich war sicher, daß er tot war, und ich konnte nicht verstehen, warum das anscheinend niemanden kümmerte.

Ich wachte mit einem unguten Gefühl auf und bat meinen Mann eindringlich, seine Familie anzurufen, die in einem anderen Bundesstaat lebte. Er wollte nicht anrufen und meinte, es sei Unsinn.

An jenem Abend rief sein Vater an, weil, wie er sagte, er die Befürchtung habe, wir könnten denken, er sei tot. Mein Mann wurde bleich. Die UPI-Nachrichtenagentur, so erklärte sein Vater ihm nun, habe eine Meldung von seinem Tod im ganzen Land verbreitet. Die irrtümliche Todesanzeige war sogar in der Morgenausgabe der New York Times *erschienen. Mein Schwiegervater hatte befürchtet, wir hätten sie gelesen. Mein Mann war so aus* der Fassung gebracht, daß er seinem Vater von meinem Traum erzählte.

Der Irrtum erklärte sich dadurch, daß mein Schwiegervater, ein bekannter Arzt, den gleichen Namen trug wie ein Arztkollege, der gestorben war. Der Nachrichtenagentur war einfach ein Fehler unterlaufen.

»Was für ein Zufall!« rief die skeptische Dame, die mir die Begegnung mit dieser Träumerin ermöglicht hatte.

Der Tod tritt nur einmal im Leben ein. Seine Todesanzeige in der NEW YORK TIMES zu finden, während man noch lebt, ist viel unwahrscheinlicher, als tatsächlich zu sterben. Wenn eine schlafende Schwiegertochter und eine Nachrichtenagentur in derselben Nacht den gleichen Fehler begehen, kann das »Zufall« genannt werden? Wenn Sie beim Lesen dieses Buches nach und nach von immer mehr Leuten mit prophetischen Träumen hören, werden Sie selbst urteilen können.

2 Menschen mit Wahrträumen

Als meine Forschungsergebnisse in PSYCHOLOGY TODAY und anderen Fachzeitschriften veröffentlicht wurden, überschwemmten Hunderte von Briefen mein Büro. Leute aus allen Teilen des Landes, von der Ostküste bis zur Westküste, erzählten mir Träume, die in Erfüllung gegangen waren. Auch in Atlanta sprach sich meine Forschungsarbeit herum, und viele Menschen riefen mich an, um mir von ihren Erfahrungen zu berichten. Ich hielt Workshops über Träume ab und lernte dabei Leute kennen, die aufgrund ihrer eigenen Träume besonderes Interesse an diesem Thema hatten. Auf Partys, in dem Haus, in dem ich arbeitete, und in der Philharmonie, überall fragten mich Leute nach meiner Arbeit, und wenn ich davon sprach, sagten sie: »Ach, paranormale Träume. Hatte ich auch schon. Besonders einen ...«

Was waren das für Leute, die in ihren Träumen ungewöhnliche Ereignisse erlebt hatten, die entweder zum Zeitpunkt des Träumens gerade irgendwo weit weg stattfanden oder ein paar Tage später wahr wurden? Leute wie du und ich. Zum einen waren es Studenten von Colleges und Universitäten in New York, Denver oder San Antonio, zum anderen Hausfrauen und Mütter oder auch Büroangestellte. Ein paar Psychologen, Geistliche und Lehrer waren ebenfalls dabei. Ferner einige Soldaten, Krankenpfleger, Fabrikarbeiter, Programmierer und Bauern. Sogar eine ehemalige Striptease-Tänzerin, die sich inzwischen als Drehbuchautorin versucht, und ein Goldgräber, der aus Gesundheitsgründen in den Ruhestand getreten war, hatten mir geschrieben.

Ich bin oft gefragt worden, ob diese Träumer besondere

Charakteristika hätten. Waren sie vielleicht tiefreligiöse Menschen? Meinen Untersuchungen zufolge waren manche religiös und manche nicht. Die meisten äußerten sich gar nicht über ihre religiösen Überzeugungen. Nicht einer unter hundert Träumern, die Verbindung zu mir aufnahmen, erwähnte, in einem Traum Gott gesehen oder gehört zu haben. Aber obwohl Gott in keinem Traum vorkam, sagten viele Träumer, die im Traum Leute oder Zukunftsereignisse sahen, sie glaubten, Gott habe ihnen den Traum gesandt, um ihnen zu helfen. Es muß natürlich nicht unbedingt Gott sein. Ein Mann, der viel auf seine Träume hielt, hatte Hemmungen, mit seiner frommen Frau darüber zu sprechen. Der Mann, selbst religiös, bemerkte: »Meine Frau meint, wenn es nicht in der Baptistenbibel steht, dann kommt's vom Teufel.«

Nur sehr wenige dieser Leute hatten nach eigenen Angaben mystische Neigungen. Einige wenige hatten sich schon vor ihrem ersten paranormalen Traumerlebnis mit Träumen befaßt, und nur ein, zwei Leute sprachen von Karma oder gebrauchten ähnliche New-Age-Begriffe. Fast ein Viertel der Träumer, mit denen ich in Verbindung stand, erwähnten außer ihren Träumen noch andere paranormale Begebenheiten.

»Wie kommt es, daß immer Leute, die ohnehin schon an übersinnliche Erscheinungen glauben, parapsychische Träume haben?« fragte mich eine Kritikerin. Diese Frage ist nicht unbedingt berechtigt. Es darf nicht vergessen werden, daß die Leute, die mir geschrieben haben, bereits ein- oder gar mehrmals die aufwühlende Erfahrung gemacht hatten, daß ein Traum in Erfüllung gegangen war. Danach glaubten sie daran. Nichts deutet darauf hin, daß nur Leute, die von vornherein daran glaubten, paranormale Träume hatten. Viele begannen ihren Traumbericht mit den Worten: »Ich habe nie an prophetische

Träume geglaubt, bis ...« Andere hatten anscheinend überhaupt keine Vorstellung von übersinnlichen Phänomenen, ehe sie bei ihnen auftraten. Bei weitem die meisten Träumer waren offensichtlich genauso überrascht und verwirrt wie ich, Träume zu haben, die sich im wirklichen Leben erfüllten.

Ungefähr die Hälfte der Träumer sprach im Brief vom »einzigen prophetischen Traum, den ich je hatte«. Die andere Hälfte behauptete, bereits viele derartige Erlebnisse von unterschiedlicher Bedeutsamkeit gehabt zu haben. Dutzende von Leuten benutzten die gleichen Worte: »Ich könnte ein ganzes Buch füllen mit meinen prophetischen Träumen, aber ich will Ihnen nur ein paar davon erzählen.« Die höchste Zahl von parapsychischen Träumen, die mir jemand mitteilte, belief sich auf elf.

Es scheint naheliegend, daß jemand, der aus irgendeinem Grund einen eindeutig präkognitiven Traum hatte, danach an solche Erscheinungen glaubt. Ein Skeptiker ließ sich jedoch auf eine Diskussion mit mir ein: »Ich habe geträumt, mein Partner sei letzte Nacht gestorben. Auch wenn sich das heute als wahr herausstellen sollte, würde ich den Traum nicht als paranormal bezeichnen, weil der Tod bei meinem Partner, der 47 Jahre alt ist, durchaus im Bereich des Möglichen liegt.« Ich vermute, daß es sich bei dem Traum über den Partner um einen Symboltraum handelt, in dem irgendwelche inneren Konflikte des Träumers zum Ausdruck kamen. Andererseits möchte ich wetten, daß dieser Mann seine Ansichten ändern würde, wenn er mit dem höchst eigenartigen Gefühl aus einem außerordentlich lebhaften Traum erwachte, gerade den Tod seiner Partners wirklich erlebt zu haben, und bald darauf die Nachricht von dessen plötzlichen Ableben erhielte. Dann würde er nicht nur glauben, einen paranormalen Traum gehabt zu haben, sondern auch andere Träume als mögliche Realität betrachten und untersuchen. Fest stand, daß diejenigen unter meinen Versuchspersonen, die mehr als ein paranormales Traumerlebnis hatten, ihre möglicherweise telepathischen oder präkognitiven Träume immer mehr registrierten, sich an sie erinnerten und entsprechend handelten. Wenn die Voraussetzung für den Nachweis parapsychischer Träume die Beachtung von Träumen und die Erinnerung daran ist, haben natürlich Leute, die auf ihre Träume achten und sich an sie erinnern, offensichtlich mehr paranormale Träume als Leute, die deren Existenz leugnen.

Doch einmal abgesehen davon, ob ihre Prämisse richtig oder falsch war, hat die Kritikerin mit ihrer Frage, warum vermehrt Leute, die ohnehin an übersinnliche Phänomene glauben, auch parapsychische Träume haben, gar nicht so unrecht. Es ist eine allgemeingültige Tatsache, daß die Menschen ihren Überzeugungen gemäß handeln. Das gilt insbesondere für die psychologische Seite des menschlichen Verhaltens und noch mehr für den Bereich des Unbewußten.

Leute, die nicht an die Existenz parapsychischer Phänomene glauben, werden sich unbewußt ihrem Einfluß entziehen. In einem Buch über außersinnliche Wahrnehmung (ASW) stellten Gertrude Schmeidler und R.A. McConnell heraus, daß Personen, die an ASW glauben, bei Experimenten mit Zehner-Karten im allgemeinen überdurchschnittlich viele Treffer erzielen, während diejenigen, die nicht daran glauben, im allgemeinen überdurchschnittlich wenige Treffer erzielen. Beide Gruppen reagieren ihren Überzeugungen entsprechend. Zumindest sieht es so aus.

Wenn jemand keinerlei parapsychische Fähigkeiten hat, so würde seine Trefferzahl nur dem Zufall oder dem statistischen Durchschnitt entsprechen. Überdurchschnittlich wenige Treffer zu erzielen würde demnach die Fähigkeit voraussetzen, überdurchschnittlich viele Treffer erzielen zu können, diese Fähigkeit jedoch zu verleugnen. Überdurchschnittlich viele oder überdurchschnittlich wenige Treffer ließen also gleichermaßen auf parapsychische Fähigkeiten schließen. Die von Schmeidler und McConnell angeführten Skeptiker wollten sich dadurch, daß sie überdurchschnittlich wenige Treffer erzielten, bewußt oder unbewußt von ihren paranormalen Fähigkeiten distanzieren, bewiesen aber dem in der Statistik versierten Forscher letztlich genau das Gegenteil.

Mit anderen Worten: Sie verdrängten ihre parapsychischen Fähigkeiten oder wollten nichts damit zu tun haben. Ebenso vergessen oder verdrängen Leute, die nicht an prophetische Träume glauben, alle Träume dieser Art. Kleine Kinder wissen normalerweise noch nichts von paranormalen Traumphänomenen und haben deshalb keine Vorurteile. Kinder machen so viele neue, für sie unerklärliche Erfahrungen im Leben, daß ihnen im Grunde die Kriterien fehlen, etwas als »paranormal« zu beurteilen. Eine Person schrieb mir: »Als Kind habe ich oft von Ereignissen geträumt, die dann wahr wurden, und mir nichts dabei gedacht. Erst später, als ich merkte, daß es anderen Leuten nicht so ging, fing ich an, solche Träume für etwas Besonderes zu halten.«

Ein 14jähriges Mädchen war die Jüngste, die mir einen parapsychischen Traum mitteilte. Obgleich die Leute, die mir geschrieben haben, allen Altersklassen angehörten – das am weitesten zurückliegende Traumerlebnis, von dem mir berichtet wurde, stammt aus dem Jahr 1909 –, erinnerten sich viele, ihren ersten prophetischen Traum in frühester Kindheit gehabt zu haben, manche schon im Alter von fünf Jahren. Eine Frau schrieb, sie hätte nicht gewußt, daß nicht alle Menschen solche Träume haben,

bis sie in die Schule kam und mit ihren Schulkamera-
dinnen darüber sprach. Als die Mitschülerinnen ihre
Traumerlebnisse sonderbar fanden, redete sie nicht mehr
davon. Die Reaktion anderer scheint ein triftiger Grund
dafür zu sein, daß manche Menschen keine prophetischen
Träume haben oder nicht gewillt sind, über diese parapsychischen Erfahrungen zu sprechen. Viele von denen,
die paranormale Träume hatten, sprachen von Müttern
oder Großmüttern, denen nachgesagt wurde, Wahrträume
gehabt zu haben. Das würde die Vermutung nahelegen,
parapsychische Fähigkeiten könnten vererbt werden. Es
könnte aber auch sein, daß Leute, die von den Träumen
ihrer Verwandten gehört haben, dadurch selbst offener für
ähnliche Erfahrungen sind, sie beobachten, im Gedächtnis behalten und davon erzählen. Daß sich ihre Angehörigen solchen Erfahrungen nicht verschlossen, verschafft
auch ihren eigenen Geltung. Andererseits hält die Ablehnung von paranormalen Traumerlebnissen in einer Familie gerade jüngere Familienmitglieder davon ab, darüber
zu sprechen. Oft lernen junge Menschen sogar aus Angst
vor dem Spott ihrer Familie, die Erinnerungen an einen
solchen Traum zu unterdrücken.

Dana, eine Frau aus Atlanta, die selbst schon viele prophetische Träume hatte, erzählte mir manches, was ein
Schlaglicht auf das paranormale Träumen innerhalb einer
Familie wirft. Einmal im März hatte ihr sechsjähriger
Sohn einen Alptraum, aus dem er schreiend und schweißgebadet erwachte. Es dauerte lange, bis er sich wieder
beruhigt hatte. Schließlich erzählte er seiner Mutter, er
hätte von einem Autounfall geträumt, bei dem er schwer
verletzt worden wäre. Dana tröstete ihn, so gut sie konnte. Er hatte schon öfter Träume gehabt, die in Erfüllung
gegangen waren, deshalb konnte sie ihm nicht verspre-
chen, daß es bei diesem anders sein würde. Sie wies je-

doch darauf hin, daß nicht alle seine Träume wahr wurden, dieser also vielleicht auch nicht. Im Juni bekam Dana von ihren Eltern einen blauen Chevrolet geschenkt. Der Junge betrachtete das Auto schweigend mit beklommener Miene.

»Findest du es nicht schön?« fragte Dana ihn.

»Das ist das Auto aus meinem Traum«, erwiderte er besorgt.

Ende September hatte der Junge den gleichen Alptraum und die gleichen schrecklichen Angstgefühle noch einmal.

Am 5. Oktober bekam Danas vierjährige Tochter einen Schreikrampf, als sie gerade auf ihrer gewohnten Strecke zur Innenstadt eine Anhöhe hinauffuhren.

»Nicht da lang! Nicht da lang! Da ist ein Loch in der Straße!« schrie das kleine Mädchen. Sie hörte nicht auf zu schreien, bis ihre Mutter endlich acht Meilen Umweg in Kauf nahm, um die Anhöhe zu umfahren.

Am nächsten Tag waren sie wieder in dem blauen Chevrolet unterwegs in die Stadt. Als sie über die Anhöhe kamen, stellte das kleine Mädchen auf dem Rücksitz irgend etwas an, und Dana wandte den Kopf, um nach dem Rechten zu sehen. In diesem Augenblick verlor sie die Kontrolle über den Wagen, kam von der Straße ab und prallte gegen die Betonabdeckung eines Kanalrohrs, eines wirklichen »Lochs in der Straße«. Dana verlor bei dem Aufprall alle Zähne, während ihr Sohn, der den Unfall geträumt hatte, kopfüber durch die Windschutzscheibe geschleudert wurde und einen mehrfachen Schädelbruch davontrug. Erst nach schwierigen Operationen und monatelanger Behandlung erholte er sich wieder von dem schrecklichen Unfall.

Dieser Junge hatte später noch andere Träume, die er, aus Erfahrung klug geworden, ernst nahm, unter anderem einen, der die Familie wahrscheinlich vor einer weiteren

Tragödie bewahrte. Zum Glück gingen nicht all seine schlimmen Träume in Erfüllung. Mit zunehmendem Alter sprach er immer weniger über seine Träume. Nur einmal noch, er befand sich zur Zeit des Vietnamkrieges in einem Ausbildungslager der US-Armee, rief er seine Mutter an, was höchst selten vorkam. »Ich weiß, daß du dir Sorgen machst«, sagte er, »und ich will dich bloß beruhigen. Ich komme nicht nach Vietnam. Ich werde im Inland stationiert.«

»Woher weißt du das?« fragte seine Mutter.

»Ich weiß es einfach«, erwiderte er.

»Aber wie kommst du darauf, daß du nicht dorthin geschickt wirst?«

Er wollte ihr nicht sagen, woher er es wußte, aber er war sich seiner Sache sicher. Dana war genauso sicher, daß Rekruten in der Grundausbildung nichts über ihren weiteren Einsatz erfahren, sondern nach Abschluß der Ausbildung einfach entsprechende Befehle empfangen. Sie war überzeugt, daß ihr Sohn wieder einen Traum gehabt hatte, von dem er nicht sprechen wollte, an den er jedoch glaubte. Wie er vorausgesagt hatte, wurde er nicht in Vietnam, sondern in Kansas stationiert.

Einige Jahre später fragte sie ihn: »Hast du immer noch prophetische Träume?« Er nickte, wollte sich aber nicht näher dazu äußern. »Er klammert sich an die Vernunft«, sagt Dana. »Er hat Angst, andere könnten davon erfahren. Er hat Angst, ich würde es weitererzählen, wenn er mir etwas mitteilt – und Sie sehen ja, wie recht er hat.« Sie lachte. Dana ist der Auffassung, daß Jungen besonders empfindlich auf die Meinung anderer reagieren und sich der Meinung anschließen, daß parapsychische Träume ein Beweis für irrationales Verhalten sind und daß sie sich deshalb nicht allein über ihre paranormalen Erfahrungen ausschweigen, sondern sie unter

Umständen sogar so verdrängen, daß sie sich ihres Träumens selbst nicht mehr bewußt sind.

In Danas Familie waren es aber gerade die Jungen, die äußerst genaue prophetische Träume hatten. Der Sohn ihrer Schwester war ungefähr vierzehn, als er von einem Unfall auf einer Kreuzung in der Nähe träumte, bei dem ein Auto einen Strommast rammte, der abknickte und auf das Auto fiel, woraufhin alles in einem Funkenregen zu brennen anfing. Der Fahrer kam ums Leben, und seine Beifahrerin, eine Frau mit dem ungewöhnlichen Namen Cleo, den er noch nie gehört hatte, wurde verletzt. Während Feuerwehrleute die Flammen unter Kontrolle zu bringen suchten, zogen Sanitäter die Leiche des Mannes aus dem Feuer und legten sie auf den Bürgersteig. Der Junge wachte auf und rief alle im Haus Anwesenden zusammen, um ihnen in allen Einzelheiten von dem Unfall zu erzählen, den er für Wirklichkeit hielt. Sie machten sich gruppenweise auf und gingen die Straße hinunter, aber nichts – kein Unfall, kein Rettungswagen, keine Verletzten. Der Junge ging wieder ins Bett. Eine Stunde später wurden alle von tumultartigem Lärm geweckt. Der Unfall war geschehen, der Strommast abgeknickt, und die Funken hatten das Auto in Brand gesteckt. Rettungswagen und Feuerwehr erschienen, und die Leiche des Fahrers wurde auf den Bürgersteig gelegt. Die Frau, die bei dem Unfall verletzt wurde, hieß Cleo. Alle waren höchst aufgeregt; nur Danas Neffe ging verschlafen wieder zu Bett. Die Aufregung lag offenbar schon hinter ihm.

Diese beiden Vettern, die etliche präkognitive Träume hatten, als sie jünger waren, träumen immer noch, wie sie zugeben, aber sie sprechen nicht mehr über ihre Träume. Auch ihre Mütter haben präkognitive Träume, und ihnen macht es nichts aus, darüber zu reden. Dana, sie ist Psychotherapeutin, hält die Präkognition für eine instinktive Fähigkeit, die angeboren, also kaum erlernbar ist. Ihrer Meinung nach verlernen oder verdrängen Jungen diese Fähigkeit eher als Mädchen, weil sie fester in der Tradition verankert sind, nach der man nur das glauben darf, was sich wissenschaftlich erklären läßt.

Der Gedanke des Verdrängens oder Verleugnens klingt auch bei einigen der Träumer, die mir geschrieben haben, mehr oder weniger deutlich an. »Ich habe immer viel geträumt«, schrieb einer, »aber nach *dem* Traum erinnere ich mich nur noch selten.« Ein anderer schrieb: »Ich glaube, ich verdränge sie jetzt.« Verschiedene andere gaben an, daß sie aufgrund früherer besonders nervenaufreibender paranormaler Erlebnisse jetzt versuchen würden, ihre Träume *nach Möglichkeit zu vergessen.*

Eine Frau sagte, ihre parapsychischen Erlebnisse stellten sich ein, wenn sie gestreßt sei, und eine andere brachte ihre paranormalen Träume mit ihrer Übermüdung in Zusammenhang. Eine Erklärung dafür wäre, daß in Zeiten besonderer Anspannung beunruhigende Dinge leichter durch die Schlafbarriere ins Wachbewußtsein zu dringen vermögen. Eine andere Erklärung dafür hat eine Träumerin, die sagte, daß sie bei großer Müdigkeit nicht mehr so gut in der Lage sei, ihr rationales Denken gegen aufsteigende instinktive Bilder zu verteidigen, die normalerweise ins Reich der Unmöglichkeit verwiesen werden.

Neun von zehn Traumberichten, die ich erhielt, stammten von Frauen. Vielleicht vertrauen Frauen, wie oft zu beobachten ist, mehr auf ihre Intuition.

Vielleicht lassen sie sich auch viel bereitwilliger als Männer auf Traumerlebnisse ein, deren Gültigkeit von der Wissenschaft bezweifelt wird. Viele Frauen schrieben mir, ihre Männer lachten sie wegen ihrer Träume aus oder sagten: »Komm mir bloß nicht mit deinen Träumen.« Eine Frau schrieb: »Mein Mann ist eher naturwissenschaftlich orientiert, deshalb glaubt er nichts von alledem.«

Ein Mann, über den eine Katastrophe hereinzubrechen droht, träumt sie im allgemeinen nicht voraus. Das überläßt er lieber einer Frau in seinem Leben – im folgenden Fall seiner Ex-Frau.

Ich hatte mich frühzeitig schlafen gelegt. Ich träumte, das Telefon klingelte, und ich nahm den Hörer ab. Es war mein Ex-Mann. Er war außer sich und schien den Tränen nahe. Offenbar hatten er und die Frau, deretwegen er mich verlassen hatte, nicht geheiratet, sondern lebten zusammen. Er sagte, er hätte ihr alles gegeben. Diamanten, Nerzstolen, alles, was sie wollte. (Unser Bankkonto war völlig erschöpft.) Er sagte, er hätte früh Feierabend gemacht, sei zu ihrem gemeinsamen Heim gefahren und habe geparkt. Ehe er noch aus dem Auto gestiegen sei, hätte er einen Blick auf das Haus geworfen und sie mit einem Mann den langen Weg vom Haus zur Straße herunterkommen sehen. Sie hätten Koffer getragen, die sie im Kofferraum des Wagens verstauten. Sie hätte ihn verlassen.
Ich schildere Ihnen dieses Traum-Telefongespräch nur in groben Zügen.

Nach dem, was dann passierte, hätte ich meinen eigenen Sinnen nicht mehr getraut, wenn ich den Traum nicht meiner Nachbarin und meiner Mutter erzählt hätte. Allerdings genauer als hier.

In derselben Woche ging ich noch einmal früh zu Bett. Das Telefon klingelte, ich stand auf und nahm den Hörer ab, es war mein Ex-Mann. Er war schrecklich verstört, so verstört, daß ich dachte, er würde zu weinen beginnen. Er fing an, mir in allen Einzelheiten zu erzählen, was geschehen war – genau das, was in dem Traum geschehen war, den ich Ihnen erzählt habe. Ich hörte ihm zu, bis er an den Punkt kam, wo er parkte und einen Blick auf das Haus warf. Da sagte ich: »Und dann hast du sie und einen Mann den langen Weg herunterkommen sehen, mit Koffern, die sie im Kofferraum des Wagens verstauten.« Er sagte: »Du hast wieder einen Traum gehabt.« Ich könnte immer weiter so erzählen.

Vielleicht hatte die Ex-Ehefrau statt des Mannes den prophetischen Traum, weil *sie* eine gewisse Genugtuung verdient hatte. Die Männer jedoch, die paranormale Träume *haben*, versichern mir meist zuerst, daß sie sich nie für ASW und andere parapsychische Phänomene interessiert haben. Einer schrieb mir: »Ich glaube nicht an prophetische Träume, aber ich hatte doch diesen einen Traum ...«, und dann erzählte er mir haarsträubende Dinge.

Ein Faktor, der erklären könnte, warum mir viel mehr Traumberichte von Frauen geschickt worden sind, ist einfach der: Frauen schreiben mehr Briefe als Männer. In meiner Querschnittbefragung hatte einer von drei Männern paranormale Träume, also erheblich mehr, als mir spontan schrieben. Ich frage mich, wie viele Männer wohl schon Träume hatten, die in Erfüllung gegangen sind, ohne je daran zu denken, einen Stift zu nehmen und sie aufzuschreiben.

Viele Träumer, die mir schrieben, äußerten sich erleichtert, daß ich das Thema ernst nahm. »Endlich kann ich es jemandem erzählen«, schrieb eine Frau mittleren Alters. »Sie sind der erste Mensch, dem ich davon erzähle«, vertraute mir ein Student an. Ein Universitätsprofessor gestand mir: »Ich spreche so gut wie nie mit anderen darüber, denn frühere Erfahrungen haben mich gelehrt, daß sie es höchst seltsam finden, wenn jemand solche Träume hat, und noch seltsamer, wenn er sie auch noch genau aufschreibt.« Andere wieder haben sogar ihre Zweifel, ob ich ihnen Glauben schenke. Sie führen rührende kleine Beweise für ihre Glaubwürdigkeit an. »Unser Haus gehört uns, zumindest ist es weitgehend abbezahlt«, schrieb mir eine Frau aus Cleveland, »und ich glaube, wir würden als ganz durchschnittlicher Haushalt eingestuft werden.« »Ich habe in Chemie als Klassenbeste abgeschnitten, und die Leute halten mich für ziemlich intelligent«, erklärte mir eine andere. »Einer meiner Freunde ist Rechtsanwalt, und ein anderer hat eine leitende Stellung in einer Bank«, schrieb mir wieder ein anderer in der Hoffnung, durch seine Bekannten seine Normalität zu beweisen. Ein Träumer schickte mir eine Beurteilung seines Charakters durch seinen Arbeitgeber. Viele nannten Leute, die bestätigen könnten, ihren Traum erzählt bekommen zu haben, ehe die damit verbundenen Ereignisse wirklich eintrafen.

Daß ich meine Forschungen so lange durchgeführt und schließlich in diesem Buch veröffentlicht habe, liegt unter anderem an den inständigen Bitten derer, die mir ihre prophetischen Träume mitgeteilt haben. Typisch ist, daß diese Leute ihre paranormalen Träume weder mit Stolz noch mit Selbstgefälligkeit berichten. Im Gegenteil, etliche waren verwirrt und ängstlich. Manche, die ihre Träume Familienangehörigen oder Freunden erzählt hatten, wurden lächerlich gemacht. Wenn ihre prophetischen Träume dann in Erfüllung gingen, spotteten Angehörige und Freunde zwar nicht mehr – aber jetzt hatten sie Angst, noch mehr solcher Träume zu erfahren. Diejenigen, deren Träume Todes- oder Unfälle genauestens voraussagten, hatten oft Schuldgefühle. Selbst Leute mit harmlosen Träumen litten darunter, als Spinner abgestempelt zu werden, oder fürchteten, sich lächerlich zu machen. Es war einfach niemand da, der ihnen versichert hätte, daß sie im Grunde ganz normale Menschen sind. Da sie nicht wissen, daß nahezu zehn Prozent der Bevölkerung Träume haben, die sich bewahrheiten, fühlen sich diese Menschen zu Unrecht als Außenseiter.

Mrs. W. P. aus Wisconsin schließt ihren drei Seiten langen Bericht von präkognitiven Träumen mit den Worten: »Ich weiß nicht, warum ausgerechnet mir das passiert. Wenn Sie es mir erklären könnten, wäre ich Ihnen zutiefst dankbar, und dann würden mich diese Träume nicht mehr so ängstigen.«

Diese und viele ähnliche Bitten haben mich dazu bewogen, den Menschen, die es gewagt haben, mir ihre Träume mitzuteilen, ein paar Antworten auf ihre Fragen zu liefern und ein paar Beweise für die Gültigkeit ihrer paranormalen Erfahrungen anzuführen, so daß sie neue Hoffnung schöpfen können.

Ich für mein Teil war tief bewegt, auf diese doch recht intime Weise, durch Briefe und Interviews, an wichtigen Ereignissen im Leben normaler Menschen teilnehmen zu dürfen, an den Geburten und Todesfällen, an den Heiraten und dem Zerbrechen von Beziehungen, an den beruflichen Erfolgen und Enttäuschungen. Und ich hatte auch meine Freude an den alltäglicheren Ereignissen, in die ich eingeweiht wurde, an den häuslichen Szenen, von denen man nichts in Büchern liest, den überraschenden Worten, Gedanken und Handlungen von Leuten, die ich sonst wohl kaum kennengelernt hätte.

3 Erinnerungen an die Zukunft: prophetische Träume

Einbahnstraße stand auf dem Schild, das das Titelblatt des amerikanischen Wissenschaftsmagazins DISCOVER vom Februar 1987 zierte, aber der Pfeil zeigte in beide Richtungen. Das widersprüchliche Schild stellt drastisch dar, was die angesehene Zeitschrift im folgenden als theoretisches Dilemma beschreibt:

In den Universen von Newton und Einstein fließt die Zeit ebenso in die Vergangenheit zurück wie vorwärts in die Zukunft. Das heißt, wir müßten alle Erinnerungen an die Zukunft haben. Daß wir keine haben – und die Physiker keinen einzigen Zeitpfeil finden können, der in eine andere Richtung als vorwärts weist – ist eines der grundlegendsten und irritierendsten Geheimnisse der Natur.

DISCOVER verzeihe uns, aber der präkognitive Traum ist ein deutlicher Beweis für die Erinnerung an die Zukunft, die Wissenschaftler rein theoretisch für möglich halten.

Tony Rothman, Autor eines Buches über die Grenzen der modernen Physik und Verfasser der provokanten Titelstory von DISCOVER, führt den Oxforder Physiker Roger Penrose an, der Fälle aus der Quantenmechanik bis hin zur Thermodynamik gesammelt hat, in denen Prozesse reversibel sein müßten und Zeit irrelevant sein dürfte, was jedoch keiner wahrhaben will. Rothman spricht von subjektiver Zeit und zitiert die Weiße Königin aus *Alice im Wunderland:* »Eine dürftige Erinnerung, die nur rückwärts läuft.«

Dann läßt er die Idee einer in zwei Richtungen wirkenden Erinnerung wieder fallen: »Hellseher würden wahrscheinlich diese Doppelbegabung für sich in Anspruch nehmen, aber bei uns anderen allen beschränkt sich die Erinnerung, wenn überhaupt, leider – oder Gott sei Dank – auf Ereignisse, die bereits stattgefunden haben.«

Rothman spricht von Hellsehern, als seien sie eine besondere Gattung dubioser Wesen. Ich protestiere! Meine Forschungen haben gezeigt, daß einer von zwölf normalen Menschen »quer durch den Gemüsegarten« schon einen Traum hatte, der wortwörtlich wahr wurde, und das sind unter Umständen genau die seltenen Ereignisse, bei denen die Wahrnehmung mit der theoretischen Möglichkeit einer Erinnerung an die Zukunft übereinstimmt.

Der folgende Traum zum Beispiel wurde mir von einer Frau geschickt, die jetzt in Kalifornien lebt:

Meine erste derartige Erfahrung habe ich als Kind von vielleicht 14 Jahren gemacht. Meine Eltern und ich wohnten in einer sehr einsamen Waldgegend von Delaware, anderthalb Meilen Fußweg von der nächsten Straßenbahnlinie zur Stadt entfernt. Ich konnte nicht allzuoft in die Stadt fahren. Eines Nachts träumte ich, ich führe mit der Straßenbahn die Delaware Avenue hinunter, an der Wilmington High School vorbei, und da sah ich einen knallgelben offenen Sport-Zweisitzer zwischen den Bahnschienen entlangflitzen, der kaum einer entgegenkommenden Bahn auszuweichen vermochte.

Ich hatte noch nie ein solches Auto gesehen, deshalb fragte ich am anderen Tag meine Mutter, ob sie jemals von einem Wagen dieser Art gehört hätte. Sie kannte den Typ nicht, denn mein Vater fuhr nur Tourenwagen.

Kurz darauf hatte ich Gelegenheit zu einer Fahrt mit der Bahn. Ich schaute mir vom Fenster aus alles an. Plötz-

lich schoß ein knallgelber offener Sportwagen auf den Nachbarschienen an meiner Bahn vorbei und konnte nur mit knapper Mühe einer entgegenkommenden Bahn ausweichen. So ist es gewesen, und wir waren gerade auf der Delaware Avenue in Höhe der Wilmington High School. Ich werde es nie vergessen.

Sie können sagen, was Sie wollen, zum Beispiel, daß dieses junge Mädchen irgendwo schon einmal einen gelben Zweisitzer oder ein Poster davon gesehen und das nicht bewußt wahrgenommen oder nur vergessen hat. Aber daß ausgerechnet dieses Auto vor der Wilmington High School auf den Bahnschienen erscheint, ist ein höchst seltenes Zusammentreffen. Die erstaunliche Episode kann nicht einfach als *Déjà-vu*-Erlebnis (als normales Erlebnis, bei dem man nur das Gefühl hat, das gleiche schon einmal erlebt zu haben) abgetan werden, da die Träumerin sich genauestens erinnert, nach dem Traum, aber vor Eintreten des tatsächlichen Ereignisses Fragen über das Auto gestellt zu haben. Diese Geschichte ist ein hübsches kleines Beispiel für einen prophetischen oder präkognitiven Traum.

Als das gelbe Auto die Schienen entlangsauste, prägte sich sein Bild, der Schauplatz des Ereignisses und das Gefühl der Überraschung in das Gehirn des Mädchens ein und hinterließ dort einen elektrochemischen Eindruck, denn die Übermittlung wie auch Speicherung von Gedanken geschieht auf elektrochemischem Wege. Zur Zeit des Ereignisses wurden die Muster der Bilder und Eindrücke von diesem Ereignis im Gedächtnis als Erinnerung verfügbar – nicht nur als Erinnerung an etwas Vergangenes, sondern womöglich zugleich als Erinnerung an die Zukunft. Das vorwärtslaufende Muster könnte in der Zeit zurückgelaufen sein bis zu einem Punkt vor dem tatsäch-

lichen Eintreten des Ereignisses. Denn in den elektrochemischen physiologischen Prozessen hat jede Aktivität, wie
in anderen Bereichen der wissenschaftlich beschriebenen
Wirklichkeit auch, ihre Reflexion in der Zeit. In seinem
Buch *Das Tao der Physik* schreibt der Physiker Fritjof
Capra über die molekulare Aktivität: »Für jeden Vorgang
gibt es einen entsprechenden Vorgang, bei dem die Zeitrichtung umgekehrt ist und Teilchen durch Antiteilchen
ersetzt werden ... Allen Interaktionen zwischen den Teilchen scheint im Hinblick auf die Zeitrichtung eine grund-
legende Symmetrie eigen zu sein.«

Die Zeit ist offenbar in jedem wissenschaftlichen Bereich
reversibel, außer im psychologischen, in der Art, wie wir
das Leben wahrnehmen. Der Mensch ist so beschaffen,
daß er Zeit nur in ihrem vorwärtsgerichteten Ablauf wahrnehmen kann, denn das ist die Basis für das wichtigste
Prinzip im erlernten Verhalten: für Ursache und Wirkung.
Ohne den Zeitverlauf in eine Richtung wäre der Mensch
verloren. Darum lernt er, Erinnerungen an die Zukunft –
Informationen über die Zukunft, die zurückgespiegelt
werden – zu vergessen. Kinder wie das Mädchen in der
Bahn haben noch nicht gelernt, Erinnerungen an die Zukunft vollkommen zu verdrängen. Auch Erwachsene lassen
manchmal im Schlaf einen unbewachten Augenblick lang
den starken Widerhall aus der Zukunft in ihr Bewußtsein
dringen und halten ihn dann fast für die Wirklichkeit.
   Viele junge Leute träumen wie dieses Mädchen, das
über den Sportwagen verwundert war, von neuen Dingen,
die sie in ihrer Unerfahrenheit noch nicht verstehen. Der
folgende Traum aus der Mädchenzeit einer Frau ist die am
weitesten zurückliegende Traumerinnerung, von der ich
hörte.

Es war im kalten Winter des Jahres 1909, als ein Mädchen im Teenager-Alter träumte, sie sähe eine schöne junge Frau mit langem wehenden Haar auf einer Wiese auf sich zurennen. Mit ihrem flatternden weißen Morgenrock und nackten Füßen wirkte diese Erscheinung wie ein »Engel ohne Flügel«.

Als das Mädchen seiner Mutter den schönen Traum von der barfüßigen Dame erzählte, wandte die Mutter ein, es sei viel zu kalt dazu, ohne Schuhe herumzulaufen.

Drei Tage später, das Mädchen wartete mit seiner Mutter auf die Straßenbahn, sagte es auf einmal: »Da kommt mein Traum! Sie ist echt!« Eine junge Frau mit langem Haar und flatterndem Morgenrock kam auf sie zugerannt. Sie fragte das junge Mädchen und seine Mutter, ob sie sie aufnehmen könnten. Sie nahmen sie mit nach Hause.

Später erfuhr die Mutter, daß der »Engel« eine dem Noristown State Hospital entlaufene geistesgestörte Patientin war. Eine Erinnerung an die Zukunft, das äußere Erscheinungsbild der jungen Frau, hatte sich dem schlafenden Mädchen eingeprägt, das keine Ahnung hatte, wer der Engel eigentlich war.

Der folgende präkognitive Traum, den mir Tracy geschickt hat, eine College-Studentin aus Charleston, South Carolina, macht ein des öfteren vorkommendes Element deutlich – die beharrliche Wiederkehr eines Traummotivs vor Eintreffen des dargestellten Ereignisses. In diesem Fall wurden die Erinnerungen an ein Zukunftsereignis dreimal wach. Die Einzelheiten des Traums entsprechen dem Ereignis nicht haargenau (wie oft auch bei zurückliegenden Erinnerungen), aber die Übereinstimmungen springen doch ins Auge.

Tracy hatte innerhalb von zwei Monaten drei Träume, die zwar nicht in allen Einzelheiten genau gleich waren, aber offensichtlich von ein und demselben schrecklichen

Ereignis handelten. Zum Zeitpunkt des ersten Traums suchte Tracy gerade eine Kommilitonin, mit der sie ihr Apartment teilen wollte. Sie arbeitete in der Nachtschicht in einem rund um die Uhr geöffneten Restaurant. In ihrem Traum kam jemand in das Restaurant gestürzt, rief nach ihr und sagte, ihre Wohnung stünde in Flammen. Sie ging sofort nach Hause, und wirklich stand das Apartmenthaus in Flammen und davor eine Menschenmenge, die zuschaute. Tracy fand den Traum nach eigenen Angaben merkwürdig, aber er versetzte sie nicht in Angst und Schrecken.

Den zweiten Traum hatte Tracy, nachdem sie eine Mitbewohnerin, Cynthia, gefunden hatte. Die erste Traumszene begann ebenfalls im Restaurant. Diesmal kam Cynthia und teilte ihr mit, ihre Wohnung stünde in Flammen. Sie gingen beide zusammen zu dem brennenden Wohnhaus. Tracy fand es natürlich überaus merkwürdig, ein zweites Mal dasselbe geträumt zu haben, machte sich aber immer noch keine Sorgen.

Im dritten Traum war Tracy wieder bei der Arbeit im Restaurant. Jemand, nicht Cynthia, kam und sagte ihr, ihr Apartment brenne. Als Tracy dieses Mal nach Hause eilte, stand nur ihr Apartment – das mittlere von neun – in Flammen. Sie rannte durch die Menschenmenge und rief nach Cynthia, konnte sie jedoch nicht finden. Sie war beunruhigt, als sie aufwachte.

Einige Wochen später hatte Tracy irgendeinen Schaden an ihrem Auto und brachte den Wagen zur Reparatur in ihre Heimatstadt. Als ihre Mutter montags anrief und ihr sagte, der Wagen sei fertig, erklärte Tracy ihr, sie könne erst am Wochenende kommen und ihn abholen. Am darauffolgenden Dienstag kam eine starke Unruhe über sie. Am Mittwoch geriet sie in eine unerklärliche Panik. Sie überredete eine Freundin, sie zum Bus zu bringen, damit sie in ihre Heimatstadt zu dem Auto fahren konnte, aber sie wußte, daß es nicht das Auto war, das ihr solche Sorgen machte. Sie hatte das völlig irrationale, überwältigende Bedürfnis, ihre Wohnung zu verlassen.

Zu Hause angekommen, sagte sie, wie sie sich erinnert, ihrer Mutter verschiedene Male: »Hoffentlich passiert meiner Wohnungsgenossin nichts.« Die Mutter sagte schließlich etwas irritiert: »Kann denn deine Wohnungsgenossin nicht selbst auf sich aufpassen?«

Als Tracy nach Charleston zurückkam, war sie zutiefst betroffen. Nachbarn starrten sie an, als sie aus dem Auto stieg. Das Haus war seltsam schwarz, und es roch, als wäre jemandem in der Küche etwas angebrannt. Sie ging in das untere Stockwerk des Apartments und sah gleich in einen Topf auf dem Herd. Vom Geruch des verdorbenen Essens darin wurde ihr schlecht.

Tracy wunderte sich, wo Cynthia war. Als sie im Abendlicht die Treppe hinaufging, sah das Treppenhaus dunkler aus als sonst, die Wände schienen geschwärzt zu sein, und sie fragte sich, ob es wohl an ihrer seelischen Verfassung läge, daß alles so düster wirkte. Sie ging ins Zimmer ihrer Wohnungsgenossin. Alles, was Cynthia gehört hatte, war fort; der Raum war leer. Tracy ging in ihr eigenes Zimmer. An der Tür überkam sie ein lähmendes Entsetzen. Das Bett war nur noch ein Haufen verkohlten Holzes. Wo das Kopfteil hätte sein müssen, war ein Loch durch die Wand gebrannt. Der Bodenbelag hatte vor Hitze Blasen geworfen. Bierflaschen lagen zersplittert im Zimmer herum. Tracy fing an zu schreien und rannte die Treppe hinunter.

Der Hausverwalter erklärte ihr, Cynthia hätte im Bett getrunken und geraucht und dabei die Matratze in Brand gesteckt. Ihr Freund hätte ihre Leiche gefunden.

Plötzlich paßten alle drei Träume zusammen wie Teile

eines prophetischen Puzzles. Warum hatte sie bloß nicht auf ihre Bedeutung geachtet, fragte sich Tracy. Warum hatte sie die Träume nicht als Warnung aufgefaßt? Hätte sie Cynthia retten können? Oder war es Schicksal, und niemand hätte ihre Freundin retten können? Waren die Warnungen nur für sie, Tracy, gedacht, damit wenigstens sie nicht in den Flammen umkam?

Die Fragen, die diese Träumerin über den Zweck ihrer präkognitiven Träume stellt, kann bis jetzt noch niemand beantworten, aber die ungeheure Eindringlichkeit der Träume und das Entsetzen danach geben uns das sichere Gefühl, daß diese Warnungen *einen Sinn* hatten. Wir können einfach nicht glauben, daß es reiner Zufall gewesen sein sollte.

Präkognitive Träume dieser Art schildern Ereignisse, die zur Zeit des Träumens noch nicht geschehen sind, die aber später eintreten. Sie sind ein Blick in die Zukunft, und zwar nicht auf ganz unbestimmte Weise, sondern präzise und detailliert. Sie werfen Fragen auf, mit denen sich die Philosophen immer schon herumgeschlagen haben. Wenn die Zeit in unserem Geist sowohl vorwärts als auch rückwärts laufen kann, ist die Zukunft dann schon festgelegt? Wenn ja, wo und von wem? Die Antworten auf diese Fragen werden unser Verständnis von Zeit, von Abläufen und vom Sinn des Lebens drastisch verändern und uns neue Dimensionen und Welten eröffnen.

Die alten Griechen verfügten über ausgedehnte Kenntnisse vom Himmel und den Bewegungen der Himmelskörper. Sie wußten, daß ein Astronom exakt voraussagen konnte, welche Positionen die Sterne am nächsten Tag einnehmen würden, ob er nun die Konstellationen kannte, die sie vor hundert Jahren hatten, oder die von heute. Die Bewegungen am Himmel konnten zeitlich rückwärts wie vorwärts aufgerollt werden wie ein Film, ohne daß dadurch irgend etwas durcheinander kam. Das Leben der Menschen war nach Überzeugung der alten Griechen unauflöslich mit dem unveränderlichen Lauf der Sterne verknüpft. Sie glaubten offenbar an ein festgeschriebenes Schicksal.

In der berühmten griechischen Ödipus-Sage beispielsweise sagt das Delphische Orakel dem König Laios von Theben voraus, er werde dereinst von seinem Sohn getötet. Als Laios ein Sohn geboren wird, läßt der König das Kind, um die Prophezeiung zu vereiteln, in die Berge bringen, damit es dort umkommt. Ein gutherziger Bauer findet den Säugling und nimmt ihn mit zu König Polybos von Korinth, der ihn Ödipus nennt. Ödipus, in Unkenntnis seiner wahren Herkunft, sucht das Apollo-Orakel von Delphi auf und erfährt, daß er nicht nur seinen Vater töten, sondern auch seine eigene Mutter heiraten wird. In dem Glauben, Polybos sei sein Vater, und um diesem Schicksal zu entgehen, verläßt Ödipus Korinth und kehrt nach Theben zurück, dem Königreich, in dem er geboren ist. Nach vielen Abenteuern tötet er unwissentlich seinen Vater und heiratet seine Mutter. Nachdem er Jahre später entdeckt, was er getan hat, blendet er sich voller Verzweiflung. Die griechische Sage hat Freud zu seiner Theorie über das Verhältnis von Jungen zu ihren Müttern inspiriert, doch im Grunde bringt sie viel klarer die Überzeugung der Griechen zum Ausdruck, daß unentrinnbar kommt, was kommen muß: Das Schicksal läßt sich nicht durchkreuzen. Wir können natürlich spekulieren, der König hätte nicht eingreifen und den Jungen zu Hause behalten sollen, weil dann weder der Vatermord noch die Inzestheirat stattgefunden hätte. Anscheinend hat die Weissagung selbst die Tragödie verursacht. Der Mensch, der über Entscheidungen nachgrübelt und heldenhafte Anstrengungen unternimmt, etwas zu erreichen, demonstriert damit letztlich jeden Tag aufs neue seine Überzeugung, er könne die Zukunft irgendwie unter Kontrolle bringen, und dabei lauert in seiner Psyche das lähmende Gefühl, daß all seine Bemühungen vergebens sein könnten: daß das Schicksal unauslöschlich festgeschrieben sei.

In den Berichten, die ich gesammelt habe, fiel mir sowohl eine ganze Reihe von Traumerlebnissen auf, die die Theorie einer vorherbestimmten Zukunft unterstützen, als auch solche Erfahrungen, die genau das Gegenteil aussagen. Wir wollen einmal untersuchen, welche überzeugender ist.

Der erste Traum in diesem Buch, in dem eine Mutter ihren eigenen und den Tod ihres Kindes durch einen Zug träumt, ist ein typisches Beispiel für viele Träumer, die nicht etwa ihre Pläne ändern, um die im Traum vorausgesehene Tragödie zu vereiteln. Vielleicht hätte der Unfall nie geschehen können, zumindest nicht in der Weise, die der Traum klar voraussagte, wenn die Mutter sich einfach geweigert hätte, ihren Gast zu dem betreffenden Bahnhof zu bringen. Nach der Theorie einer Erinnerung an die Zukunft jedoch hätte die Mutter nie den Alptraum gehabt, wenn sie nicht mit ihrer Tochter den Gast zum Bahnhof begleitet und so dem Tod entgangen wäre. Der Traum war Ausdruck der zukünftigen Wirklichkeit; eine Veränderung der Zukunft hätte auch den Traum verändert.

In anderen Beispielen für präkognitive Träume mit tragischem Ausgang flehte der Träumer das Traumopfer an, seine Pläne zu ändern. Wenn es dem Träumer mißlang, den oder die betreffende Person davon abzubringen, traf die Tragödie ein. Beispielsweise träumte eine Frau in Texas, ihr 23-jähriger Sohn sei ertrunken. Als er ihr am nächsten Tag sagte, er wolle mit ein paar Freunden zu einem etwa 30 Meilen entfernten See fahren, bat sie ihn inständig, zu Hause zu bleiben. Doch er hatte sich die Sache in den Kopf gesetzt und fuhr an den See, um den Tag dort zu verbringen. Einige Stunden später erlitt er einen Kälteschock aufgrund einer kalten Strömung im See und ertrank. Das Unglück traf ein, nachdem die Träumerin *vergeblich* versucht hatte, die Begleitumstände zu verändern.

Aber die große Frage bleibt: Wenn ein Träumer *mit Erfolg* die im Traum geschauten Gegebenheiten abzuändern vermag, wird er dadurch auch die Folgen verändern? Die Antwort lautet: vielleicht.

Nehmen wir uns einmal einen anderen realen Fall vor, in dem jemand versucht hat, das im Traum vorausgesehene Schicksal zu verändern. Der folgende Bericht macht deutlich, wie schwierig es wäre, einen Beweis oder Gegenbeweis dafür zu liefern, ob ein prophetischer Traum dem vorgewarnten Träumer einen anderen Weg offenläßt.

Brad, ein High-School-Schüler, träumte, er und zwei Freunde wären auf der Heimfahrt von einer Party, zu der sie »eigentlich nicht durften«, in einen Autounfall verwickelt worden. Der Traum machte Brad solche Sorgen, daß er sich schließlich weigerte, seine Freunde zu begleiten. Am nächsten Abend, auf dem Heimweg von der Party, ging etwas am Auto der beiden Freunde kaputt, sie rammten einen Briefkasten und endeten im Straßengraben. Brad kam zu dem Schluß, der Traum hätte ihn vor einer Verletzung bewahrt. Er war »erleichtert und erstaunt«.

Nach meiner Definition ist ein Traum dann prophetisch, wenn er im wesentlichen in Erfüllung geht. Aufgrund der Tatsache, daß die Hauptfigur des Traums nicht bei dem Unglück zugegen war, erfüllt der Traum nicht meine Kriterien für paranormale Träume und zählt nicht. Ebenso wurden auch alle anderen Träume disqualifiziert, die durch irgendeine Vorsichtsmaßnahme des Träumers nicht in Erfüllung gingen. Was wäre wohl geschehen, wenn Brad zu der Party gegangen wäre? Hätte der Unfall auch dann noch stattgefunden? Mit Sicherheit kann das niemand sagen. War es überhaupt ein prophetischer Traum? Schwer zu entscheiden. Könnte ich nachweisen, daß es sich um einen parapsychischen Traum handelte, könnte ich auch beweisen, daß die vorausgesagten Ereignisse durch Handeln des Träumers beeinflußbar sind. Aber ich kann nicht nachweisen, daß es ein prophetischer Traum war, da die einzige mir bekannte Beweismöglichkeit für einen paranormalen Traum die Erfüllung dieses Traums ist. Brads Traum war immerhin von Nutzen, da er ihn vor einer Verletzung bewahrte.

Ein junger Mann schrieb mir in seinem Brief, er habe geträumt, er fahre mit hoher Geschwindigkeit eine bestimmte Straße entlang, bremse bei einer Kurve und gerate ins Schleudern. Sein Wagen sei von der Straße abgekommen und schwer beschädigt worden. Kurz nach dem Traum war er wirklich ziemlich schnell diese Straße entlanggefahren. Kurz vor der betreffenden Kurve war ihm dann sein Traum eingefallen, und er hatte das Gas erheblich weggenommen, um nicht in der Kurve bremsen zu müssen. Beim langsamen Fahren bemerkte er eine schwarze Stelle auf der Straße, und da ihn sein Traum neugierig gemacht hatte, stieg er aus, um sie zu begutachten. Die schwarze Stelle war ein Ölfleck. »Hätte ich genau in der Kurve auf die Bremse getreten, wäre ich mit Sicherheit von der Straße geschleudert worden«, schrieb er. Er hält den Traum für eine paranormale Warnung. Für mich kommt er als prophetischer Traum per Definition nicht in Frage, da der Unfall nicht wirklich stattfand. Das einzige, was sich als reale Gefahr ergab, war ein Ölfleck auf der Straße. Doch ich finde auch diesen Traum immerhin sehr produktiv, da er den Träumer offenbar dazu bewogen hat, vorsichtiger zu fahren.

Von einer jungen Mutter aus Texas erhielt ich zwei Briefe, die ebenfalls sehr aufschlußreich sind, was die Frage der Einflußnahme bei einem prophetischen Traum betrifft. Die junge Frau gab an, schon etliche Träume gehabt zu haben, die sich bewahrheitet hätten, und bat mich deshalb, jeden realistischen Traum auf seinen möglicherweise prophetischen Charakter hin zu untersuchen. Hier ist der erste Brief:

Ich hatte diesen Traum dreimal in diesem Jahr. Ich sehe alles so klar, in faszinierenden Details und Farben. Mein zweijähriger Sohn Kenny fährt vor uns im Lastwagen meines Stiefvaters und meiner Mutter. Wir fahren mit unserem Pkw hinterher. Mein Großvater sitzt auf der Ladefläche des Lkws mit einer Kiste, in die etwas verpackt ist, um das es bei dem Transport geht. Auch unser Hund fährt auf der Ladefläche mit.

Die Kiste gerät ins Rutschen. Mein Großvater ruft meinem Stiefvater, der den Lastwagen fährt, etwas zu. Mein Großvater zerrt an der Kiste und rutscht mit. Ich sehe unseren Hund ebenfalls rutschen. Auf einmal bremst der Lastwagen, und wir fahren beinahe hinten auf, ehe mein Mann, der unser Auto steuert, auch auf die Bremse tritt. Dann sehe ich verschwommen etwas aus dem Lastwagen fallen. Zuerst meine ich, es sei der Hund, aber dann sehe ich Kenny langsam aus dem Fenster auf der Fahrerseite kommen. Wir bremsen noch immer, können jedoch nicht anhalten, und der Lkw auch nicht. Ich schreie: »Es ist Kenny! Anhalten! Anhalten!« Ich sehe, wie er auf den Asphalt schlägt. Ich sehe seinen Kopf aufprallen, dann seinen Körper. Als wir mit dem Wagen wenden, sehe ich, wie er von einem Auto überfahren wird, ehe ich bei ihm bin.

Es macht mir unsägliche Angst. Ich habe niemandem

von diesem Traum erzählt. Ich hoffe nur, es bleibt alles ein Traum.

Etwa einen Monat später erhielt ich von derselben Frau, die diesen schrecklichen Traum noch öfter hatte und immer mehr befürchtete, daß er prophetisch sein könne, den folgenden Brief. Sie hatte versucht, die Tragödie zu verhindern.

Zuerst habe ich die Kleidung fortgegeben, die Kenny in meinem Traum trug, weil ich ihn nicht mehr darin sehen mochte. Als ich mir den Unfall auszumalen versuchte, konnte ich nicht begreifen, warum wir eigentlich mit unserem Auto hinter dem Lastwagen meines Stiefvaters und meiner Mutter herfahren sollten. Später wurde mir klar, warum.

Wir hatten für unser neues Haus eine Duschkabinentür aus Glas bestellt. Wir brauchten den Lastwagen meines Stiefvaters, um die Tür abzuholen. Er sagte, er wolle mit meinem Mann, Stephen, zum Abholen fahren. Stephen wollte, daß ich mitkam.

Allmählich zeichnete sich die vorgegebene Situation klar ab. Es waren bereits drei Personen in dem Lastwagen, wie maximal zulässig, da sagte meine Mutter, daß Kenny lange nicht mehr im Lkw mitgefahren war und gerne mitkommen wollte und sie also zusammen mit ihm auch noch mitkommen würde. Ich hielt ihr entgegen, daß wir nicht alle fünf im Lastwagen sitzen könnten und daß Stephen und ich deshalb im Auto hinterherfahren müßten. Als ich mich das sagen hörte, bekam ich Angst. Der Traum fing an, greifbare Formen anzunehmen. Ich redete auf meine Mutter ein, Kenny könne ein andermal mitfahren, wenn wir nicht gerade etwas abzuholen hätten, und er wäre den Männern womöglich im Wege. Da

Stephen wollte, daß ich mitkam, bat ich sie, mit Kenny bei uns zu Hause zu bleiben, damit wir nicht zu viele wären.

Als wir am Kaufhaus die Kiste mit der Duschkabinentür abholten und ich zusah, wie die Männer sie auf die Ladefläche des Wagens schoben, habe ich wirklich einen Seufzer der Erleichterung ausgestoßen, daß Kenny zu Hause war. Dies war tatsächlich der Gegenstand, den ich vorher in meinen Träumen gesehen hatte, und zwar bevor ich überhaupt daran dachte, eine Duschkabinentür zu bestellen.

Ich hoffe, daß der Traum damit ein Ende gefunden hat. Ich hoffe, daß die Möglichkeit besteht, solche Träume zu durchkreuzen. Immerhin habe ich diesen Traum seitdem nicht mehr gehabt.

Man beachte, daß die junge Mutter nicht einmal daran dachte, den Traum zu erzählen, um so ihrem Wunsch, das Kind zu Hause zu lassen, mehr Nachdruck zu verleihen. Lieber gibt man sich tatsächlich große Mühe, seinen Glauben an Wahrträume zu verbergen – sie sind eine Bürde, die nur einem Fremden anvertraut werden kann.

Sie erinnern sich sicher an Dana aus dem vorigen Kapitel, deren Sohn und Neffe prophetische Träume hatten. Ihr kleiner Sohn hatte von einem furchtbaren Unfall in einem bestimmten Auto geträumt und war durch genau solch einen Unfall schwer verletzt worden. Als Dana erneut heiratete und mit ihren Kindern und dem neuen Mann in eine andere Stadt zog, hatte ihr Sohn wieder einen Traum von einem Autounfall. Natürlich nahm die ganze Familie diesen Traum ernst.

Der Junge erzählte einen schrecklichen Traum von drei Frauen – seiner Mutter und zwei weiteren Frauen, die er nicht kannte – in einem Auto. Eine der fremden Frauen fuhr den Wagen, es gab einen Zusammenstoß, und Dana kam dabei ums Leben. Die Familie sprach über den Traum und kam zu dem Schluß, daß der Unfall möglich, aber nicht unvermeidlich sei, und man wollte sich nicht davon niederdrücken lassen. Kurz darauf stellte Dana in der Kirche ihren Sohn dem neuen Gemeindemitglied Barbara vor. Der Junge sträubte sich dagegen, auch als Dana ihn am Ellbogen rüttelte, um ihm ein wenig Benimm beizubringen. Hinterher machte sie ihm Vorwürfe. »Warum hast du nicht einmal hallo gesagt?« fragte sie ihn. »Das war doch nicht zuviel verlangt; ein Lächeln hätte schon genügt.«

»Das ist die Frau«, sagte der Junge bedrückt, »die Frau, die in dem Traum das Auto fuhr.«

Das war für Dana das schlimme Anzeichen dafür, daß wieder ein prophetischer Traum kurz vor der Erfüllung stand: Eines seiner unvorhersehbaren Elemente hatte sich gerade als Realität erwiesen. Sie stellte ein paar Nachforschungen an und kehrte erleichtert zurück. Barbara hatte keinen Führerschein und kein Auto; der Traum konnte also nicht wahr werden.

Bald danach wurde im Gemeindebrief ein sechswöchiger Kurs über wichtige Frauenfragen annonciert, der in einer etwa 30 Meilen entfernten Stadt abgehalten werden sollte. Nur drei Leute meldeten sich dazu an: Dana, die Frau namens Barbara und eine dritte Frau, die Danas Sohn noch nicht kennengelernt hatte.

Als die Zeit für den Kurs näherrückte, hörte Dana, daß Barbara von ihrem Mann ein brandneues Auto und Fahrstunden zum Geburtstag bekommen hatte. Barbara machte ziemlich schnell ihren Führerschein. Dann kam sie gleich zu Dana und sagte, sie wäre so lange von allen Freunden zum Mitfahren eingeladen worden, daß sie sich jetzt gern revanchieren und die beiden Frauen zu dem Kurs fahren wolle.

Dana war sofort klar, daß Barbaras neues Auto und Führerschein der noch fehlende Teil zum prophetischen Traum ihres Sohnes waren. Unter diesen Voraussetzungen konnte der Traum leicht Wirklichkeit werden, und das schien sich bereits abzuzeichnen.

Dana erzählte ihrem Mann davon und bekannte ihm ihre Besorgnis. »Ich lasse nicht zu, daß du mit ihr fährst«, erklärte daraufhin ihr Mann. Auch auf die Gefahr hin, die Frau zu beleidigen, lehnte Dana die Mitfahrgelegenheit ab und führte den Traum als Grund an. Um absolut sicher zu sein, fuhr Danas Mann selbst Dana einmal die Woche sechs Wochen lang zu dem Kurs in die Nachbarstadt.

Der neuen Fahrerin und ihrer Begleiterin geschah nichts. Womit wieder einmal nichts bewiesen wäre. Es deutet jedoch alles darauf hin, daß die Katastrophe durch die absichtliche Vermeidung der Traumvorgabe verhindert wurde.

Auch Danas Schwester Ella hatte einen Unglücks-traum, den sie durch entsprechendes Handeln vereiteln konnte, wie sie glaubt. Sie träumte, sie zeltete mit ihrer Familie an einem Fluß, was öfter vorkam. Sie und ihr damals vierjähriger Sohn gingen zum Fluß hinunter, um ein paar Kleidungsstücke auszuwaschen. Am Ufer merkte sie, daß sie die Seife vergessen hatte, und ging zurück, um sie zu holen. Auf dem Weg sah sie aus dem Augen-winkel, wie ihr Sohn den Arm hob, um einen Stein ins Wasser zu werden. Als sie sich umwandte, sah sie gerade noch rechtzeitig, daß er dabei die Balance verlor und ins Wasser fiel. Er wurde von der Strömung des Flusses mit-gerissen, ehe sie ihn packen konnte, und ertrank. Sie er-wachte zutiefst verstört. Beim nächsten Campingausflug ging Ella mit ihrem Sohn zum Fluß hinunter, um wie ge-wohnt etwas auszuwaschen. Sie merkte, daß sie die Seife vergessen hatte. Sie schickte sich an, sie zu holen, als sie aus dem Augenwinkel die ihr schon vertraute Armbewegung des Jungen sah, der einen Stein ins Wasser warf. Statt weiterzugehen, machte sie auf der Stelle kehrt und packte ihren Sohn, der von der Kraft seines Wurfes hin und her schwankte. Sie konnte ihn noch halten, bevor er ins Wasser fiel, und drückte ihn lange, lange an sich.

Diese Traumerlebnisse lassen vermuten, daß die Zukunft zwar festgeschrieben sein mag, daß sich das Drehbuch aber revidieren läßt. Es kann auch sein, daß ein Teil der Zukunft festgelegt ist und der Rest von der Reaktion des Träumers abhängt.

Wie paßt das alles in die Theorie, nach der die richtungsmäßige Festlegung für den Zeitverlauf irrelevant ist? Beobachtungen zufolge ist zwar jeder Mikroprozeß reversibel und darum im wissenschaftlichen Sinne unabhängig von der Zeitrichtung, aber das große Ganze, der Makroprozeß, scheint nicht reversibel zu sein. Das erklären viele Wissenschaftler mit einer Zunahme der Zufallsunordnung, der sogenannten Entropie. Die Entropie ist ein Maß für die Energiemenge, die bei einem natürlichen Prozeß nicht wirksam zu werden vermag; sie zählt deshalb nicht, wenn der Prozeß umgekehrt verläuft. Zufällige Hitzeverluste bei chemischen Reaktionen verhüten beispielsweise, daß die Reaktion genau umgekehrt verläuft. Manche Wissenschaftler sind der Meinung, daß die Entropie, die immer nur zunimmt, aber niemals abnimmt, der Zeit ihre Richtung gibt.

Andere wiederum glauben, daß die Entropie kein reiner Zufall ist, sondern die Folge von mangelnder Information und daß wir, wenn wir wirklich all die entsprechenden Prinzipien und Daten kennen würden, sehen könnten, wie die Entropie verschwände und alle Prozesse reversibel wären.

Die Beziehung zwischen dem wissenschaftlichen Modell prophetischer Träume als Erinnerungen an die Zukunft und den echten Erfahrungen von Träumern wie Dana erinnert mich an einen Fischteich. Man stellte sich einmal die Fakten eines bestimmten Ereignisses als eine Handvoll Steine vor, die in den Teich geworfen werden und von deren Aufschlagspunkt auf die Wasseroberfläche jeweils konzentrische Wellenkreise ausgehen. Sowie sich die Wellenkreise eines Steins mit denen eines anderen Steins mischen, entsteht eine höchst komplexe Struktur. Und doch könnte das Muster in seinem punktuellen Zeitablauf fotografisch festgehalten werden, und dann könnte ein Wissenschaftler mit Hilfe eines Computers nicht allein feststellen, was für ein Muster ein paar Sekunden zuvor da war, sondern auch, wie viele Steine ins Wasser geworfen wurden, unter welchem Winkel sie auftrafen und wie groß sie waren. Er könnte auch sagen, wie das Muster in der Zukunft aussehen würde. Eine Voraussage der zukünftigen Struktur wäre ebenso möglich wie eine Rekonstruktion der vergangenen. Was die Voraussage des Wissenschaftlers durchkreuzen könnte, wäre ein Fisch, der mitten im Teich einen Sprung tut und die Gesamtstruktur verändert. Ein Träumer, der sich dem in einem präkognitiven Traum vorgezeichneten Muster widersetzt, kann das Muster offenbar sprengen. Er weiß allerdings nicht genau, welche Form diese Sprengung annehmen wird, denn er ist in seinem Handeln ebensowenig präzise wie der springende Fisch.

Die Veränderungen, die sich nach meinen Feststellungen bei der Erfüllung prophetischer Träume ergeben können, scheinen keineswegs zufällig zu sein. Die Veränderungen entstehen durch willentliche Handlungen der Träumer und hängen davon ab, welche Vorstellungen der Träumer von Ursache und Wirkung hat: »Wenn ich diese Bedingung ändere, werden sich auch die Folgen verändern.« Diese Willensakte fügen sich offenbar in das entstehende Muster ein und wandeln das tatsächliche Ereignis ab.

Wenn man annimmt, daß eine willentliche Handlung eines Träumers nach einem prophetischen Traum die Zukunft verändern kann, muß man sich fragen, warum diese Menschen eigentlich nur von diesen bestimmten Ereignissen geträumt haben. Warum kennen sie nicht die ganze Zukunft und legen sie nach Belieben neu fest? Mit Sicherheit spielt in der Erinnerung an die Zukunft ein strenges Auswahlprinzip mit. Aber man darf nicht vergessen, daß auch die Erinnerung an die Vergangenheit von einem Auswahlprinzip geprägt ist. Wir erinnern uns selektiv an das, was uns gefühlsmäßig in unserem Leben einen starken Eindruck gemacht hat. Wir erinnern uns auch an eine erstaunliche Zahl von Belanglosigkeiten der Art, von der wir zu sagen pflegen: »Ich weiß nicht, warum ich ausgerechnet *das* im Gedächtnis behalten habe.« Theoretisch sind Erinnerungen an *alle* früheren Erfahrungen in unserem Gehirn gespeichert. Unzählige Ereignisse können durch einen entsprechenden Reiz wieder ins Gedächtnis gerufen werden; manche sind nur durch Hypnose und ähnliche nicht völlig geklärte Prozesse erreichbar. Das gleiche könnte für Erinnerungen an die Zukunft gelten. Ganz gewiß sind präkognitive Träume höchst selektiv und darin den Erinnerungen an die Vergangenheit vergleichbar. Für gewöhnlich handeln sie von Ereignissen, die unser Gefühlsleben stark beeinflussen, und manche drehen sich um scheinbar belanglose Dinge. Vielleicht kann auch die Erinnerung an die Zukunft durch den richtigen Reiz angeregt werden, etwa in einem anderen als dem Wachzustand: unter Hypnose, in der Meditation und im Schlaf – und besonders im Traumzustand.

Bei seiner Untersuchung einer weiteren Parallele zwischen der Erinnerung an die Vergangenheit und der Erinnerung an die Zukunft hat Jeremy Orme, Arzt am Middlewood-Krankenhaus von Sheffield in England, die Häufigkeit präkognitiver Erlebnisse als Funktion der Zeitspanne zwischen parapsychischem Erlebnis und tatsächlichem Ereignis erforscht. Er stellte fest, daß präkognitive Erlebnisse um so seltener vorkamen, je weiter sie von dem tatsächlichen Ereignis entfernt waren. Mit anderen Worten: Die Leute können eher Ereignisse in *naher* Zukunft voraussagen. Dieses Ergebnis läßt vermuten, daß die Präkognition ähnlich funktioniert wie die normale Erinnerung. Beide lassen mit der Zeit nach – die Erinnerung an die Vergangenheit schwindet im Verlauf der Zeit, und die holographische Reflexion, die Erinnerung an die Zukunft, im Rücklauf der Zeit.

Aufgrund des emotionalen Einflusses auf unser Leben ist das Lebensereignis, das kaum jemals in der Erinnerung an die Zukunft ebenso wie in der Erinnerung an die Vergangenheit verlorengeht, der Tod eines geliebten Menschen. Dieses Ereignis ist deshalb der häufigste Gegenstand präkognitiver Träume.

Eine junge Frau aus Louisiana zum Beispiel schrieb mir, sie hätte geträumt, ihre Schwester sei bei einem Frontalzusammenstoß in einem weißen Auto ums Leben gekommen. Sie erzählte den Traum ihren Eltern. Drei Tage später kam die Schwester tatsächlich in einem weißen Auto, das ihr nicht gehörte, ums Leben. Da die Schwester erst Mitte Zwanzig war, war nicht unbedingt mit ihrem Tod zu rechnen, und da sie zudem normalerweise kein weißes Auto fuhr, waren die Chancen, daß dieser Todestraum in Erfüllung gehen könnte, astronomisch gering. Dieser Traum scheint mir ein klares, eindeutiges Beispiel für recht detaillierte Erinnerungen an die Zukunft zu sein.

Im Gegensatz dazu sind manche andere Todesträume kaum mehr als die Vorahnung von einem Verlust und entbehren faktischer Details – wie dieses Erlebnis, von dem mir eine Frau aus dem Bundesstaat Alabama berichtete:

Irgendwann zwischen 22 Uhr und morgens früh träumte ich, von Trauer und Kummer überwältigt zu sein, weil mein Mann mich verlassen hatte. Ich wachte weinend mit tränenfeuchtem Gesicht auf. Mein Mann ging an diesem Morgen wie gewohnt zur Arbeit. Nach ein paar Stunden wurde mir die Nachricht von seinem Tod übermittelt. Er war von einem Schornstein gefallen und auf der Stelle tot.

Außer Todesfällen gibt es noch viele andere Zukunftsereignisse, an die sich Träumer »erinnern«. Dutzende von Berichten gaben beispielsweise Traumunfälle wieder. Dieser Traum eines jungen Kaliforniers fällt wegen einer schaurigen Einzelheit besonders auf:

Traumhintergrund war irgendeine Autobahn bei Nacht. Ich sah ein Auto, das gerade einen Unfall hatte. Die Windschutzscheibe war eingedrückt, und alles an dem Auto war zerbeult. Überall ringsum war Blaulicht. Es kamen keine Leute in diesem Traum vor. Aber eins fiel mir auf – der Motor des Wagens lief nicht, und alles war still, bis auf das Kassettengerät. Ich konnte im Traum das Band von der Gruppe Black Sabbath mit dem Titelsong »Sabbath, Bloody Sabbath« hören.

Einige Zeit später war ich mit ein paar Freunden spätabends auf einer neuen Autobahn unterwegs. Sie ist größtenteils asphaltiert, aber hier und da sind noch unbefestigte Stücke. Die Bremsen meines Wagens versagten, wir verloren die Kontrolle über das Auto und überschlugen uns. Wir kamen alle unversehrt aus dem Auto heraus. Es lag auf dem Dach, der Motor war aus, die Windschutzscheibe eingedrückt – und noch etwas. In meinem Kassettengerät lief der Song »Sabbath, Bloody Sabbath«. Es ging mir durch und durch ...

In diesem Fall hatte der Träumer eine lebhafte und völlig exakte Erinnerung an eine detailreiche Szene aus der Zukunft, einschließlich Musik. Im nächsten Beispiel sah eine Schwester in ihrem Traum Familienprobleme voraus.

Eines Nachts träumte ich, mein Bruder säße am Küchentisch und sagte meinem Vater, er wolle heiraten, weil das Mädchen schwanger sei. Damals hatte er nicht einmal eine Freundin. In dem Traum sah ich das Mädchen und ein Baby mit schwarzen Locken. Es war ein Junge. Etwa drei Monate später lernte er dieses Mädchen wirklich kennen, und es wurde schwanger. Sie heirateten, und sie bekam diesen jungen mit schwarzen Locken.

Eine Frau aus Colorado schrieb mir:

Ein Junge, in den ich als Schülerin verliebt war, ist mir immer ein guter Freund geblieben. Bei einem seiner sporadischen Telefonanrufe fragte ich ihn, wie es ihm gehe, da er in einem meiner Träume vor zwei Nächten einen Herzanfall erlitten hatte. Er hörte geduldig zu, als ich ihm erzählte, er hätte über schlimme Schmerzen an der Stelle in der Brust geklagt, wo die Rippen zusammengewachsen sind. Lachend erklärte er mir, seine Gesundheit sei nie besser gewesen.
Zwei Monate später sagte er mir, ich solle ihm nie wieder einen Traum erzählen, in dem er der Hauptdarsteller wäre. Am Nachmittag nach unserem Telefongespräch hatte er einen Herzanfall erlitten, und die Schmerzen wa-

ren da am unerträglichsten, wo die Rippen zusammengewachsen sind.

Die Bitte des unglücklichen Opfers, ihm doch keine solchen Träume mehr zu erzählen, ist ein Hinweis darauf, daß er den Traum für den Auslöser des Herzanfalls hielt. Ich habe einen gesunden Respekt vor der Kraft der Einbildung, und wenn sich der Mann beim Zuhören verfärbt hätte und den Traum ernst genommen hätte, erschiene es mir durchaus glaubhaft, daß der Traumbericht eine latent vorhandene Herzerkrankung zum Ausbruch brachte. Aber da der Mann über den Traum lachte, halte ich es für unwahrscheinlich, daß die Erzählung des Traums eine Rolle gespielt hat. Wie groß die Kraft der Suggestion sein kann, demonstriert allerdings der folgende Traum einer Studentin:

Ich schlief in Bobs Armen, und da träumte ich, er hätte eine schöne Frau kennengelernt und mich verlassen. Ich sah sie – eine Blonde, fast weißblond, aber mit Augen von so dunklem Blau, daß sie schwarz zu sein schienen. Sie wirkte jugendlich und hatte langes blondes, fast weißes Haar und eine sehr blasse Haut. Im Traum wußte ich, daß sie mir Bob weggenommen hatte. Ich wachte ganz verstört auf. Ich zitterte und hatte Herzklopfen ...

Später, an einem Tag der offenen Tür bei unserer Einkaufsgenossenschaft, war da eine junge Frau namens Peggy, die weder Bob noch ich jemals zuvor gesehen hatten. Auf sie paßte die Beschreibung genau. Bob fand sie sofort höchst anziehend. Bob und ich schliefen noch bis in den Januar hinein miteinander. Doch im Frühling beschloß er, zu Peggy zu ziehen. Er ist weiterhin sehr verliebt in sie, aber wir grüßen uns trotzdem noch.

Dieser Traum könnte eine spürbare Entfremdung der Träumerin von Bob bewirkt haben, die mit dazu beitrug, daß der Traum schließlich in Erfüllung ging. Genauso wahrscheinlich ist, daß der Traum sie auf die Erkenntnis vorbereitete, daß Bob nicht restlos glücklich mit ihr war. Wie dem auch sei – ob es nun an der Suggestionskraft oder am unbewußten Wissen um die unsichere Zuneigung Bobs lag –, die genaue Kenntnis der ungewöhnlichen Haut- und Haarfarbe des Mädchens, das die Träumerin aus Bobs Herzen verdrängte, scheint doch kein zufälliges Zusammentreffen zu sein.

Eine andere Frau war durch den folgenden wiederkehrenden Traum auf den Verlust ihres Mannes vorbereitet:

Mein Mann war schon in meiner Kindheit mein Schwarm. Es ging auf und ab mit uns, und wir hatten kein allzu herzliches Verhältnis, aber es war kein Gedanke an Scheidung, und ich dachte, wir würden immer zusammenbleiben ... Dann träumte ich, daß mein Mann mich wegen einer anderen verließ ... Ich wußte, wie sie aussah, wie sie ging und sprach, ja sogar, daß sie vom Lande kam. Ich wußte, daß er sie liebte und sie glücklich miteinander waren.

Als er ausgezogen war, hörte ich, daß er sich mit jemandem traf, und beschloß, ihm auf der Arbeitsstelle einen Besuch abzustatten. Niemand hatte mir gesagt, wer sie war oder wie sie aussah. Aber in dem Augenblick, als ich hineinging und dieses Mädchen am Schreibtisch sah, wußte ich, daß sie es war. Ich hatte sie zwei Jahre vorher in meinen Träumen gesehen, obwohl wir uns damals nicht kennen konnten, da sie, wie ich erfuhr, in einem weit entfernten Bundesstaat gelebt hatte. Ich wußte, daß ich ihn durch nichts davon abbringen konnte, also fand ich mich damit ab, daß er nicht mehr heimkam.
P.S. Er hat sie letztes Jahr geheiratet.

Man beachte, daß sich in den beiden Träumen vom »Verlust des Geliebten« die Beziehung, durch die der Mann entfremdet wurde, als echte Liebesbeziehung erwies und nicht als flüchtiger Flirt. Die Träume sollten offenbar den verletzten Partnern die Nachricht vom unvermeidlichen Verlust schonend beibringen. Es liegt eine gewisse Ruhe in der Bemerkung der einen Ehefrau: »Ich wußte, daß ich ihn durch nichts davon abbringen konnte, also *fand ich mich damit ab,* daß er nicht mehr heimkam.«

Da fällt mir das bekannte Gebet ein: »O Herr, verleih mir die Geduld, mich mit dem abzufinden, was ich nicht ändern kann, den Mut, das zu ändern, was ich ändern kann, und die *Weisheit,* den Unterschied zu erkennen.« Solche Weisheit ist manchmal der Stoff, aus dem die Träume sind.

Wie wir bereits wissen, haben Träume mit schlimmen Nachrichten oft den Sinn, jemanden mit einem Schicksalsschlag auszusöhnen. Manche Träume haben aber auch einen glücklichen Ausgang, wie dieser »heiße Tip«, den eine Frau in Kalifornien erhielt:

Mein Mann und ich hatten einmal vor, nach Las Vegas zu fahren. Etwa drei Tage vor unserer Abfahrt hatte ich einen Traum, in dem ich an einem Spielautomaten in der Innenstadt von Las Vegas mit 5 Cent 250 Dollar gewann. Ich erzählte all meinen Freunden, ich würde 250 Dollar gewinnen, und sie glaubten, ich mache mich einfach lustig über die Sache. Als wir am Desert Inn ankamen, machten die Freunde, die mit uns gefahren waren, allerlei Blödsinn und amüsierten sich, während ich dauernd bettelte, doch mit mir in die Innenstadt zum Spielsalon zu fahren, damit ich endlich mein Geld gewinnen konnte. Schließlich gaben sie nach, und ab ging's. Mit meinem vierten 5-Cent-Stück gewann ich 250 Dollar.

Dieselbe Frau träumt »normalerweise« davon, beim Roulette auf bestimmte Zahlen zu setzen und zu gewinnen, und einmal las sie im Traum den Namen eines Rennpferdes und die Auszahlungssumme an der Wettkasse. Sie hatte noch nie von dem Pferd gehört, schaute sich jedoch die Listen an und sah, daß es bei einem Rennen an der Ostküste starten sollte. Das Pferd trug den Sieg davon und brachte der Frau genau die Summe ein, die sie geträumt hatte. (Nebenbei bemerkt stellt sich diese Art von paranormaler Information im allgemeinen spontan ein und nicht durch einen Willensakt des Träumers. Soweit ich weiß, ist noch nie jemand durch eine entsprechende Willensanstrengung oder beharrliche Konzentration darauf reich geworden.)

Glückliche Träume handelten zumeist davon, daß die Träumer eine ersehnte Filmrolle bekamen, den ersten Preis bei einem Fotowettbewerb davontrugen, ein Traumhaus fanden oder einen Traummann mit Namen Richard heirateten. Paradoxerweise können solche Träume von glücklichen Ereignissen kaum als stichhaltige Beweise für die Echtheit prophetischer Träume angeführt werden, denn wenn ein Träumer die Erfüllung seines glückverheißenden Traums sucht, tritt das betreffende Ereignis auch mit größter Wahrscheinlichkeit ein.

Manche Glücksträume jedoch sind durchaus überzeugende Beispiele für Erinnerungen an die Zukunft. Den folgenden Glückstraum zum Beispiel hatte eine junge Mutter in der Tschechoslowakei zwanzigmal. Maria brauchte über acht Jahre und mußte Tausende von Kilometern zurücklegen, um zu lernen, daß Träume wahr werden können. Damals herrschte in ihrem Heimatland große Wohnungsnot. Jungverheiratete mußten oft bei den Eltern oder bei Verwandten unterkommen. Als Maria heiratete, waren sie und ihr Mann glücklich, ein eigenes Zimmer zu haben, auch wenn es weder fließendes Wasser noch eine Heizung hatte. Innerhalb von zwei Jahren bekamen sie zwei Kinder. Sie sehnte sich nach einer Küche und einem Badezimmer, aber es bestand keinerlei Aussicht, eine größere Wohnung zu finden.

Nur in ihren Träumen schwelgte sie in solchem Luxus. In einem wiederkehrenden Traum sah sie sich selbst aus einem Aufzug in einen langen Flur treten, der von Wand zu Wand mit einem roten Plüschteppich ausgelegt war und einer Königin zur Ehre gereicht hätte. Sie ging ehrfürchtig an dunklen Türen mit Nummern vorbei den Gang entlang. Winzige Lämpchen funkelten neben jeder Tür. Was für ein elegantes Hotel, dachte sie.

In der Realität hatten nur feine Hotels solche langen teppichbelegten Flure mit nummerierten Zimmertüren. Doch im Traum hatte sie das angenehme Gefühl, daß bestimmte Freunde in einer komfortablen Wohnung hinter einer dieser Türen wohnten. Sie brauchte nur zu klopfen, und da waren sie. Lachhaft! Diese Freunde wohnten in Wirklichkeit in zwei feuchten Zimmern ein Stück weiter die Straße hinunter. Wenn sie erwachte, erzählte sie ihrem Mann jedesmal, sie wäre wieder in dem Hotel gewesen.

1968 schließlich, im Radio überschlugen sich die Nachrichten vom Einmarsch sowjetischer Truppen, packten Maria und ihre Familie in aller Eile ihre Sachen und flohen aus dem Lande. Nach vielen bangen Fluchttagen und -nächten ließen sie sich in Kanada nieder. Sie fanden ein Obdach in einem alten Doppelhaus in Ottawa. Sie kannten niemanden dort außer ein paar Tschechen, und sie vermißten ihre alten Freunde (die aus dem Traum), die geblieben waren und versuchen wollten, auch unter russischer Herrschaft das Beste aus ihrem Leben zu machen.

Nach einigen Jahren, als Maria Arbeit gefunden und

ihr Mann eine gute Stellung hatte, beschlossen sie, nach einer schönen Wohnung zu suchen. Durch Vermittlung eines Gebäudeverwalters konnten sie ein Wohnhochhaus besichtigen. Als Maria aus dem Aufzug stieg, war sie überwältigt. Vor ihr lag ihr Traum – ein langer Flur mit weinrotem Teppichboden, dunklen Türen mit Nummern und kleinen funkelnden Lämpchen neben den Türen. »Das ist es«, sagte sie ihrem Mann, »das ist mein Traum.«

Zwei Monate später überraschten ihre Freunde sie mit ihrer Ankunft in Ottawa. Sobald sie es sich leisten konnten, zogen sie natürlich ebenfalls in das Traum-»Hotel«, und nun brauchte Maria wirklich nur an die Tür zu klopfen, wenn sie zu ihnen wollte.

Ein kleiner Wermutstropfen trübt allerdings Marias Freude: Sie findet es manchmal »beängstigend«, die Flure entlangzulaufen und zu wissen, daß sie von diesem Platz acht Jahre lang geträumt hat.

Wenn Maria der einzige Mensch wäre, der paranormale Träume hat, würde sie sich mit Recht beunruhigt fragen, warum sie so anders ist. Aber sie hat eine Welt erlebt, die sich zwar noch nicht wissenschaftlich ergründen läßt, die aufgeschlossene Leute jedoch zu erforschen wagen. Ich hoffe, sie ängstigt sich jetzt nicht mehr, träumt aber weiter und freut sich an den roten Teppichen und den funkelnden Lichtern.

4 Aufhebung des Raumes: Simultanträume

Neben den Träumen, in denen die Zeit aufgehoben wird, habe ich eine gleich große Zahl von Träumen feststellen können, in denen die Grenzen des Raums aufgehoben sind und der Träumer von Angesicht zu Angesicht mit dramatischen Vorgängen Hunderte von Meilen weit weg konfrontiert oder geistig mit fernen Angehörigen, Fremden oder sogar Tieren vereint wird. Ich nenne diese Träume von Ereignissen, die gleichzeitig mit dem Traum stattfinden, aber an einem entfernten Ort, *simultane* Träume.

Ein einfaches Beispiel ist die Träumerin, die an das Totenbett ihrer Großmutter versetzt wurde. Die junge Frau erinnerte sich an einen Traum, in dem sie ihre Großmutter totenblaß zu Hause im Bett liegen sah. Sie selbst, Hunderte von Kilometern entfernt vom Haus der Großmutter in Tennessee, konnte hören, wie die Atemzüge der alten Frau schwächer wurden. Sie war überwältigt vom Frieden dieser Szene, und sie meinte, die Großmutter habe vor Eintreten des Todes gelächelt. Die Träumerin erwachte gleich darauf und sah auf die Uhr; es war kurz nach fünf Uhr früh. Als sie später am Vormittag die Nachricht vom Ableben der Großmutter erhielt, fragte sie nach der Todeszeit. Der Tod war ungefähr zur Zeit des Traums eingetreten.

Die Träumerin sah also etwas, das genau zur gleichen Zeit (oder zumindest so genau, wie sich später noch feststellen läßt) an einem anderen Ort vor sich ging und von dem sie auf normale Weise keine Kenntnis haben konnte. Sie war anscheinend auf paranormalem Weg an einen anderen Ort versetzt worden, um Zeuge einer bestimmten Handlung zu werden. Wie konnte das sein?

Ich habe die Möglichkeit in Betracht gezogen, daß präkognitive und simultane Träume von einer Machart sind. Wenn Erinnerungen an die Zukunft Traumbilder *vor* Eintreten eines Ereignisses heraufbeschwören, ist es Präkognition; und wenn Erinnerungen an die Zukunft *zur Zeit* des Ereignisses auftreten, ist es praktisch der gleiche Prozeß. Es wäre kein erstaunliches Zusammentreffen, wenn die Erinnerungen an die Zukunft genau zu der Zeit wach würden, in der das Ereignis tatsächlich stattfindet, da die Erinnerung auch die Information über den Zeitpunkt des Geschehens einschließt. Ich bezeichne dieses Phänomen als Simultanerinnerung, ein Mittelding zwischen der Erinnerung an die Zukunft und der Erinnerung an die Vergangenheit.

Die Theorie der Zukunftserinnerung könnte eine Erklärung für den Traum vom friedlichen Einschlafen der Großmutter sein. Im Traum wurde bei der jungen Frau die Erinnerung an die Zukunft wach, derzufolge ihre Großmutter gestorben und ein Anwesender beobachtet hatte, wie friedlich sie entschlafen war.

Das Übel an meiner Theorie war, daß der Inhalt der meisten Simultanträume nicht vom Blickwinkel einer Person aus wiedergegeben wurde, die *Nachricht erhalten hätte* von einem fernen Ereignis, sondern vom Blickwinkel des Träumers, der das Traumereignis *unmittelbar* beobachtet oder erlebt. In vielen Fällen wußten die Träumenden Einzelheiten, die bei einer reinen Nachrichtenübermittlung nicht unbedingt erwähnt worden wären und die der Träumer nur durch jemand dort Anwesenden bestätigt bekommen konnte. Daß der Träumer von sich als *Anwesendem* ausgeht, stellte für mich die Theorie der Erinnerung an die Zukunft als Modell für Simultanträume in Frage. Daraufhin nahm ich die Telepathie unter die Lupe. *Telepathie* ist ein Wort, das vom griechischen *tele,* das heißt »fern« oder »aus der Ferne übermittelt« (wie bei *Telefon, Telefax)* und der griechischen Endung *pathie,* das heißt »Fühlen« oder »Leiden« (wie bei *Sympathie, Antipathie)* abgeleitet ist. *Telepathie* ist ein Begriff, mit dem im allgemeinen das Phänomen der direkten Gedanken- oder Bildübertragung über eine Entfernung hinweg beschrieben wird. Selbst Sigmund Freud, Verfasser des angesehensten Werkes über die Traumdeutung, zog die Möglichkeit in Erwägung, daß der Mensch in einer Entwicklungsphase vor Ausprägung seiner Sprachfähigkeit mit seinen Mitmenschen durch eine Art telepathischen Prozeß von Gehirn zu Gehirn kommunizieren konnte. Nach Freud wurde diese Fähigkeit zur Telepathie vermutlich durch die Entwicklung der Sprache verdrängt. Aber sie könnte das Mittel sein, dessen sich telepathische Prozesse bedienen.

Verschiedene Forscher haben versucht, ein Modell der Hirnfunktionen zu entwerfen, in dem auch die Telepathie Raum hätte. Der Nerven- und Gehirnspezialist Karl Pribram erklärt die Hirnfunktion mit Hilfe mikropotentieller Felder. Äußerst kleine elektrische Felder werden durch ein Konglomerat von Hunderttausenden von Synapsenschaltungen im Gehirn erzeugt. Diese winzigen elektrischen Felder münden in winzige Zonen auf der Großhirnrinde ein, der Außenschicht des Gehirns, wo das Denken, das Urteilen und Erkennen stattfindet. Ebenso wie die elektronischen Felder mikroskopisch klein sind, sind auch die elektrischen Ströme extrem schwach und dauern nur winzige Bruchteile von Sekunden an.

Der Physiologe und Nobelpreisträger Sir John C. Eccles sagt: »Die Module der Großhirnrinde bestehen aus ... zusammenhängenden Neuronen. Ein Modul mit seinen bis zu 10000 Neuronen verschiedenster Art und seiner Funktionsaufteilung in Vor- und Rückkoppelungsreize und -hemmungen hat bis zu einem gewissen Grad ein kollektives Eigenleben ... Jedes Modul ist einem Radiosender und -empfänger vergleichbar.«

Diese Idee von Modulen im Gehirn, die Eccles mit einem Radiosender und -empfänger vergleicht, ist keine reine Spekulation. Der Wissenschaftler B. Bridgeman von der Stanford-Universität und andere waren in der Lage, die genaue Arbeitsweise solcher Module auf einem Computer zu simulieren. Nach Auffassung von Karl Pribram bilden elektrische Ströme entlang der Schaltstellen von Hunderten von Neuronen ein sinfonisches Muster.

Wenn wir davon ausgehen, daß das Gehirn auf der Basis elektrischer Frequenzen funktioniert (wie Radio oder Fernsehen), können wir daraus auch telepathische Fähigkeiten ableiten.

Dennoch hat selbst eine hochspezialisierte Technik, die sogar schwächste Radiowellen im fernsten Weltraum aufzufangen vermag, keine Spur von telepathischen Energieströmen entdecken können, die meinen Berichten zufolge allnächtlich kreuz und quer im Land herumschwirren müßten.

Eine andere Theorie gründet sich auf das »holographische« Modell, wie Karl Pribram es nennt, nach dem alle Gedanken, Handlungen und Vorstellungen der Welt sozusagen als Gesamtbild irgendwo vorliegen, wie das komplexe Muster von einander überlagernden Wellenkreisen, die von ins Wasser geworfenen Steinen und springenden Fischen herrühren. Jeder von uns hat ein kleines Stück dieses Musters im Kopf. Ebenso wie ein Computer aus einem Bruchstück das Wellenmuster des Ganzen rekonstruieren und daraus errechnen kann, wie groß die Steine waren, die in den Teich gefallen sind, und wo sie hineingefallen sind, kann unser Geist aufgrund der Teilinformation, in deren Besitz er ist, herausfinden, was im übrigen Teil der Gesamtstruktur vorgeht. Das holographische Modell ist nur eine High-Tech-Version dessen, was der große Psychologe C. G. Jung als kollektives Unbewußtes bezeichnete, durch das wir alle mit dem Reservoir der gesamten menschlichen Erfahrung nah und fern, in der Vergangenheit und Zukunft, in Verbindung stehen. Während es bei Jungs Theorie um ein angeborenes innerpsychisches Merkmal geht, ist Pribrams Modell auf die Außenwelt anzuwenden.

Könnte es also sein, daß bei Wahrträumen der Raum genauso irrelevant ist wie die Zeit, also eher ein psychologisches Konzept als eine physische Barriere? Im bereits erwähnten Discover-Artikel wird der Begriff »Raum-Zeit« verwandt, um die Relativität von Zeit und Raum zu verdeutlichen, die Einstein in seiner Relativitätstheorie dargelegt hat. Weder Zeit noch Raum haben letzten Endes ein bestimmtes Maß; eins steht in Relation zum anderen.

Marilyn Ferguson, die Autorin bekannter Bücher wie *Die sanfte Verschwörung* und *Geist und Evolution*, geht noch einen Schritt weiter: »Wenn diese Ereignisse in einer Dimension jenseits von Zeit und Raum auftreten, braucht Energie nicht von hier nach dort zu gelangen. Dann gibt es, wie ein Forscher festgestellt hat, ›kein *dort*‹.«

Pribram bietet noch eine andere Sehweise an: »Zeit und Raum fallen im Frequenzbereich in sich zusammen. Darum sind die normalen Grenzen von Raum und Zeit, von Gegebenheiten im Raum und in der Zeit, aufgehoben und müssen aus den Daten ›abgelesen‹ werden, wenn Transformationen in den gegenständlich/bildlichen Bereichen vorgenommen werden.« Einfacher ausgedrückt: Zeit und Raum sind auf der abstrakten Ebene wissenschaftlicher Formulierung als getrennte Kategorien irrelevant.

Ebenso wie in präkognitiven Träumen die Zeit außer Kraft gesetzt ist, so scheint in Simultanträumen der Raum aufgehoben zu sein, und die Träumer berichten von einem ganz besonderen Standpunkt, von dem aus sie das Traumereignis erleben. Diesen Standpunkt, in dem Entfernung aufgehoben ist, haben die Träumer bei allen Arten von Simultanträumen inne; zum besseren Verständnis habe ich diese Träume eingeteilt in *Beobachter-, Teilnehmer-, Stellvertreter-* und *Besucher-Träume* sowie *gemeinsame Träume.*

Der Traum über das friedvolle Ableben der Großmutter war demnach ein *Beobachter-Traum.* Ein weiteres Beispiel dafür ist der Traum einer Frau, die bei Bekannten übernachtete und träumte, ihr Wohnwagen würde ausgeraubt. Sie sah die Männer im Schlafraum des Wohnwagens. Sie hörte jemanden schreien: »Setz den Fernseher ab.« Im Traum wußte sie, daß die Diebe gefaßt werden würden. Als sie nach Hause fuhr, stand der Fernsehapparat nicht auf seinem Platz, sondern auf dem Bett. Die Polizei faßte die Einbrecher, genau so, wie sie es im Traum schon gewußt hatte.

Eine andere Frau hatte eine Reihe von *Beobachter-Träumen,* in denen sie sich ein genaues Bild von einem schweren Krankheitsfall in der Familie ihrer Schwester machen konnte, mit der sie kaum Kontakt hatte.

In acht Nächte lang wiederkehrenden Träumen sehe ich immer meinen Schwager sterben. Er ist haarlos, schrecklich dünn und blaß, und er scheint im Koma zu liegen oder fest zu schlafen. Ich spüre, wie Gefühle von Kummer und Zorn in diesen Träumen aufgewirbelt werden, aber meist ist einfach nur er da in seinem Bett. Ich habe diesen Traum so oft, daß ich mich vor dem Einschlafen fürchte und allmählich unter völliger Erschöpfung leide. Ich rufe

88

meine Schwester trotz der extremen Klarheit dieser Träu-
me nicht an, weil ich sie nicht erschrecken will. Die Träu-
me hören am achten Tag auf.

Fünf Tage nach meinem letzten Traum rief mich mei-
ne Schwester an, um mir mitzuteilen, daß mein Schwager
einen Hirntumor hatte, bestrahlt wurde, seine Haare ver-
loren hätte und schon im Sterben gelegen hatte. Er wäre
acht Tage lang in eine tiefe körperliche und geistige Starre
verfallen, aber nicht gestorben. Nach acht Tagen hätte er
plötzlich das Bewußtsein wiedererlangt und befände sich
offenbar auf dem Wege der Besserung. Jetzt erzählte ich
ihr von meinen Träumen. Die Fakten stimmten überein.

In diesem Traum werden, wie bei vielen *Beobachter-Träu-men*, sowohl faktische Einzelheiten als auch Emotionen telepathisch übermittelt. Die »aufgewirbelten Gefühle von Kummer und Zorn« könnten zwar auf Gefühle der Träu-merin selbst zurückzuführen sein, wirken aber eher wie Gefühle des Kranken oder seiner Frau.

Der folgende Traum eines Kindes gibt im Grunde eben-falls ein *Beobachtererlebnis* wieder, denn das Kind erzählt den Traum nur als wirkliche Begebenheit, als Tatsache, wie es Kinder oft zu tun pflegen.

Als ich fünf Jahre alt war und in Arizona lebte, wachte ich
eines Nachts weinend auf. Ich erzählte meiner Mutter,
ein Pferd sei aus dem Stall ausgebrochen und vor einen
Lastwagen gelaufen. Es hätte blutend mitten auf der Stra-
ße gelegen. Sie sagte mir, ich hätte nur einen Alptraum
gehabt.

Am nächsten Tag fuhren wir zu dem Stall, und mein
Vater sprach mit dem Eigentümer. Ein Pferd war nachts
aus dem Stall ausgebrochen, sagte der Besitzer, es wäre
von einem Lastwagen überfahren worden und verendet.

Eines der eindrücklichsten Erlebnisse dieser Art, die mir zu Ohren kamen, hat mir eine Frau beschrieben, die in ihrem Traum einen Piloten beim Fliegen beobachtete, den sie nicht einmal kannte.

Als ich noch zur Grundschule ging, freundete ich mich außergewöhnlich eng mit einem Mädchen meines Alters an, das gerade von Salt Lake City nach Hawaii gezogen war, wo ich damals lebte. Ihre Eltern waren in Utah geblieben, und sie wohnte bei einer Tante. Eines Morgens hatte ich einen sehr lebhaften Traum über ihren Vater. In meinem Traum flog er ein kleines Flugzeug, das plötzlich an Höhe verlor und schließlich an einem niedrigen Berg zerschellte. Der Pilot starb. Ich sehe noch vor mir, wie das Glas der Flugzeugfenster splitterte, ehe er bewußtlos wurde.

Die ganze Sache erschien mir zu dem Zeitpunkt sehr merkwürdig, da ich nie mit meiner Freundin über ihren Vater gesprochen hatte – ich wußte nicht einmal, ob er überhaupt noch lebte und mit ihrer Mutter verheiratet war – und mich so gut wie nie an Träume erinnerte; ich dachte, ich schliefe immer »tief und traumlos«. Dieser Traum war ungemein lebhaft und weckte aus irgendeinem Grund sehr starke Gefühle.

Am nächsten Morgen, als ich aufgewacht war, mußte ich den Traum unbedingt meiner Freundin erzählen. Ich konnte sie erst um zehn Uhr erreichen. Aufgeregt sagte ich ihr, ich müßte ihr etwas Wichtiges erzählen, und fragte sie, ob ihr Vater jemals ein Flugzeug selbst geflogen hätte. Sie sagte mir, sie hätte vor einer Stunde erfahren, daß ihr Vater mit einer kleinen gecharterten Maschine an einem Hügel zerschellt und ums Leben gekommen sei.

Später erwies es sich, daß mein Traum bis auf eine halbe bis eine Stunde zeitlich mit dem tatsächlichen Un-

fall zusammengefallen war. Der Vater meiner Freundin war offiziell als Flugbegleiter mitgeflogen, nicht als Pilot. Nur diejenigen, die beim Start des Flugzeugs zugegen waren, und ich wußten, daß er die Maschine selbst flog. Das war eine wichtige Tatsache, die erst Monate später beim Versicherungsstreit vor Gericht endgültig geklärt wurde.

Vielleicht enthüllt der folgende Kommentar auch den Grund, warum der Tod eines Mannes, den das junge Mädchen nie zuvor gesehen hatte, eine so große emotionale Bedeutung gewinnen konnte, daß er die Barriere der rationalen Kontrolle zu durchbrechen und in ihr Bewußtsein einzudringen vermochte:

Ich war ein sehr einsamer, introvertierter Mensch und war emotional vollkommen auf die Freundschaft mit diesem Mädchen angewiesen. Der Tod ihres Vaters hatte insofern einen starken Einfluß auf mein Leben, als meine Freundin deshalb sofort Hawaii verlassen mußte. Ich blieb emotional verarmt zurück und wurde anschließend in eine Reihe von Ereignissen verwickelt, die mein Leben zutiefst geprägt haben und noch immer prägen.

Im Gegensatz zu *Beobachter-Träumen,* in denen der Träumer nicht sichtbar in Erscheinung tritt und nicht am Traumgeschehen teilnimmt, ist der Träumer im *Teilnehmer-Traum* selbst eine der Traumpersonen. Dadurch weicht der Traum automatisch von der Wirklichkeit ab, denn der Träumer liegt zu Hause im Bett und kann deshalb (nach landläufiger Meinung) nicht gleichzeitig in der Traumszene auftreten. Diese »Abweichung« macht den Traum aber meines Erachtens nicht unglaubwürdig.

In einem *Teilnehmer-Simultantraum* meiner ersten Traumstudie kam der betreffende Träumer früh von der Arbeit nach Hause und sah eine Menschenmenge vor seinem Haus – Polizei, Nachbarn, seine Familie. Als der Träumer hörte, daß in seinem Haus ein Mann durch einen Kopfschuß ermordet worden war, wollte er wissen, wer das war, aber die Polizei hatte die Leiche zugedeckt und wollte sie ihm nicht zeigen. Im Traum kam er zu dem Schluß, bei dem Toten müsse es sich um seinen Bruder handeln, da dieser als einziger naher Familienangehöriger abwesend war. In Wirklichkeit besuchte dieser Bruder gerade einen Vetter außerhalb der Stadt.

Am Morgen nach dem Traum wurde die Familie telefonisch vom Tod des Vetters in Kenntnis gesetzt, den der Bruder besucht hatte – er war in der vorhergehenden Nacht durch einen Kopfschuß von seiner Frau getötet worden. Der Träumer war natürlich entsetzt über dieses Ereignis. Aber nicht nur das, er hatte jetzt das bedrückende Gefühl, für den Mord mitverantwortlich zu sein, weil er genau oder zumindest ungefähr zur Tatzeit davon geträumt hatte. Ein solches ungerechtfertigtes Schuldgefühl sprach aus vielen Berichten von telepathischen Träumen mit tragischem Ausgang. (Ich möchte an dieser Stelle noch einmal hervorheben, daß in Wahrträumen Ereignisse lediglich gleichzeitig oder im voraus wahrgenommen werden, ohne deren Ursache zu sein, und daß sich Menschen, die parapsychische Träume haben, in guter und zahlreicher Gesellschaft befinden.)

Beobachter- und *Teilnehmer-Träume* lassen sich nicht immer eindeutig unterscheiden. Mehrere Träumer gaben an, über der Traumszene, die sie beobachteten, geschwebt zu haben, und waren damit sowohl am Traumgeschehen beteiligt als ihm fern.

Ein Träumer schrieb: »Ich war ebenso ein außerhalb des Traums stehender Beobachter wie ein am Traum Beteiligter.« Dem Empfinden nach ist es offenbar zweierlei, sich selbst im Traum zu sehen oder aber den Traum mit eigenen Augen zu beobachten.

Eine andere Art der Traumwahrnehmung ist so charakteristisch, daß sie eine eigene Kategorie bildet: der *Stellvertreter-Traum*. In diesem Fall hat der Träumer das Gefühl, ein anderer zu *sein* und erlebt physisch und emotional Dinge im Leben dieses anderen, als stecke er in dessen Haut.

Deborah K. aus einer Stadt in Pennsylvania beschrieb, wie sie ein tragisches Erlebnis aus der Sicht eines Menschen, den sie liebte, miterlebte.

Am 24. März lag ich im Butler Memorial Hospital im Bett. Etwa um 22 Uhr 30 bekam ich ein Schlafmittel. Ich schaute mir noch eine Fernsehsendung an, dabei bin ich offenbar eingeschlafen. Als ich das letzte Mal auf die Uhr gesehen hatte, war es 1 Uhr 45 gewesen.

Punkt 2 Uhr 10 nachts wachte ich auf und fuhr hoch, als hätte ich einen Schlag erhalten. Ich saß einen Augenblick lang wie gelähmt völlig verwirrt da und versuchte, mir ins Gedächtnis zurückzurufen, was mich so jäh geweckt hatte. Ich erinnere mich nur an einen Aufprall im Traum, plötzlich und heftig, und kann nur sagen, daß es war wie ein Anprallen gegen eine Backsteinmauer. Zugleich mit dem Aufprall schien es, als wäre ich mit dem Kopf durch eine Glasscheibe geflogen, und dann folgte ein großer Schwall rote, dicke Flüssigkeit, als wäre mir rote Farbe genau ins Gesicht geschleudert worden. Darauf folgte ein lauter Schrei, von dem ich nicht sagen kann, ob er von einem Mann oder einer Frau kam. Der Schrei war: »Deborah!« Dann wachte ich auf.

Nachdem ich mich auf den Traum besonnen hatte, legte ich mich wieder hin und schlief sofort ein. Ich kann normalerweise schlecht wieder einschlafen, wenn ich aufgeschreckt worden bin. An jenem Morgen wurde ich gegen 8 Uhr 45 von einer Krankenschwester geweckt, die mir Besucher ankündigte. Es waren mein Mann und mein Sohn. Sie waren gekommen, um mir mitzuteilen, daß mein Bruder bei einem Autounfall ums Leben gekommen sei.

Mein Bruder Peter, 30 Jahre alt, war an jenem Morgen bei einem schweren Zusammenstoß mit zwei weiteren Kraftfahrzeugen ums Leben gekommen. Ein Wagen war frontal mit ihm zusammengeprallt, wobei zwei ältere Menschen getötet wurden, und gleichzeitig hatte ihn ein zweites Auto von hinten gerammt, wobei ein Mädchen verletzt wurde. Peter war bei dem Frontalzusammenstoß durch die Windschutzscheibe gedrückt und beim Auffahren des anderen Fahrzeugs wieder zurückgeschleudert worden. Im Kittanning Memorial Hospital, 19 Meilen von mir entfernt, wurde am 25. März um 2 Uhr 15, genau fünf Minuten, nachdem ich aus meinem Traum aufschreckte, sein Tod festgestellt.

Ich habe nie begriffen, warum das alles passiert ist. Die Erinnerung daran ist immer noch sehr schmerzhaft für mich. Mein Bruder und ich waren altersmäßig nur 18 Monate auseinander und standen uns sehr nahe.

Deborah hat offenkundig stellvertretend den Tod ihres Bruders erlebt, als sei sie selbst ums Leben gekommen. Sie war nicht eine außenstehende Beobachterin des Unfalls, sondern hat ihn aus dem Blickwinkel des Bruders erlebt. Es waren nicht *ihre* leidvollen Gefühle über den Verlust des Bruders, die sie empfunden hat, sondern *seine* Empfindungen in dem Augenblick. Die Identifikation mit dem Opfer ist eine häufig vorkommende, bedeutungsvolle Erscheinung, die in vielen Träumen wiederkehrt. Ein Träumer, der jemandem sehr herzlich verbunden ist, fühlt mit diesem Menschen.

Im folgenden *Stellvertreter-Traum* hat eine junge Frau aus Jackson, Mississippi, erlebt, was am nächsten Tag ihrer Mutter zustieß.

Donnerstagnacht hatte ich den folgenden Traum:

Ich hatte bei einem Betriebsunfall (er gehörte nicht zum Traum) fast die ganze linke Hand verloren. Die Behandlung war vorüber, und ich hatte nun Finger aus Metallstäben, die durch Schnur miteinander verbunden waren und jetzt wie echte Finger funktionierten. Ich konnte diese Finger inzwischen vollkommen normal gebrauchen. Es war mir eigentlich nicht unangenehm, aber ich sagte trotzdem allen Leuten, die Finger sähen einfach nicht so aus wie vorher – das war meine einzige Sorge.

Der Traum war so ungewöhnlich, daß ich ihn am nächsten Tag, dem Freitag, meinen Kolleginnen erzählte. Samstagnachmittag rief meine Mutter, die 800 Meilen weit von mir entfernt wohnt, an und teilte mir mit, sie sei am Freitagabend in einem Kurbad mit ihrer linken Hand in eine Maschine geraten. Die Hand sei zwar durch Transplantation wiederhergestellt worden, und sie werde sie wieder vollkommen gebrauchen können, aber »sie würde nie wieder so aussehen wie vorher«. Das waren ihre Worte.

Nach meinem Empfinden war das alles viel zu sonderbar für ein rein zufälliges Zusammentreffen, und das fanden auch die Leute, denen ich davon erzählt habe.

Warum die Träumerin sich an die Stelle der Hauptfigur in dem Drama setzte, ist ungewiß.

Der überraschendste *Stellvertreter-Traum*, der mir geschickt wurde, ist wieder einmal ein Traum aus der Kindheit:

Ich fühlte mich als Kaninchen und rannte buchstäblich um mein Leben. Irgend etwas jagte mich, und ich wußte, daß ich sterben würde, aber ich rannte trotzdem bis zum Ende. Der Traum war kurz, doch ich erinnere mich noch lebhaft an das Gefühl, ein Kaninchen zu sein – an die kräftigen Beine, das weiche Fell. Wie ich mich erinnere, war das einzige, was ich im Dunkeln sah, ein weißer Lattenzaun, der an mir vorbeiraste.

Als ich erwachte, zitterte ich, und ich schwitzte und schnaufte, als wäre ich gerannt. Ich blieb eine ganze Weile wach, sann über den Traum nach und staunte über das seltsame Gefühl, ein Kaninchen gewesen zu sein. Ich erinnere mich auch noch, wie sehr mich das merkwürdig gemischte Gefühl von sowohl Angst als auch Heiterkeit darüber, so schnell zu rennen, wunderte.

Am nächsten Morgen bat mein Vater uns, nicht in den Kellerlichtschacht zu schauen, da irgend etwas ein großes weißes Kaninchen getötet und halb verspeist habe. Erst später an jenem Tag fiel mir der weiße Miniatur-Lattenzaun um unseren Blumengarten herum auf, der genau auf das Kellerfenster zuläuft.

Mit einer Art Urinstinkt hat dieses Kind wie jenes, das von dem sterbenden Pferd träumte, ein spezielles Einfühlungsvermögen für ein bedrohtes Geschöpf entwickelt. Die Tatsache, daß Kinder überdurchschnittlich häufig paranormale Träume haben, und die Tatsache, daß dieses Kind sich in ein Tier einzufühlen vermochte, bestätigt Freuds Theorie, daß diese Fähigkeit aus einer vorsprachlichen Vergangenheit herrührt und mit zunehmendem Sprachgebrauch schwindet.

In den meisten *Stellvertreter-Träumen* bestehen zwischen dem Träumer und der wirklichen Person enge emotionale Bindungen, die offenbar die Grundlage der sehr selektiven Kommunikation bilden. Der folgende Traum einer Frau aus Massachusetts ist besonders erstaunlich, da die Träumerin die Person, deren Platz sie im Traum einnahm, nicht einmal kannte.

Ich bin überhaupt nicht übersinnlich veranlagt, aber an einem Punkt in meinem Leben hatte ich einen Traum, der auf höchst beunruhigende Weise realistisch war. Vor etwa 13 Jahren war mein Mann beim Militär und in Fort Wainwright, Alaska, stationiert. Wir hatten eine Wohnung in Fairbanks.

Ich träumte eines Nachts, ich wäre ein anderes Mädchen und führe Rollschuh auf einer Bahn etliche Meilen von da entfernt, wo wir wohnten. Es war sehr ruhig dort, bis plötzlich ein Mann Amok lief, mit einer Schrotflinte auf die Leute schoß, sie verletzte und tötete. Ich rannte in Panik zur Damentoilette und riegelte mich in einer Zelle ein. Die ganze Zeit über dauerten der Lärm und das Geschrei draußen an. Im Traum war ich in einem Zustand tiefsten Entsetzens. Ich hörte, wie die Tür geöffnet wurde und der Mann hereinkam.

Da erwachte ich und erzählte meinem Mann von dem eigenartigen Gefühl bei diesem Traum. Ich kann nicht nachdrücklich genug betonen, daß bei einem solchen Traum das Gefühl, es sei alles wirklich, einfach überwältigend ist. Mein Mann sagte, das sei sehr merkwürdig, und er könnte sich nicht vorstellen, warum ich so etwas träumte. Er tat es mit einem Achselzucken ab und drehte das Radio an, nur um zu hören, daß unter genau den Umständen, die ich gerade geträumt hatte, zwei oder drei Menschen getötet und mehrere verletzt worden waren.

*Aber wirklich seltsam war, daß sich ein Mädchen kurz vor
Eintreffen der Polizei in eine Toilettenkabine eingeschlossen und dadurch gerettet hatte.*

*Später, als ich die Zeitungsberichte las, stellte sich heraus,
daß ich das betreffende Mädchen gar nicht kannte und
daß alles genauso vonstatten gegangen war wie in meinem Traum. Die einzige Verbindung zu uns war die, daß
der Mann, ein Soldat, der meinem Mann gänzlich unbekannt war, ebenfalls in Fort Wainwright stationiert war.*

*Ich nehme an, das Mädchen und ich hatten eine sehr
ähnliche Persönlichkeitsstruktur, so daß ich ihre Gedanken
auffing. Ich war von Herzen froh, daß sie gesund und
munter war.*

In diesem Fall gibt es keine Erklärung für den »Rollentausch« (sofern es das war) zwischen der Träumerin und
dem angsterfüllten Mädchen. Dies ist einer der wenigen
Träume, bei dem ich nichts sehen oder zumindest vermuten kann, das der Verbundenheit der Träumerin mit dem
Traumgegenstand einen Sinn oder Nutzen gäbe. Wenn die
Träumerin eine Reaktion gezeigt und Kontakt zu dem
Mädchen aufgenommen hätte, um etwas über die Verbindung zwischen ihnen herauszufinden, hätte sie vielleicht
etwas Wichtiges über die selektive Natur parapsychischen
Traumerlebens gelernt.

Bei allen obengenannten Träumen – den *Beobachter-,
Teilnehmer-* und *Stellvertreter-Träumen* – hat der Träumer
das *Empfinden,* selbst auf paranormale Weise an den Ort
des Traumereignisses versetzt zu werden.

Der folgende Traum, einer der seltsamsten, die ich überhaupt geschickt bekommen habe, unterstützt in besonderem Maße die These, daß der Träumer in irgendeiner
psychischen Form *tatsächlich* am Ort des Geschehens an-

kommt und in der Traumszene erscheint. Eine Krankenschwester aus dem Staat New York schrieb mir:

Ich habe zwei Tage in der Woche in einem örtlichen Krankenhaus gearbeitet, und im Traum kam eine der Stationen vor, der ich manchmal zugeteilt war. Zu Anfang des Traums stehe ich im dunklen Gang dieser Station. Über einer Krankenzimmertür ist das rote Licht an, und ich gehe den Gang hinunter, um nachzusehen. Ich gehe an dem erleuchteten Schwesternzimmer vorbei, und niemand ist da – was ich merkwürdig finde.

Ich betrete das Zimmer, und ein älterer Mann sagt mir, er habe seine Urinflasche im Bett verschüttet. Ich kenne diesen Mann von meiner »richtigen« Arbeit her. »Nicht so schlimm«, sage ich ihm, »ich beziehe Ihr Bett neu.«

Meine Augen wandern durch den Raum, und auf einem Schrankbett ist ein Stapel Bettwäsche. Ich wundere mich über meine Kraftlosigkeit, denn ich muß mich ungeheuer anstrengen, um die Wäsche herunterzuholen und das Bett zu überziehen, aber irgendwie schaffe ich es. Ich will seinen Rücken einreiben, merke jedoch, daß ich das Nachtschränkchen nicht öffnen und das Einreibemittel herausholen kann.

Ich frage ihn, ob er noch etwas braucht, ehe ich gehe, und er bittet um ein Schmerzmittel. Ich greife in die Tasche nach den Schlüsseln für den Narkotika-Schrank, und mir fällt ein, daß eine der anderen Schwestern ihn hat, also erkläre ich ihm, er müßte zum Schwesternzimmer gehen und es einer der Schwestern sagen.
Ich habe eben noch genug Kraft, die schmutzige Bettwäsche zusammenzuraffen und zum Wäschekorb im Gang zu schleppen.

Ich wachte auf und ging ins Badezimmer. Es war etwa vier Uhr früh, und ich war völlig erledigt. Später am Mor-

gen, total erschöpft, erzählte ich meinem Mann von dem Traum und bemerkte, wie seltsam es einem doch im Schlaf ergehen könne. Mein Wachbewußtsein konnte nur darüber lachen, daß ich einem Patienten gesagt hatte, er müsse wegen seines Schmerzmittels zum Schwesternzimmer gehen, denn dem Mann waren beide Beine über dem Knie amputiert worden, und er konnte nirgendwohin gehen.

Eine Woche danach arbeitete ich auf einer Station, die neben der aus meinem Traum lag, und machte etwas verspätet Feierabend.

Als ich durch die Station ging, die in meinem Traum vorkam, hielt mich eine der Nachtschwestern an, um eine Beschwerde von Herrn X, dem Patienten aus Zimmer 254, an mich weiterzuleiten. Sie versicherte mir, Herr X habe mich immer für sehr nett und freundlich gehalten, sei aber regelrecht erbost darüber, daß ich ihm, nachdem ich sein Bett frisch überzogen hätte, gesagt hätte, er müsse wegen seines Schmerzmittels zum Schwesternzimmer gehen.

Ich fragte die Nachtschwester, in welcher Nacht das denn vorgekommen sein sollte. Dann sagte ich ihr, ich hätte in der betreffenden Nacht keinen Dienst gehabt, und außerdem würde ich den Patienten ja kennen – er war beinamputiert – und ihm nie so etwas sagen. Ich machte, daß ich hinauskam!

Nun sagen Sie mir doch, Dr. Ryback, hat dieser Patient zur gleichen Zeit wie ich den gleichen Traum geträumt? Oder war ich ein Geist und daher in der Lage, sein Bett zu überziehen?

Wie sehr wünschte ich mir, jemanden fragen zu können, ob das Bett wirklich frisch überzogen war! Die Tatsache, daß der Patient die Schwester sah und die unvernünftige

Empfehlung aussprechen hörte, er müsse zum Schwesternzimmer gehen, zeigt, daß die Träumerin auf paranormale Weise aus ihrer Sphäre in die seine eindrang. Die einzige andere Erklärung wäre die, daß der Patient so lebhaft den gleichen Traum träumte, daß er ihn für Wirklichkeit hielt.

Ebenso wie Erinnerung vielleicht sowohl Vergangenes als auch Zukünftiges umfaßt, könnten auch Astralreisen in beiden Richtungen stattfinden. Bei *Besucher-Träumen* wird der Träumer weder an den Ort des Traumgeschehens versetzt, noch nimmt er die Identität eines anderen Menschen an. Vielmehr erscheint eine andere Person bildlich im Geist des Träumers, sie scheint im Schlafzimmer anwesend zu sein und überbringt eine Botschaft, die sich später als Gedanke oder Vorhaben der betreffenden Person herausstellt, die sich zum Traumzeitpunkt ganz woanders befindet. Der folgende *Besucher-Traum* brachte der Träumerin die Verpflichtung, ein dunkles Geheimnis zu hüten. Er stammt von einer Vierzehnjährigen, deren Schwester von zu Hause fortgelaufen war, um gegen den Willen der Eltern einen Mann aus einem anderen Bundesstaat zu heiraten.

Zwei Wochen später träumte ich, ich läge im Bett. Plötzlich war das Zimmer von Licht erfüllt. Ich schaute umher, und meine Schwester saß an unserem Pult und schrieb etwas. Der Raum stand voll mit Kisten und Koffern. Ich sprang auf und rannte zur Tür, um meinen Eltern Bescheid zu sagen, aber die Tür ging nicht auf. Ich wollte schreien, konnte jedoch nicht. Meine Schwester stand auf, nahm mich bei den Händen und sagte: »Sag niemandem, daß ich hier war. Ich muß jetzt gehen, aber ich komme wieder. Ich bin bald wieder zu Hause.« Sie entfernte sich rückwärts und verschwand; die Kisten waren auch alle weg. Das Zimmer war so wie immer. Dann wachte ich auf.

Ich brachte es nicht fertig, meinen Eltern den Traum zu erzählen, weil meine Schwester mir im Traum gesagt hatte, ich dürfe niemandem erzählen, daß sie hier war. Aber seit dem Traum wußte ich, daß sie heimkommen würde.

Ungefähr zwei Wochen später kam sie nach Hause. Wir sind alle glücklich, daß sie wieder daheim ist, und danken Gott, daß sie unversehrt ist.

Während die Träumerin einmal in ihrem Bericht das, was sie erlebt hatte, einen Traum nannte, sagte sie an anderer Stelle ihres Briefes wiederum, es wäre ihr nicht wie ein Traum vorgekommen, sondern wie etwas, das sie wirklich erlebte. Mit dieser Bemerkung werden die meisten *Besucher-Träume,* einschließlich der Besuche von Toten, kommentiert.

Eine weitere Kategorie von Träumen nenne ich *gemeinsame Träume;* dabei handelt es sich um *Simultanträume,* die zwei und mehr Personen zur gleichen Zeit haben. Eine Frau, die bereits eine ganze Reihe von eindrucksvollen parapsychischen Träumen hatte, beschrieb mir folgenden *gemeinsamen Traum:*

Die Träume meiner Freundin Linda erscheinen mir manchmal im Traum und wecken mich auf. Sie hat ab und zu Alpträume, die auch durch meine Träume geistern. Ich kann sie als etwas ausmachen, von dem Linda träumt. Inzwischen ist es eine Art Spiel zwischen uns, und ich bin oft versucht, ihre Träume zu unterbrechen, um in Ruhe schlafen zu können. Leider hat sie kein Telefon, sonst würde ich es auch tun.

Auch in einer mir befreundeten Familie gab es einen gemeinsamen Traum. Norma, 18 Jahre alt, träumte, ein jüngeres Mädchen sei schwanger. Das kleine, dunkelhaarige Mädchen im Traum war jemand, der ihr nahestand, und zu jung, um schwanger zu sein, aber Norma konnte sie nicht identifizieren. Sie erzählte ihrer Mutter den Traum, woraufhin die Mutter sagte, sie hätte genau den gleichen Traum gehabt und ebenfalls das schwangere Mädchen nicht identifizieren können. Nun erzählte Norma ihrer besten Freundin von dem Traum; die Freundin sagte, auch sie hätte das gleiche geträumt und sich gewundert, von wem der Traum eigentlich handelte. In der folgenden Woche kam Normas Schwester und fragte sie, ob sie ein Geheimnis bewahren könne. Wie sie bekannte, glaubte sie, schwanger zu sein, und brauchte Hilfe. Norma nahm ihre Schwester zu einem Vertrauensarzt von Pro Familia mit, der die Schwangerschaft bestätigte. »Sie war erst vierzehn«, schreibt Norma, »und wir wären nie auf den Gedanken gekommen, sie könnte schwanger werden.« Drei Menschen hatten diesen Traum in derselben Nacht gemeinsam, vielleicht zur gleichen Zeit, als sich das junge Mädchen gerade über seine mißliche Lage Sorgen machte. Ob der Traum nun simultan zum Gedankengang des schwangeren Mädchens auftrat oder nicht, er war auf jeden Fall ein gemeinsames parapsychisches Erlebnis.

So viele Leute haben mir von ihren Erfahrungen mit *gemeinsamen Träumen* erzählt, daß ich annehmen muß, es handelt sich um ein ziemlich verbreitetes Phänomen. Wenn man bedenkt, daß ein *gemeinsamer Traum* unbemerkt bleibt, bis der Träumer mit der Person ins Gespräch kommt, die ebenfalls diesen Traum hatte, ist zu vermuten, daß es viel mehr solcher Träume gibt, als bekannt wird. Ein Träumer erfährt wahrscheinlich eher, daß er mit anderen gemeinsam geträumt hat, wenn sein Traum tatsächlich in Erfüllung geht und er das besondere Bedürfnis hat, mit anderen darüber zu reden.

Manche *gemeinsamen Träume*, die mir erzählt wurden, waren darüber hinaus präkognitiv, andere waren *Simultanträume* über ein ortsfernes Ereignis, und wieder andere waren zwar gemeinsame Träume, aber keineswegs parapsychischer Natur.

In einem *gemeinsamen präkognitiven Traum* träumte eine Frau, ihr Mann, von Beruf Pilot, sei gestartet, habe jedoch Schwierigkeiten, über Hochspannungsleitungen hinwegzukommen. Als sie ihm das am nächsten Morgen erzählte, vertraute er ihr an, er hätte den gleichen Traum gehabt. In der darauffolgenden Woche gewann seine Maschine nicht genug Höhe beim Start und stürzte ab.

Eine Frau aus Baltic, South Dakota, erzählte den folgenden *gemeinsamen Simultantraum*:

Als mein ältester Bruder im Zweiten Weltkrieg Soldat war, träumte ich, ein anderer Bruder und ich stünden an einem Krankenhausbett in Europa. Darin lag mein ältester Bruder. Er war am Bein und am Rücken verletzt. Ich schrieb meiner Mutter und erzählte ihr von meinem Traum. Daraufhin erhielt ich einen Brief von ihr, in dem sie schrieb, sie hätte den gleichen Traum gehabt, in der betreffenden Nacht am Bett meines Bruders zu stehen.

Als mein Bruder heimkehrte, waren wir alle zu Hause. Als er aus dem Auto stieg und den Bürgersteig hinaufkam, hinkte er. Er hatte einen Jeep-Unfall gehabt und sich an Bein und Rücken verletzt. Er hatte seiner Mutter all die Wochen, die er im Krankenhaus lag, nicht geschrieben, weil er meinte, sie würde sich dann zu große Sorgen machen.

Dieser *gemeinsame Simultantraum* war ein *Beobachter-*

Traum, in dem beide Träumerinnen parapsychisch an den Ort versetzt wurden, wo der verletzte Bruder lag. Hätte jede Träumerin in einer Erinnerung an die Zukunft den verletzten Soldaten den Bürgersteig hinaufhinken sehen und gehört, wie er über seinen Unfall berichtete, wäre zu erwarten gewesen, daß sie ganz unterschiedlich von dem Zukunftsereignis geträumt hätten – die eine hätte vielleicht den Jeep-Unfall gesehen und die andere, wie der Bruder ins Hospital gebracht wurde. Die Tatsache, daß beide den gleichen Traum hatten, bringt mich zu der Überzeugung, daß die Träumerinnen telepathisch ans Bett des Soldaten gerufen wurden, als er vielleicht gerade an sie dachte, und deshalb beide die Krankenhausszene beobachten konnten. Es besteht allerdings auch die Möglichkeit, daß nur eine der Frauen einen *Beobachter-Traum* hatte, den die andere dann telepathisch auffing.

In mancherlei Hinsicht ist das Phänomen des *gemeinsamen Traums* interessanter, wenn der Traum weder präkognitiv war, noch simultan zu einem tatsächlichen Ereignis auftrat, weil dann wohl eher eine Kommunikation von Geist zu Geist anzunehmen wäre statt eine Astralreise oder die Erinnerung an eine gemeinsame Zukunftsinformation. Hier ist ein solcher Traum. Er ist für mich besonders interessant, weil die Träumer Freunde von mir sind; eine Träumerin ist mit Robert G. Roper verheiratet, einem Professor für Geophysik am Georgia Institute of Technology. Ich war neugierig darauf, wie ein solcher Wissenschaftler wohl auf die Ereignisse reagieren würde, deren unmittelbarer Zeuge er wurde.

Bob Roper wachte eines Nachts auf und hörte seine Frau Claire sagen: »Du mußt Margaret davon abbringen. Sie kann jetzt nicht abfahren. Es ist lächerlich, daß sie die lange Reise von Australien hierher macht, um dann nur zwei Tage zu bleiben. Bitte bewege sie dazu, noch zu bleiben!« »Du träumst«, sagte Bob zu seiner Frau. »Margaret ist nicht hier.«

Am Morgen erklärte Claire, sie habe geträumt, ihre Freundin hätte die 30 Flugstunden lange Reise von ihrem Heim in Australien bis Atlanta in Georgia unternommen, um ihnen einen Besuch abzustatten, und habe sich nach nur zwei Tagen Aufenthalt entschlossen, wieder abzureisen. Claire schrieb ihrer Freundin einen Brief, in dem sie ihr von ihrem Traum erzählte, und brachte den Brief in der Überzeugung zur Post, er käme nach etwa einer Woche an. Nach fünf Tagen lag ein Brief in Ropers Briefkasten, der Claires gekreuzt haben mußte.

»Liebe Claire«, begann der Brief aus Australien, »ich hatte einen höchst seltsamen Traum, den ich Dir erzählen muß. Ich habe geträumt, ich wäre Euch da drüben in Atlanta besuchen gekommen und hätte nach zwei Tagen beschlossen, wieder nach Hause zu fliegen. Ist es nicht lächerlich, die lange Reise nur für zwei Tage zu unternehmen? Ich weiß nicht, warum ich das geträumt habe ...«

Dr. Roper weiß, daß es so passiert ist. Er weiß, daß etwas, das wir vermutlich als Telepathie bezeichnen würden, im Spiel war. Dr. Roper ist sowohl ein frommer Mensch als auch Wissenschaftler. Ich frage mich, worauf er sich berufen würde, um das Geschehen zu erklären.

»Ich glaube, daß Gott Wunder vollbringt«, sagte er, »glaube aber nicht, daß er dabei die Naturgesetze bricht. Ich könnte nicht Wissenschaftler sein, wenn ich davon ausgehen müßte, daß sich die Prinzipien, an denen ich heute so angestrengt arbeite, morgen auf einmal verändern würden. Wenn es ein göttliches Eingreifen gibt, fegt es keine wissenschaftlichen Grundsätze beiseite – wir haben die Prinzipien einfach noch nicht entdeckt.«

Ich pflichte dem Professor bei.

5 Vom Nutzen übersinnlicher Träume

Wenn ich die Briefe noch einmal lese und mir meine Gespräche mit Menschen ins Gedächtnis zurückrufe, die parapsychische Träume hatten, weiten sich meine Augen ob der freimütig dargelegten Einzelheiten komplizierter Liebesaffären; sie füllen sich mit Tränen im Mitgefühl für die Mütter, die den Verlust eines Kindes geträumt und erlitten haben; sie strahlen, wenn ein Träumer erzählt, wie er sich jemandem zuwandte, von dem er träumte, und ihm oder ihr helfen konnte. *Nützlich sein.* Ist es nicht das, worauf es ankommt?

Nützlich ist nicht der Traum für sich allein, sondern die Reaktion darauf. Über den Inhalt eines Traums haben wir kaum Kontrolle, aber unsere Reaktion darauf können wir selbst bestimmen. Wie ich feststellen konnte, können Träume sinnvoll und segensreich sein für diejenigen, die sie akzeptieren und in ihrem Handeln oder ihrer Einstellung eine positive Erfahrung daraus machen.

Träume sind im allgemeinen für Leute beängstigend und entmutigend, die voller Angst, Unbehagen oder stiller Verwirrung darauf warten, daß sich das Schicksal erfüllt. Um mich unmißverständlich auszudrücken: Ich tadele niemanden, der nicht reagiert. Wie kann man von jemandem erwarten, auf ein seltsam eindringliches Ereignis zu reagieren, das sich mitten in der Nacht abspielt und dessen Ursprung und Bedeutung unverständlich ist? Ich habe nur bemerkt, daß die Träume von Menschen, die darin etwas Nützliches sehen, die mit jemandem darüber sprechen, sie erforschen, sie ernst nehmen und entsprechend reagieren, wenn nicht einen glücklichen Ausgang nehmen, so doch einen gewissen Frieden mit sich bringen. Manche Träume, die mir mitgeteilt wurden, führten zwangsläufig zu einer Reaktion; bei anderen hingegen erforderte es außergewöhnlichen Mut, entsprechend zu handeln.

Hier ein Traum von so großer Eindringlichkeit, daß die Träumerin kaum umhin konnte, darauf zu reagieren, denn erst das Handeln nahm schließlich dem prophetischen Traum seinen Schrecken. Eine Frau namens Wynona aus einer Stadt in Florida schrieb:

Ich habe einen jüngeren Bruder, der mit Serienwagen Rennen fährt. Ich träumte, ich sähe ihn an dem Auto herumwerkeln – ich sah, wie er eine kurze, dünne Stange mit einer Spiralfeder an jedem Ende aushakte. Nachdem er die Reparatur, oder was immer es war, an dem Auto erledigt hatte, vergaß er, die Stange samt Feder wieder einzubauen. Da ich nichts von Automotoren verstehe, wußte ich nicht, um welches Teil es sich handelte. Ich träumte, er klettere durch das Fenster ins Auto hinein, lasse es an und starte, um eine Testfahrt zu machen. Ich fing an zu schreien und versuchte, das laute Motorengeräusch zu übertönen. Ich erinnere mich, daß ich schrie und schrie, aber da war der Traum zu Ende.

Früh am nächsten Morgen rief mein Bruder an. Er sagte, ihm sei in der vergangenen Nacht etwas höchst Seltsames, Beängstigendes passiert. Er hatte geträumt, ich hätte ihn durch mein Schreien geweckt, aber er hätte mich nicht verstehen können. Meine Schwägerin war offenbar aufgewacht, als mein Bruder gerade träumte, und sie weckte meinen Bruder und sagte ihm, er möchte bitte aufstehen, denn sie hätte eben mein Gesicht direkt über dem Bett gesehen, und irgend etwas sei auf sehr bedroh-

liche Weise nicht in Ordnung. Sie standen beide auf, machten überall Licht an und schauten im ganzen Haus nach, ob ich nicht vielleicht während der Nacht angekommen war, und als sie mich nicht finden konnten, blieben sie vor Angst, wieder ins Bett zu gehen, bis Tagesanbruch auf und riefen mich an.

Ich erzählte ihm meinen Traum, und er sagte, er hätte keine Ahnung, was ich da für ein Teil beschrieben hätte, aber er würde das Auto noch einmal überprüfen und mich zurückrufen. Er rief binnen einer Stunde an und sagte, obgleich er noch nichts mit dem Auto unternommen habe, sei das Gestänge vom Bremspedal gebrochen, und wenn er unter diesen Umständen mit dem Auto eine Testfahrt gemacht hätte, wäre er sicher verunglückt.

Wie hätte Wynona einen Traum ignorieren können, der ihre Familie die ganze Nacht wachgehalten hatte? Der Traum war sehr eindrucksvoll; die Kommunikation über so viele Meilen hinweg beruhte sicherlich auf Telepathie. Er ist allerdings kein Beweis für Präkognition, da der Bruder nicht mit dem schadhaften Auto auf eine Testfahrt ging, wie im Traum vorgegeben. Für Wynona hatte der Traum jedoch trotzdem seinen Nutzen, da er möglicherweise das Leben ihres Bruders rettete.

Die folgende positive Reaktion auf einen Traum erforderte mehr Mut. Die Frau, eine ausgebildete Krankenschwester, mußte nicht nur Vertrauen in ihre Überzeugung haben, sondern sich auch noch gegen einen uneinsichtigen Arbeitgeber durchsetzen. 1933, als die Schwester in einem Privathaushalt beschäftigt war, überkam sie auf einmal das »Gefühl«, ihre Mutter sei erkrankt. Ihre Patienten, fünfjährige Zwillinge, hatten Scharlach, waren aber schon auf dem Wege der Besserung. Sie erklärte der Mutter der Zwillinge, ihrer Arbeitgeberin, sie wolle heimfahren, um nach ihrer Mutter zu sehen. Die Arbeitgeberin protestierte. Später sagte sie der Krankenschwester, sie hätte vorsichtshalber bei der Mutter angerufen und festgestellt, daß nichts Ernstliches vorliege, »nur eine Erkältung«. In derselben Nacht hatte die Schwester einen Traum.

In dieser Nacht träumte ich, ich ginge allein einen dunklen Weg entlang; plötzlich fiel Tageslicht auf einen Gegenstand, der auf dem Weg lag. Ich hob ihn auf Es war ein schwarzer Sonntagsschuh von meiner Mutter. Als ich ihn herumdrehte, sah ich, daß er hinten offen war, die Art von Schuh, die sie einem anziehen, wenn man tot ist. Damit war der Traum zu Ende.

Am nächsten Morgen packte ich meinen Koffer und sagte meiner Arbeitgeberin nach dem Frühstück: »Ich hatte einen schlimmen Traum und muß nach Hause. Ihre Kinder sind auf dem Weg der Besserung.«

Als ich heim nach New Jersey kam, lag meine Mutter im Bett und war überglücklich, mich zu sehen. Der Arzt kam. Er sagte, wenn ich nicht an diesem Tag gekommen wäre, hätte er mich aus Philadelphia geholt. Er hätte schon versucht, meine Arbeitgeberin zu erreichen, um ihr zu sagen, daß sie mich heimschicken solle. Drei Tage nach meiner Ankunft sagte meine Mutter, all ihre (verstorbenen) Schwestern und Brüder warteten auf sie, und sie schlief ein und wachte nicht mehr auf.

Wie in den meisten Familien war es überaus wichtig sowohl für die sterbende Mutter als auch für die Tochter, die letzten Stunden zusammen zu verbringen. Die Krankenschwester meinte, ohne den Traum wäre ihr dieser letzte Besuch versagt geblieben, der ihr ein Gefühl des Friedens gegeben und sie in den Monaten nach dem Tode der Mutter aufgerichtet hätte.

Nur wenige Träumer erkannten wie diese Krankenschwester die positive Botschaft ihrer Träume. Viele hatten dafür keinen Blick. Diejenigen, bei denen Angst, Entsetzen oder Schuldgefühle wach wurden, möchte ich trösten. Aber diejenigen, die passiv geblieben sind oder ihr Traumerlebnis einfach nur faszinierend fanden, möchte ich am liebsten an den Schultern rütteln und sagen: »Wacht auf. Seht doch, ihr habt die Gelegenheit verpaßt, in eurem Leben einen guten Schritt weiterzukommen!«

Etwa die Hälfte der Träumer in meiner Studie gab an, mehr als einen prophetischen Traum gehabt zu haben. Diese Leute haben im allgemeinen aus ihrer ersten Erfahrung gelernt, bei jedem Traum die Möglichkeit in Betracht zu ziehen, daß er wahr werden könnte. Der erste prophetische Traum überrumpelt den Träumer jedoch meist. Manchmal wird der Traum zwar als interessant angesehen, findet aber kaum Beachtung, bis er in Erfüllung geht. Dann ist der Träumer schockiert. Anderen erscheint ihr Traum auf Anhieb so seltsam oder lebendig, daß sie sofort seine Bedeutung erkennen und darauf warten oder fürchten, daß das vorausgesagte Ereignis eintritt. In diesem Fall fühlt sich der Träumer oft hilflos dem Schicksal ausgeliefert; die Unruhe, die ihn befällt, verstärkt sich noch, wenn er sich nicht vor anderen Leuten bloßstellen will und deshalb nichts auf seinen Traum hin unternimmt. Wenn ein traumatisches Erlebnis vorausgesagt wurde, wird der Träumer andere Träume fortan wahrscheinlich zu vergessen oder zu verdrängen suchen.

Menschen, die ihre prophetischen Träume als reale, normale Erscheinungen akzeptieren, neigen eher dazu, den Vorteil wahrzunehmen, den ihnen die betreffende Information bei der Auseinandersetzung mit einem Ereignis, das ohnehin stattfinden wird, bietet. Wen überrascht es da, daß diese Leute im allgemeinen auch noch andere

Träume im Gedächtnis behalten und Nutzen daraus ziehen? Prophetische Träume zu erkennen und positiv zu nutzen, ist eine Fähigkeit, die erlernt werden kann, ebenso wie Eingeborenenvölker die feinen Botschaften der Natur zu lesen verstehen, für die ihre zivilisierteren Brüder und Schwestern blind sind. Der amerikanische Indianer ließ beispielsweise nicht davon ab, Fußspuren zu lesen, nur weil er auf den Tatzenabdruck eines Bären gestoßen war und Angst bekommen hatte; vielmehr war er auch für diese Spur dankbar, weil er sich nun auf die Begegnung mit dem Bären vorbereiten konnte.

Angesichts der Möglichkeit, auf einen warnenden Traum hin verändernd in das nachfolgende Geschehen eingreifen zu können, wirkt der folgende Bericht von einer verpaßten Gelegenheit beklemmend.

Als ihre Schwiegertochter schwanger war, träumte Betty S. von einem Baby, das in ein blaues Tuch gewickelt war. Ringsum war alles dunkel, außer am oberen Ende einer langen Treppe, der Himmelsleiter, von der ein wunderbares vielfarbiges Licht herabstrahlte. Dort oben befand sich das Baby.

Als ich aufwachte, war ich zutiefst geängstigt. Ich wußte, daß irgend etwas mit dem Baby meiner Schwiegertochter geschehen würde. Ich wollte zu ihrem Arzt gehen und ihm sagen, er solle sie noch einmal gründlich untersuchen, um sicher zu sein, daß alles in Ordnung war. Ich habe es nicht getan, weil ich befürchtete, der Doktor würde mich für eine Spinnerin halten.

In der darauffolgenden Woche wurde Bettys Schwiegertochter ins Krankenhaus eingeliefert und kam mit einer Totgeburt nieder.

Wie sehr kann ich Bettys Schmerz nachempfinden,

denn ich weiß, wie es ist, wenn man in einer besorgniserregenden Situation eigentlich etwas tun will und es dann unterläßt, um nicht ins Gerede zu kommen. Es ist qualvoll, einfach nur dazusitzen aus Angst vor Bemerkungen in der Art von: »Ach, mach dich doch nicht lächerlich!« oder: »Nun beruhige dich endlich, du bist wirklich ein Hasenherz.« Zumindest möchte ich Betty an dieser Stelle versichern, daß sie keine »Spinnerin« ist. Ein Mensch mit prophetischen Träumen ist weder verrückt, noch steht er allein.

Ich wünschte, ich hätte Betty dazu ermutigen können, den Arzt ihrer Schwiegertochter aufzusuchen und in ihn zu dringen, Mutter und Kind noch einmal gründlich zu untersuchen. Vielleicht hätte er noch einmal den Herzschlag des Kindes abgehorcht und Unregelmäßigkeiten festgestellt, oder er hätte besondere Tests durchgeführt und Anzeichen der Gefahr gefunden. Dann hätte er das Leben des Kindes vielleicht durch einen Kaiserschnitt retten können. Andererseits wäre es auch möglich gewesen, daß eine genaue Untersuchung nichts zutage gefördert hätte, was das Leben des Kindes gerettet hätte. Aber würde es Betty jetzt nicht besser gehen, wenn sie wüßte, daß sie alles in ihrer Macht Stehende getan hätte? So jedoch erinnert sie sich immer nur an: »Ich wollte zu ihrem Arzt gehen und ihm sagen ... Ich habe es nicht getan, weil ich befürchtete ...«

Eine Frau aus dem Südwesten ging schließlich zum Arzt, aber erst nach zwei verschiedenen Träumen. Eines Nachts träumte sie, ihr wäre eine Brust amputiert worden, und sie wäre überglücklich darüber. Am nächsten Tag verkündete Happy Rockefeller der Presse, sie würde sich einer Brustamputation unterziehen. Die Träumerin nahm an, ihr Glücksgefühl über die eigene Brustoperation hätte etwas mit dem Spitznamen dieser bekannten Persönlichkeit zu tun.

Die angenehme Form der Traumbotschaft vermochte die Frau offenbar nicht zum Handeln zu bewegen. Später bekam sie noch einmal die Gelegenheit, sich zu besinnen, diesmal auf erschreckende Weise:

Ich träumte später, ein Chirurg (mit Mundschutz, Kappe und Kittel in Grün) sagte zu mir: »Sie müssen sich bald operieren lassen, denn sonst werden sie sterben.« Es war die Stimme einer Frau ...

Ich muß einfügen, daß mein Mann zur gleichen Zeit, in der ich von meiner Brustamputation träumte, eine Reihe von Träumen hatte, in denen er fürchtete, »mich zu verlieren« ... Diese Träume veranlaßten mich schließlich dazu, eine Mammographie machen zu lassen.

Nach der Mammographie wurde ich zur sofortigen Operation direkt ins Krankenhaus eingewiesen. Chirurg war eine Frau. Der große Tumor, der durch eine totale Brustamputation entfernt wurde, war bösartig ... Die Ärztin sagte, wenn ich noch länger gewartet hätte, hätten sich die Krebszellen in meinem ganzen Lymphsystem ausgebreitet und mein Leben gefährdet ... Ich war wirklich glücklich, daß die Brustamputation mir mein Leben gerettet hat.

Der Traum von der Operation wurde also wahr, und die Traumbotschaft war der Träumerin nützlich geworden. Sie war nur deshalb von Nutzen, weil die Träumerin die Botschaft ernst nahm und entsprechend positiv darauf reagierte. Vielfach ist jedoch zum Zeitpunkt des Träumens noch keine Reaktion möglich, außer abzuwarten und sich aufs Handeln vorzubereiten. Genau das tat Carole, eine junge Frau, die das folgende Traumerlebnis hatte:

Ich träume von einer Straße in der Stadt, in der ich lebe. Ich schwebe darüber, treibe herum, so daß ich sehen kann, was mit jedem Einzelnen geschieht. Unter mir kann ich mich selbst auf meinem Weg zum Mittagessen sehen. Ich kann auch einen Mann mit einem schwarzen Mantel, einer dicken Hornbrille und einer lädierten, auseinanderfallenden Aktenmappe sehen. Es scheint ihm plötzlich sehr schlecht zu gehen, er leidet unter schlimmen Brustschmerzen und Übelkeit. Er kann nicht atmen und ist von Angst erfüllt. Ich weiß es, weil ich im Traum ebenfalls an Schmerzen, Übelkeit, Atemnot und Angst leide. Alles ist sehr intensiv und real. Er fällt auf das Pflaster, und auf einmal schwebe ich nicht mehr darüber, sondern bin in meinem eigenen Körper auf dem Weg zum Mittagessen. Mir wird klar, daß er einen Herzanfall hat, und ich renne zu ihm hinüber.

Noch am selben Tag, auf dem Weg zum Mittagessen, sah Carole den Mann aus ihrem Traum in der genannten Weise krank werden und umfallen. Sie rannte sofort zu ihm hin. »Es war schon ein unheimliches Gefühl, zu *wissen*, was ihm fehlte.« Ihr sofortiges Erkennen der Situation versetzte sie in die Lage, schnell zu handeln, einen Rettungswagen zu rufen und den Leuten zu sagen, der Mann hätte einen Herzanfall. »Ich muß sehr gebieterisch geklungen haben«, sagt sie. Er wurde auf schnellstem Wege ins Krankenhaus gebracht, wo tatsächlich ein Infarkt festgestellt und mit Erfolg behandelt wurde.

Gut im Gedächtnis bewahrte Traumdetails lösten bei einem der wenigen Männer, die mir geschrieben haben, einem Professor am Brooklyn College der Universität von New York City, eine lebensrettende Reaktion aus.

Vorweg die Bemerkung, daß ich nicht viel für PSI und ähnliche paranormale Erfahrungen übrig habe. Aber einmal hatte ich einen lebhaften Traum, der sich etwa sechs

Monate später in allen Einzelheiten bewahrheitete. Ich träumte, ich führe mit meinem Kombiwagen auf einer vierspurigen Autobahn bergauf. In einer Kurve auf dem höchsten Punkt kam ein Auto mit einem einachsigen Wohnanhänger in Sicht, das ziemlich schnell den Berg hinabfuhr. Plötzlich löste sich ein Rad vom Wohnanhänger, und Funken sprühten, während die Achse über den Asphalt schleifte. Das lose Rad kam mit erschreckender Geschwindigkeit quer über die Fahrbahn auf mein eigenes, schnellfahrendes Auto zugerollt. An diesem Punkt bin ich aufgewacht. Es war auf schreckliche Weise real gewesen, aber den Schauplatz kannte ich nicht. Sonst schien nichts an dem Traum wichtig oder erinnerungswert zu sein. Ich wußte ja auch nicht, wie der Traum schließlich ausgehen würde.

Ungefähr ein halbes Jahr später, ich fuhr gerade bergauf zu einem Freilichttheater in West Virginia, kam mir plötzlich zu Bewußtsein, daß genau an diesem Punkt mein Traum angefangen hatte und daß im nächsten Augenblick ein Auto mit Wohnanhänger oben um die Kurve kommen würde. Das sagte ich meinem Beifahrer, der sich wunderte, warum ich soviel Aufhebens darum machte. Er war überrascht, als das Auto tatsächlich in Sicht kam, wie ich vorausgesagt hatte. Jetzt sagte ich, ein Rad würde sich lösen und uns womöglich treffen. Im gleichen Augenblick flog es mit großer Kraft ab, und die Achse hinterließ einen Funkenregen. Ich gab Gas und trieb meinen Wagen auf Spitzengeschwindigkeit. Das lose Rad schoß knapp am hinteren Ende meines Wagens vorbei und von der Fahrbahn in den Graben.

Wenn ich das nicht geträumt und den Gefahrenmoment nicht sofort erkannt hätte, hätte das Rad wahrscheinlich mein Auto völlig demoliert und uns verletzt. Normalerweise würde ich sagen, ein Traum als Warnung

sei Unsinn, aber in diesem Fall glaube ich, daß es so war.
Ich habe keine vernünftige Erklärung dafür.

Dieser Träumer hat offenbar eine Katastrophe verhindert, weil er einen detaillierten Traum ernst nahm und letzten Endes entsprechend reagierte. Bei vielen prophetischen Träumen sind die Einzelheiten allerdings nicht eindeutig genug, um daran ablesen zu können, was vielleicht passieren könnte. Die Träumerin des nächsten Traums hat jedoch klar verstanden, worum es ging.

Im September waren mein Mann und ich auf einer Campingfahrt in Tennessee unterwegs. Ich träumte, mein Mann und ich befänden uns auf einem Hügel. Mir kam es so vor, als stünden wir auf frisch planierter Erde. Ich blickte den Hügel hinab, und herauf kamen ein paar Mitglieder unserer Kirchengemeinde. Ich dachte, sie wateten bis zu den Knöcheln in gelbem Schlamm.

Sie kamen hoch bis da, wo ich stand, und einer der Brüder aus der Gemeinde bat uns, ein Lied zu singen, das wir in der Kirche sangen, oder uns wenigstens an den Titel eines Liedes zu erinnern. Uns fiel keins der Lieder ein, die wir zu singen pflegen.

Am nächsten Morgen, als ich aufgestanden war, sagte ich meinem Mann, irgend etwas sei daheim nicht in Ordnung, etwas, das mit der Kirche zu tun hätte. Also machten wir uns fertig und fuhren nach Hause. Als wir zur Kirche kamen, erfuhren wir, das eine unserer besten Freundinnen gestorben war. Sie war in der Kirche aufgebahrt. Sie war schon neun Tage tot, als sie gefunden wurde. Wir sangen am Sarg. Die Gemeindemitglieder hatten sich Sorgen gemacht, sagten sie, daß wir nicht bei der Beerdigung dabeisein würden. Keiner wußte, wie sie Verbindung zu uns aufnehmen konnten und wo wir eigentlich steckten, 500 Meilen weit weg. Eine der Damen kam zu

mir und fragte mich: »Woher wußten Sie Bescheid? Wer
hat es Ihnen gesagt?«

Die Frau war sicher, daß der Traum eine Bedeutung haben
mußte, und das genügte, um eine Reaktion auszulösen,
über die sich das Paar im Nachhinein freute. Vielleicht
brauchten Sie oder ich eine genauere Botschaft, aber für
Leute mit einer derart starken gefühlsmäßigen Bindung
an die Kirchengemeinde reichte der Traumbesuch von
Gemeindemitgliedern völlig aus.

Dana, die Träumerin, von der schon vorher die Rede
war, hat oft eine Chance, die andere Eltern sich vergebens
wünschen: Sie träumt von den geheimen Nöten ihrer Kinder. Die Träume machen sie feinfühlig für Schwierigkeiten und geben ihr die Möglichkeit, rechtzeitig einzugrei-
fen. Sie kann, wenn nötig, erst einmal ganz für sich allein
Dampf ablassen, ehe sie an das Kind mit seinen Problemen herantritt, und dann die beste Handlungsweise fest-
legen. Meist kommt Dana behutsam auf die Schwierigkeiten zu sprechen und versucht dann, das betreffende
Kind zu einer verantwortungsbewußten Entscheidung zu
bewegen.

In einem Traum dieser Art sah Dana, daß ihre neun-
jährige Tochter zutiefst verstört war, weil sie sich Geld geliehen hatte und nicht zurückzahlen konnte. Dana konnte
sich nicht vorstellen, wie es dazu gekommen war, aber als
sie das Kind fragte, ob es in irgendwelchen Geldschwierigkeiten stecke, erleichterte es der Mutter gegenüber sein
Gewissen. Offenbar hatte sich die Tochter mehrfach morgens vor Schulbeginn mit dem Geld für das Mittagessen
lieber Süßigkeiten und ähnliches vom Automaten gekauft,
statt es für das Schulessen aufzuheben. Sie hatte stets vor-
gehabt, das Mittagessen auszulassen, war jedoch gegen
Mittag viel zu hungrig dazu. Sie hatte immer wieder

Essensgeld vom Schulbüro geborgt und wurde jetzt aufgefordert, es zurückzuzahlen. Natürlich war es ihr höchst unangenehm, das alles ihrer Mutter zu gestehen.

»Um wieviel Geld geht es?« fragte Dana.

»Sieben Dollar«, antwortete das Kind unter Tränen.
Dana half ihrer Tochter nun, eine befriedigende Lösung zu finden, mit der allen gedient war; sie sollte einige zusätzliche Hausarbeiten übernehmen und so das Geld verdienen, das sie der Schule schuldete.

Dana betrachtet die ganze Angelegenheit als Erfahrung, durch die ihre Tochter Verantwortung lernen konnte. Sie weiß, daß Kinder aus einer Zwangslage manchmal auf ungute Weise herauszukommen suchen, etwa indem sie Geld stehlen. Sie ist dankbar, daß der Traum ihr die Möglichkeit verschafft hat, ihrem Kind beizubringen, daß es nicht so weh tut, wie es den Anschein hat, sich seinen Problemen zu stellen.

Von ihrem Sohn hatte Dana einen Traum, der nicht gleich einen solchen Erfolg zeitigte, ihr jedoch trotzdem von großem Nutzen war. Im Traum entdeckte sie, daß ihr Sohn, ein junger Gymnasiast, in seinem Zimmer rauchte. Und im Traum hatte sie einen Wutanfall, weil sie absolut gegen diese Suchtgewohnheit war, die auf längere Dauer die Gesundheit ruinieren kann. Sie machte kein Hehl aus ihrer Enttäuschung und schrie ihren Ärger heraus. Als sie aufwachte, hatte sie das Gefühl, ihrem Zorn bereits Luft gemacht zu haben. Sie wußte, daß böse Worte mit lauter Stimme meist das Gegenteil bewirken, deshalb beschloß sie, die Sache in aller Ruhe anzugehen.

Als sie ihren Sohn schließlich fragte, ob er geraucht hätte, sagte er (da er inzwischen wußte, welche unheimlichen Wege seine Mutter kannte, um die Wahrheit zu erfahren): »Na ja ... ich habe einmal eine Zigarette probiert.« Sie ließ nicht so schnell locker, und da bekannte er, daß er mehrmals »experimentiert« hatte. Danach hatten sie ein langes Gespräch darüber, warum junge Menschen das Bedürfnis haben, Dinge auszuprobieren, deren Schädlichkeit ihnen bekannt ist. Er gab verschämt zu, daß er glaubte, dadurch »reifer« zu wirken, wie Dana es ausdrückte. Wachsam geworden, merkte Dana bald, daß ihr Sohn regelmäßig rauchte und sie nichts mehr daran ändern konnte. Nach einigen Jahren, als er mehr Wert auf Sportlichkeit legte, gab er allerdings das Rauchen von selbst wieder auf.

Obgleich sie ihren Sohn nicht zu überreden vermochte, mit dem Rauchen aufzuhören, weiß Dana doch, daß die Angelegenheit lediglich in einen Machtkampf ausgeartet wäre, den sie verloren hätte, wenn sie ihrem Ärger freien Lauf gelassen hätte, wie es ihr erster Impuls war. Ohne den Traum hätte sie ihn eines Tages beim Rauchen ertappt und einen Wutanfall bekommen. Sie meint, der Traum habe ihr Gelegenheit gegeben, eine bessere Möglichkeit zu finden, mit dem Problem umzugehen. Vielleicht hat ihre Ruhe mit den Ausschlag dafür gegeben, daß der junge Mann die Gewohnheit schließlich doch aufgab.

Auch von ihrer zweiten Tochter, die zu der Zeit das College besuchte, träumte Dana. Im Traum sah sie das Mädchen nackt über ein Feld laufen. Ein Mann jagte hinter ihr her. Sie stolperte schließlich und fiel hin. Dana erwachte höchst beunruhigt. Sie überlegte, was der Traum wohl bedeuten mochte und welche sexuellen Probleme ihre Tochter, die sich gerade mit Mühe von einer unglücklichen Liebe erholte, haben könnte. Dana wurde sich über ihre eigenen Gefühle klar, überlegte sich ihre Vorgehensweise und rief die Tochter an.

»Was macht dein Liebesleben?« fragte sie. »Ich habe das Gefühl, du hast irgendwelche Schwierigkeiten mit dem anderen Geschlecht.«

Das junge Mädchen bekannte, daß sie sich Hals über Kopf in einen neuen Freund verliebt habe, die Pille nehmen und mit ihm schlafen wolle. Dana machte sie auf die möglichen emotionalen Verwicklungen aufmerksam. Die Tochter äußerte, selber unschlüssig zu sein. Bei Dana fand sie einen Rückhalt für ihre Unschlüssigkeit, den sie anderswo nicht bekommen hätte und schon gar nicht bei dem jungen Mann. Dana überließ ihr die endgültige Entscheidung. Die Tochter beschloß, nicht mit dem Freund intim zu werden.

Wer das alles für ein Märchen hält, erinnere sich daran, daß Dana Psychotherapeutin ist. Sie ist erfahren im Umgang mit solchen Problemen. Alles, was sie braucht, ist eine entsprechende Information, die sie schwerlich von ihren Kindern bekommt, und eine gewisse Zeit, um abzukühlen und nicht mit gewohnter elterlicher Heftigkeit zu reagieren. Beides vermittelten ihr die Träume.

Auf die Frage, was denn ihre Kinder von ihren verräterischen Träumen hielten, entgegnete sie: »Sie fanden sie gespenstisch und machten untereinander Witze darüber. Ich glaube aber, das Wissen, ich könne Wind von ihrem Tun und Lassen bekommen, hat sie nie davon abgehalten, alles mögliche auszuprobieren. Sie waren alle ganz schön unabhängig.« Dana hatte nicht nur prophetische Träume. Das wußte sie, und deshalb übereilte sie nichts. Sie *überlegte*, was zu tun wäre, *wenn* ein Traum wahr würde. Ihre Gespräche begann sie stets mit einer vorsichtigen *Sondierung* des Terrains.

Menschen wie Dana, die dem Inhalt ihrer Träume Beachtung schenken und sich überlegen, was sie tun könnten, *wenn* der Traum in Erfüllung ginge, haben Zeit, sich auf die mögliche Realität einzustellen. Ein präkognitiver Traum von einem Todesfall kann dem Träumer zum Beispiel die Chance geben, eine Beziehung in Ordnung zu bringen oder zu vertiefen, bevor es zu spät ist. Der Traum dient als Kommunikationsanreiz, erlaubt dem Träumer jedoch, da er nicht so tief geht wie ein realer Todesfall, sich relativ gelassen damit zu befassen. Er vermindert die Schockwirkung eines echten Todesfalls und gibt dem Träumer die beruhigende Gewißheit, nichts Wesentliches ungesagt gelassen zu haben.

Etwa zehn Tage, nachdem meine Enkelin mir ihre Verlobung im Juni mitgeteilt hatte, träumte ich, das Flugzeug meines Sohnes sei auf dem Weg zur Hochzeit am 2. August abgestürzt.

Wieder etwa zehn Tage später träumte ich noch einmal, dieses Flugzeug stürze ab, und es sei in Los Angeles gestartet, nicht da, wo er wohnte. Ich träumte, daß ich, als ich die Nachrichten gehört hatte, losrannte, um in die Zeitung zu schauen, und wirklich einen Artikel darüber fand. Davon bin ich mit einem Schock aufgewacht.

Ich erzählte einer guten Freundin von diesen Träumen. Sie riet mir, mit meinem Sohn darüber zu sprechen. Ich hatte kein besonders enges Verhältnis zu meinem vielbeschäftigten Sohn. Ich habe es ihm und andern gegenüber nie erwähnt, aber ich hatte eine böse Vorahnung. Am Sonntag vor dem 1. August sprach ich telefonisch mit meinem Sohn, und da merkte ich, daß ich ihm vieles sagte, was ich ihn immer schon hatte wissen lassen wollen, und daß ich ihn meiner Liebe versicherte. Mein Sohn, ein Prozeßanwalt, war so eingespannt, daß ich mich normalerweise stets kurz faßte und ihm nur das Nötigste mitteilte, bis auf dieses eine Mal.

Er flog, was ich nicht wußte, nach Los Angeles und wollte auf dem Rückweg zu der Hochzeit. Am 1. August stürzte das Flugzeug meines Sohnes kurz hinter Mobile, Alabama, ab. Er war im Zweiten Weltkrieg als Flieger ausgebildet worden und schon oft bei stürmischem Wetter geflogen, aber die Flugaufsicht nannte schlechte Wetterverhältnisse als Ursache.

Die Nachricht von seinem Absturz war kein Schock mehr für mich.

Wie traurig, daß dieser Sohn seiner Mutter den Eindruck vermittelte, er sei zu beschäftigt, um ihr zuhören zu können. Welch ein Glück, daß es ihr durch den Traum gerechtfertigt erschien, ein paar Minuten von seiner Zeit in Anspruch zu nehmen, ihm ihre Liebe zu zeigen und ihm wichtige Dinge anzuvertrauen.

Meines Erachtens hatte die Freundin der Träumerin recht; sie hätte dem Sohn von ihrem Traum erzählen sollen. Man möchte meinen, er hätte davon profitieren können, auch einmal an die eigene Vergänglichkeit zu denken. Vielleicht wäre es für ihn Zeit gewesen, ein gemächlicheres Tempo vorzulegen und sich auf die wesentlichen Dinge seines Lebens zu besinnen. Vielleicht hätte er einen anderen Kurs genommen, um das Schlechtwettergebiet zu vermeiden, oder einen Linienflug gebucht. Wenn nicht, hätte er immerhin noch telefonieren und seiner Frau und seiner Tochter am Vorabend ihrer Hochzeit ein paar herzliche Worte sagen können. Vielleicht hätte er seiner Mutter wenigstens nicht das Gefühl gegeben, er sei zu beschäftigt, um sich mit ihr zu unterhalten.

Selbst wenn man keine Möglichkeit hat, eine Tragödie von sich abzuwenden, kann ein prophetischer Traum trotzdem segensreich sein.

Im folgenden Bericht war in der Vorwarnung vom Tode des Sohnes eine Botschaft enthalten, die Marcia C. aus Huntingdon in Pennsylvania einen schier unerträglichen Verlust leichter machte.

In meinem Traum gingen mein Mann und ich zur Leichenhalle, um jemandem die letzte Ehre zu geben. Der Raum war so gedrängt voll mit Leuten, daß wir lange warten mußten, bis wir an den Sarg treten konnten. Als wir am Sarg standen, lag mein Sohn David darin. Er redete mit allen, schüttelte Hände und war restlos glücklich. Wir setzten uns auf Stühle an seine Seite und sprachen mit ihm, und kurz darauf gingen wir nach Hause. Es gab keine Tränen, allem Anschein nach bestand kein trauriger Anlaß. Nach ein paar Tagen und einer Woche hatte ich den gleichen Traum noch einmal. Ich erzählte einer Freundin davon – mein Mann will absolut nichts von meinen Träumen hören. Dann vergaß ich die ganze Sache.

Am Morgen des 21. Dezember 1975 kam ein Polizist zu uns und setzte uns vom tragischen Tod unseres Sohnes David in Kenntnis. Er war die Straße entlanggegangen und gejoggt, von einem Auto angefahren worden und auf der Stelle tot. Später, als das Leben wieder erträglicher war, sann ich über meinen Traum nach. Hatte er eine besondere Bedeutung gehabt?

Ich bin sicher, daß er eine Warnung war, die unerkannt blieb, aber darüber hinaus die Botschaft in sich barg, daß Davids Leben nicht im Sarg endete, sondern so unbeschwert und glücklich weitergeht wie vorher. Danke, daß Sie mir zugehört haben.

Marcias Verlust bleibt unersetzlich, aber der prophetische Traum hat ihr später offenbar doch Trost gespendet. Die Tatsache, daß die Traumbotschaft vom Tod ihres Sohnes sich bestätigte, gab dem ganzen Traum Gültigkeit und ließ auch die zweite Botschaft, der Sohn sei nun irgendwo glücklich, glaubwürdig erscheinen. Eine Traumbotschaft ernst genommen zu haben, lohnte sich auf eine ganz andere Weise auch für einen 21jährigen Studenten:

Meinen ersten prophetischen Traum hatte ich vor über fünf Jahren. Ich träumte, ich läse die dritte Seite meines Prüfungstextes in Biologie. Da war ein Diagramm, und verschiedene Fragen nahmen Bezug auf das Diagramm. Am folgenden Morgen wachte ich früh auf und blätterte durch das Biologiebuch, bis ich das Diagramm gefunden hatte. Ich prägte es mir genau ein. Später am selben Morgen, als ich die Prüfung ablegte, schlug ich die dritte Seite auf, und tatsächlich standen da die gleichen Prüfungsaufgaben wie in meinem Traum!!

Immer wieder nahmen Träumer ihre Träume ernst und überlegten sich, was sie tun könnten, falls ihre Träume der Wahrheit entsprächen, profitierten von ihren Träumen und nahmen Schicksalsschläge gelassener hin. Hunderten von Briefen und Gesprächen mit Menschen, die prophetische Träume hatten, war im Kern die folgende Botschaft zu entnehmen: Wenn ein lebhafter Traum eine Möglichkeit vor Augen führt, hat der Träumer die Chance, über diese Möglichkeit nachzudenken, ehe sie zur Tatsache wird, und positiv darauf zu reagieren.

Gesetzt den Fall, Sie hätten einen solchen Traum, würden Sie die Chance nutzen?

6 Wie man mit prophetischen Träumen umgeht

Und ich?« werden Sie jetzt vielleicht fragen. »Ich habe keine paranormalen Träume ... Aber was ist, wenn ich mal einen prophetischen Traum hätte? Ich würde gern zu denen gehören, die ihn akzeptieren und *positiv darauf reagieren,* wie die, von denen hier die Rede war. Aber woran würde ich denn *erkennen,* daß es sich um einen prophetischen Traum handelt?«

Das sind gute Fragen, auf die ich eine gute Antwort weiß. Die positive Reaktion wirkt gleichermaßen bei parapsychischen wie nichtparapsychischen Träumen. Es geht darum, angemessen auf einen Traum zu reagieren, ob er nun in Erfüllung geht oder nicht.

Folgende Schritte sind wichtig, wenn Sie sich nach dem Aufwachen an einen eindrucksvollen Traum erinnern.

1. Schreiben Sie den Traum gleich nach dem Aufwachen auf oder sprechen Sie ihn auf Cassette.
2. Ziehen Sie die Möglichkeit in Betracht, daß Ihr Traum in Erfüllung geht.
3. Bereiten Sie sich im Geiste darauf vor, daß der Traum in Erfüllung geht.
4. Treffen Sie Vorkehrungen, wenn das Traumereignis unangenehm ist.
5. Tun Sie, was Sie glauben tun zu müssen, ehe der Traum wahr wird.
6. Überlegen Sie, wie Sie sich während und nach Eintreffen des Ereignisses verhalten, um seine negative

Wirkung abzuschwächen oder seine positive Wirkung zu verstärken.

7. Erzählen Sie jemandem Ihren Traum.

Gehen wir diese Schritte nun einmal bei einem typischen Todestraum durch. Nehmen wir an, Sie träumten als Erwachsener vom Tod Ihres Vaters. *Schreiben Sie* den Traum in allen Einzelheiten auf, damit Sie ihn gut im Gedächtnis behalten. Die *Möglichkeit des Todes* in Betracht zu ziehen, erschreckt Sie und macht Sie traurig. Aber die Realität des Todes zu akzeptieren ist ein Schritt, bei dem Sie reifen. Ganz gleich, ob Ihr Traum nun prophetisch war oder nicht, ist vielleicht einfach der Zeitpunkt für Sie gekommen, sich mit diesem unausweichlich irgendwann eintreffenden Ereignis auseinanderzusetzen.

Sobald Sie die Möglichkeit erwogen haben, daß der Traum wahr werden könnte oder wird, unternehmen Sie spontan den nächsten Schritt: Sie *bereiten sich* darauf vor. Die meisten Menschen, die mir von wahr gewordenen Todesträumen berichteten, gaben an, eine größere innere Ruhe erfahren zu haben und den Schock weniger gespürt zu haben als ohne die Vorbereitung durch den Traum.

Die Möglichkeit des Todes zu akzeptieren bedeutet nicht, keine Vorkehrungen zu treffen, um ihn abzuwenden. Was könnten Sie tun, um das Leben Ihres Vaters verlängern zu helfen? Rufen Sie ihn an, fragen Sie ihn, wie es ihm geht. Besuchen Sie ihn, machen Sie sich selbst ein Bild. Fragen Sie ihn, ob er seine blutdrucksenkenden Tabletten regelmäßig nimmt. Na ja, sagt er, sie wären vor ein paar Wochen zu Ende gegangen, und er wäre noch nicht dazu gekommen, sich neue zu besorgen. Es gehe ihm gut, sagt er, aber er würde sich in den nächsten Tagen neue verschreiben lassen. Sagen Sie ihm, das müsse er noch heute tun. Überreden Sie ihn dazu, sofort zum Arzt zu gehen. Oder holen Sie selbst das Rezept beim Arzt und dann die Tabletten in der Apotheke.

Unter Umständen ist es zu spät dazu. Sollten Vorsichtsmaßnahmen an der Erfüllung des Traums nichts mehr ändern können, *tun Sie, was Sie glauben tun zu müssen*, ehe Ihr Vater stirbt. Sagen Sie ihm, daß Sie ihn lieben. Sagen Sie ihm, wie sehr Sie es schätzen, daß er nie eins Ihrer Baseballspiele versäumt hat und Sie immer wußten, daß er irgendwo saß und Beifall klatschte und Ihnen die Daumen drückte, auch wenn Sie ihn nicht sehen konnten. Wenn Sie ihm das nie gesagt haben, ist es jetzt Zeit dafür.

Vielleicht war Ihr Verhältnis in letzter Zeit nicht besonders herzlich; vielleicht hatten Sie einen Streit, der noch immer zwischen Ihnen steht. Jetzt ist der Zeitpunkt gekommen, sich auszusprechen. Es kann auch nichts schaden, wenn Sie sich entschuldigen.

Befragen Sie ihn zu Ihrer Familie mütterlicherseits. Sie kennen zwar die ganzen Geschichten über Vaters Familie, aber Sie wissen nicht einmal, woher Ihre Großmutter stammt. Fragen Sie ihn jetzt. Ermuntern Sie ihn zum Reden. Schreiben Sie alles auf. Wenn er tot ist, haben Sie niemanden mehr, der es Ihnen erzählen könnte.

Vielleicht können Sie einmal offen mit Ihrem Vater über seine testamentarischen Wünsche und Bestimmungen reden. Was gäbe es sonst noch zu regeln? Nehmen Sie es jetzt in Angriff! Was hat er gesagt, wem er den Eßzimmerstuhl geliehen hat? Am besten haken Sie gleich mal nach, sonst bekommen Sie am Ende nie wieder die vollständige Zahl von sechs Stühlen zusammen.

Fragen Sie ihn, ob es irgend etwas gibt, was Sie für ihn tun könnten. Fahren Sie mit ihm aufs Land. Backen Sie einen Blaubeerkuchen nach Art Ihrer Mutter. Bringen Sie Ihren kleinen Sohn mit, damit der Vater ihm das Baseballspielen beibringen kann. Wenn Ihr Vater nächste Woche sterben würde, wären Sie dann nicht froh, all das noch getan zu haben? Und wenn er *nicht* stirbt, sollten Sie dann nicht froh sein, sich trotzdem endlich einmal um ihn gekümmert zu haben? Eine angemessene Reaktion bleibt eine angemessene Reaktion, auch wenn der Traum schließlich doch nicht in Erfüllung geht. Sie haben nichts verloren, aber viel dadurch gewonnen, daß Sie davon ausgegangen sind, der Traum könnte wahr werden.

Ihr Handeln und Ihre innere Einstellung im Hinblick auf den mutmaßlichen Todesfall tragen dazu bei, dessen *negative Wirkung* abzuschwächen. Überlegen Sie, was Sie in den ersten Wochen nach seinem Tod machen würden, damit Sie in der tiefsten Trauer nicht auch noch in Angst und Ungewißheit versinken. Vielleicht kommt es manchem makaber und taktlos vor, nach einem Todestraum solche Überlegungen anzustellen. Von Menschen, die nahe Angehörige verloren haben, war jedoch zu erfahren, daß sich durch ihre Vorbereitungen eine gewisse innere Ruhe bei ihnen einstellte, die auch nach dem Trauerfall noch anhielt. Sich Gedanken zu machen über einen möglichen Todesfall heißt nicht, ständig darüber zu grübeln. Vielmehr sind Sie, wenn Sie sich entsprechend eingestellt haben, in der Lage, herzliche Beziehungen zu Ihrem Vater aufrechtzuerhalten für die Zeit, die Ihnen beiden noch bleibt, sei sie lang oder kurz.

Erzählen Sie jemandem den Traum. Damit ist natürlich nicht gemeint, daß Sie Ihrem Vater erzählen, Sie hätten von seinem Tod geträumt. Aber es jemandem zu erzählen wird Sie erleichtern. Erzählen Sie es seiner Nachbarin. Sie wird Ihnen vielleicht bekennen, daß Sie Ihren Vater letzte Woche auf der Straße hinfallen sah und ihm aufgeholfen hat. Er hätte behauptet, ausgerutscht zu sein, was sie jedoch nicht glauben könne. Sie hätte hin und her überlegt, ob sie Sie anrufen solle oder nicht. Bloß auf die Erzählung Ihres Traums hin liefert Sie Ihnen wertvolle Informationen. Erzählen Sie Ihrer Tochter den Traum als Rechtfertigung dafür, warum Sie am Nachmittag lieber den Großvater besuchen, statt mit ihr einen Einkaufsbummel zu machen. Dann wird sie Ihre Entscheidung verstehen und Ihnen das ungute Gefühl nehmen, ein Geheimnis hüten zu müssen. Zu zweit sind Sie stärker als allein.

Wenn Sie die Möglichkeit erwägen, daß der Traum vom Tod Ihres Vaters in Erfüllung geht, sich emotional und praktisch darauf einstellen, *sofort* alles tun, was nötig ist, und jemandem Ihren Traum erzählen, haben Sie den größten Nutzen aus Ihrem Traumerlebnis gezogen. Sie werden merken, daß der Traum in all seiner Schrecklichkeit gut für Sie war.

Nehmen wir uns nun die einzelnen Schritte, wie man sich Träume zunutze machen kann, einen nach dem anderen vor, und schauen wir, wie sie sich auf die verschiedenartigsten Träume anwenden lassen. Manche der Traumerfahrungen, die hier als Beispiel angeführt werden, haben sich als prophetisch erwiesen und andere nicht. Der wahre Wert beider Arten von Träumen jedoch liegt in der Reaktion darauf begründet.

1. *Schreiben Sie den Traum möglichst gleich auf oder sprechen Sie ihn auf Cassette.*

Träume werden oft schnell vergessen, selbst dann, wenn man meint, sie fest im Gedächtnis zu haben. Viele Träumer behaupten: »Mein Traum war so lebhaft, daß ich mich jahrelang ganz klar daran erinnert habe.« Aber ich habe Berichte von sehr bedeutungsvollen prophetischen Träumen erhalten, die von den Träumern längst vergessen worden waren und verloren gewesen wären, wenn sie nicht jemandem erzählt worden wären, der sie im Gedächtnis behielt. Halten Sie also Papier und Stift oder einen Cassettenrecorder am Bett bereit, um Ihre Träume aufzuzeichnen. Denken Sie an Licht und nötigenfalls Ihre Brille.

2. Ziehen Sie die Möglichkeit in Betracht, daß Ihr Traum in Erfüllung geht.

Wir wissen alle, daß manche Träume vollkommen absurd sind. Das Unterbewußtsein unterscheidet nicht zwischen Absurdität und Realität. Halbwach ergeht es uns kaum besser. Doch sobald wir hellwach sind, können wir oft genau sagen, welche Träume wir *in einem wörtlichen Sinne* ernst nehmen müssen und welche mehr symbolischen Charakter haben. Manche Leute behaupten, es gäbe Anhaltspunkte, einen prophetischen Traum als solchen zu erkennen. Wie zuvor bereits erwähnt, sind Menschen, die Wahrträume haben, im allgemeinen verblüfft von der Lebhaftigkeit ihres Traums. Die Träume erscheinen ihnen als wirklich. Viele Träumer erzählen ungewöhnliche Details. Sie erinnern sich an Farben, Muster, Klänge und auch Gefühle, von denen die Traumereignisse begleitet sind. Manche geben an, sich in einem prophetischen Traum als objektiver Beobachter empfunden zu haben, der auf eine Szene herabblickte. Charakteristisch sind auch eine klare Erinnerung an den Traum und ein Gefühl für seine Bedeutsamkeit.

Ein Träumer schrieb: »Ich träume immer viel, aber trotzdem fällt es mir leicht, die besonderen Träume, die gleichzeitig mit einem wirklichen Ereignis auftreten oder später wahr werden, zu erkennen. Sie sind überaus klar, zusammenhängend, ohne Umschweife und lebensecht, und ich bin mir im Traum bewußt, daß ich träume. Mir ist auch bewußt, daß es sich um etwas Wichtiges handelt, an das ich mich erinnern muß. Diese Träume können sehr aufwühlend sein, aber das Aufwachen ist stets angenehm und klar.«

Andere Träume, die in Erfüllung gingen, waren allerdings nicht so eindeutig. Manche Träumer berichteten: »Ich habe mir nichts dabei gedacht und es ganz vergessen, bis ...«

Wenn Sie sich nicht genau im klaren sind, ob der Traum realistisch auf Sie wirkte, können Sie mit jedem Traum, an den Sie sich beim Aufwachen erinnern, einen einfachen Test durchführen: Könnte sich der Traum im wirklichen Leben abspielen? Ist er möglich? Wenn Sie (wie ein 12jähriges Mädchen) träumen, Sie flögen auf einer Wolke aus Zuckerwatte über Ihre Stadt und äßen dabei Ihr Fluggefährt langsam auf, ist Ihr Traum nicht parapsychisch zu nennen. Wenn Sie träumen, Sie müßten für Abraham Lincoln Bäume fällen und ihm eine größere Hütte bauen, ist Ihr Traum wahrscheinlich symbolisch zu verstehen. Tun Sie Ihren Traum aber nicht gleich als zu weit hergeholt ab. Wenn Sie an einen Rollstuhl gefesselt sind und träumen, Sie würden ein Pferd reiten, sollten Sie das nicht für vollkommen absurd halten. Denken Sie daran, daß es Rehabilitationsprogramme gibt, bei denen Körperbehinderte zum Reiten ermuntert werden, um wieder Selbstvertrauen zu gewinnen und es zu genießen, sich auf diese Weise bewegen zu können. Vielleicht ist ihr Traum ein Anstoß, eine solche Rehabilitationsklinik zu finden. Sollte auch nur die geringste Möglichkeit bestehen, daß der Traum eine Wahrheit enthält, dann ziehen Sie sie in Betracht. Ihr Traum kann prophetisch sein!

3. Bereiten Sie sich im Geiste darauf vor, daß Ihr Traum in Erfüllung geht.

Eine Mutter, deren Sohn das Elternhaus verlassen hatte, um anderenorts zu studieren, hatte große Angst, ihrem Sohn würde etwas zustoßen. Sie machte sich Sorgen, er könnte auf dem Universitäts-Campus von einem Auto angefahren oder ausgeraubt werden oder an einer Entzündung sterben, um die er sich nicht kümmerte. Der Traum spiegelte ihre größte Angst und eine mögliche Realität wider. Sie konnte es kaum ertragen. Der Traum ging ihr nicht aus dem Kopf, und sie malte sich aus, wie sie benachrichtigt werden würde. Sie weinte und gab sich im Geiste schon der Trauer über den mutmaßlichen Verlust hin. Nach einiger Zeit machte der Kummer, den sie zwar nicht so lange und nicht so intensiv wie nach einem wirklichen Verlust empfand, der aber dennoch real war, einem gewissen Seelenfrieden Platz. Sie kam zu der Überzeugung, daß sie die Tragödie, falls sie Wirklichkeit werden sollte, ertragen und ziemlich rasch zum normalen, wenn auch leidverdunkelten Leben zurückfinden könnte. Der Traum war nicht die Ursache für die Angst dieser Mutter, denn sie machte sich ohnehin Sorgen um ihren Sohn. Im Gegenteil, als vorbereitende Erfahrung hatte er eine beruhigende Wirkung. Bis zur Heimkehr des Sohnes vom College nach vier Jahren war sich die Mutter darüber im klaren, daß ihm jederzeit irgend etwas zustoßen konnte, aber durch den Traum war sie stärker geworden und hatte sich mit den unvermeidlichen Gefahren und Risiken abgefunden. Dem jungen Mann passierte nichts.

Viele Träumer von Todesträumen, die wahr wurden, gaben an, gefaßter gewesen zu sein und besser mit dem Todesfall zurechtgekommen zu sein als ohne Vorwarnung durch den Traum. Manchmal hat ein Traum etwas Tröstliches, und es ist wichtig, darauf zu achten. Eine junge Frau träumte, ihre 20jährige Schwester würde sterben. Sie sah sie im Sarg liegen, und sie sah wunderschön aus. In Wirklichkeit hielt sich die Schwester für fett und reizlos und litt unter starken Minderwertigkeitsgefühlen, was ihr Äußeres betraf. Ihre Schönheit im Traum war eine Quelle des Trostes für die Träumerin, und sie wurde mit dem plötzlichen Tod der Schwester kurz nach dem Traum besser fertig als erwartet. Sie faßte die Schönheit im Tod als ein Zeichen dafür auf, daß ihre Schwester im Leben nach dem Tode glücklicher sei. In prophetischen Todesträumen ist oft Trost in der einen oder anderen Form enthalten, und einige Träumer gestanden mir sogar: »Ich habe danach nie mehr Angst vor dem Tod gehabt.« Wenn der Traum kein solches Zeichen des Trostes enthält, muß der Träumer einfach Kraft aus der eigenen inneren Ruhe schöpfen, ehe sein prophetischer Traum in Erfüllung geht.

Sich auf das Wahrwerden eines prophetischen Traums einzustellen ist auch von Nutzen, wenn es sich um einen Glückstraum handelt. Ein Student träumte, er würde einen sehr hohen Preis am College erhalten. Im Traum nahm er den Preis einfach entgegen und schwebte damit glücklich durch die Luft davon. Er hatte keine Ahnung, wie er zu einer solchen Ehre kommen sollte, aber nach seinem Traum hielt er den Preis für eine konkrete, ja wahrscheinliche Möglichkeit. Er überließ sich der freudigen Aufregung und malte sich verschiedene Reaktionen aus. Er stellte sich sogar vor, wie er bei einer Preisverleihung seinen Dank zum Ausdruck bringen würde. Er fühlte sich wie ein Gewinner. Bei der Prüfungsfeier wurde er als bester Student seines Fachs gewürdigt. Er war aufgeregt, aber nicht überwältigt; er wechselte ein paar herzliche Worte mit dem Professor seines Fachbereichs, als sie sich die Hände schüttelten, und genoß die Feier in vollen Zügen. Als er sich zufrieden zurücklehnte, fiel ihm auf, daß verschiedene andere Preisträger anderer Fachrichtungen gar nicht dankbar zu sein schienen. Sie lächelten nicht und schauten dem Professor beim Händedruck auch nicht in die Augen. Dabei wußte er, daß die Geehrten hocherfreut waren. Er kam zu dem Schluß, daß sie so reagierten, weil sie es nicht wirklich für möglich gehalten hatten, den Preis verliehen zu bekommen, und ihren Auftritt infolgedessen als gesellschaftliche Verpflichtung ansahen, die sie unvorbereitet traf und ihnen peinlich war, statt als hohe Ehre.

4. Treffen Sie Vorkehrungen, wenn das Traumereignis unangenehm ist.

Wenn Sie von einem Autounfall träumen, sollten Sie sich fragen, ob Sie vielleicht das Quietschen ihrer Bremsen überhört haben, ein Alarmzeichen dafür, daß Ihre Bremsen durch übermäßige Beanspruchung abgenutzt sind. Lassen Sie Ihre Bremsen in diesem Fall sofort nachsehen. Fahren Sie zu schnell oder zu risikoreich? Ändern Sie Ihr Fahrverhalten.

Nehmen wir einmal an, in Ihrem Traum schlägt jemand die Scheibe an der hinteren Wagentür ein, öffnet die Tür, schlüpft ins Auto und stiehlt alles. Gehen Sie noch heute zu Ihrer Autowerkstatt, und lassen Sie sich eine Spezialverriegelung oder eine Alarmanlage einbauen. Am Tag nach dem Einbruchtraum diese Vorsichtsmaßnahme zu ergreifen, vereitelt unter Umständen noch am selben Tag einem Autodieb seine Pläne. Und angenommen, Sie machen Ihr Auto einbruchsicher, aber der Traum ist nicht prophetisch, und kein Einbrecher läßt sich blikken? Haben Sie dann Geld und Mühe verschwendet? Sie werden vielleicht feststellen, daß die Kaskoversicherung in manchen Ländern Leuten, die solche Vorsichtsmaßnahmen ergreifen, einen Beitragsnachlaß gewährt. Da die Handlungsweise, die ein möglicherweise prophetischer Traum nahelegt, besonnen ist, haben Sie auf jeden Fall einen Nutzen davon, was immer auch geschehen mag.

In der Tageszeitung von Atlanta fand ich einen Artikel über eine ältere Frau mit Namen Lila Mae. Der Reporter berichtete, diese Frau hätte geträumt, ein Mann sei in ihr Haus eingebrochen und habe sie mit einem Baseballschläger verprügelt. Am gleichen Tag rief ihre Schwester an und erzählte ihr, im Traum genau das gleiche gesehen zu haben. Zweimal der gleiche Traum, das überzeugt mehr als nur ein solcher Traum. Die beiden beschlossen, Lila Mae sollte ihrem Haus für eine Weile den Rücken kehren und zu ihrer Schwester ziehen. In der Nacht nach dem Fortgang brach jemand in Lila Maes Haus ein. Der Umzug hatte vielleicht verhindert, daß Lila Mae in jener Nacht zu Schaden kam.

Viele Träumer haben mir gegenüber Vorsichtsmaßnahmen erwähnt, die sie leider *nicht* ergriffen hatten. Sie schreiben: »Ich wollte, ich hätte ...« Eine Frau träumte, ihr Hund sei von einem Hausbesitzer in der Straße, in der sie wohnte, erschossen worden. In der Realität war ihr Hund normalerweise angebunden, aber am Morgen nach dem Traum hatte sie das sichere Gefühl, daß er sich losgemacht hatte und herumlief. »Ich dachte zwar wiederholt daran, loszugehen und den Hund zu suchen, habe es jedoch nicht getan. *Ich wollte, ich hätte* mir die Zeit genommen, ihn nach Hause zu holen«, sagt sie. Der Hund starb an einem Flintenschuß in den Kopf.

Eine der häufigsten Reaktionen, die unter Umständen das Wahrwerden eines schlimmen Traums verhüten kann, ist die, jemanden zu warnen, wie diese Mutter nach einem sehr eindrücklichen Traum.

Ich träumte, ich sei in einer Leichenhalle. Alle Freunde meines Sohnes kamen zu mir und bezeigten mir ihr Beileid. Ich fragte sie, weswegen, und sie sagten, weil Chuck, mein Sohn, bei einem Autounfall infolge überhöhter Geschwindigkeit ums Leben gekommen sei. Ich fing an zu weinen und sagte ihnen, sie müßten sich irren, Chuck sei quicklebendig, auch wenn er nicht da wäre. Dann bemerkte ich im Nachbarraum eine lange Tafel. An der Tafel saßen verstorbene Freunde und Verwandte von uns. Ich ging zu ihnen hinüber und flehte sie an, jedem zu sagen, daß alles nicht wahr sei, Chuck am Leben sei und jemand anders in dem Sarg läge. Sie sagten mir, der Sarg sei eine Warnung, was geschehen würde, wenn Chuck nicht vorsichtig wäre. Dann öffnete sich die Tür, und mein Sohn kam herein. Ich umarmte und küßte ihn und erzählte ihm, was alle dachten, und da war der Traum zu Ende.

Am nächsten Tag erzählte ich den Traum meinem Sohn und warnte ihn. Etwa zwei Wochen später wollte er zu einem Rockkonzert in einem anderen Bundesstaat. Er hatte kein Auto, deshalb mußte er trampen. Ein junger Mann nahm ihn mit. Der junge Mann war schon viele Stunden unterwegs und sehr müde. Er bat meinen Sohn, ein Stück zu fahren, damit er ein wenig schlafen könne. Mein Sohn setzte sich ans Steuer und fuhr recht schnell, als ihm plötzlich meine Warnung einfiel. Er verlangsamte sein Tempo sofort und fuhr hinüber auf die rechte Fahrbahn. Kaum hatte er es getan, als ein Reifen platzte. Er konnte das Auto jedoch unter Kontrolle halten und sicher am Fahrbahnrand halten. Wäre er nicht langsamer gefahren, hätte er das Auto nicht mehr in der Gewalt gehabt, und dann wären beide Jungen womöglich ums Leben gekommen.

Dieser Traum ist, wie zuvor bereits erklärt, nicht eindeutig prophetisch, da er nicht in Erfüllung ging. Aber spielt es für die Mutter eine Rolle, ob er paranormal war oder nicht? Wären Sie nicht genauso zufrieden wie sie, wenn alles gutgegangen ist?

5. *Tun Sie, was Sie glauben tun zu müssen, ehe der Traum wahr wird.*

Wenn Sie von einer Katastrophe träumen und alles in Ihrer Macht Stehende getan haben, um sie zu verhüten, überlegen Sie einmal, was Sie noch gern erledigt hätten, falls die Katastrophe doch eintrifft. Die treffendsten Beispiele für tatkräftiges Handeln, ehe ein Traum Wirklichkeit wird, liefern Todesträume. Hier ein solches Beispiel:

Meine Schwiegermutter wurde mit Grippe ins Krankenhaus eingeliefert. Sie litt seit Jahren unter einer Angina. Aber was aus Denver, wo sie bei einer Tochter lebte, zu hören war, klang ermutigend. Ihr ging es offenbar viel besser. Trotzdem hatte ich wieder diesen Todestraum. Ich riet meinem Mann, hinzufahren und sie zu besuchen. Ich war im siebten Monat schwanger mit unserem dritten Kind, und er wollte mich nicht allein lassen. Schließlich fuhr er aber doch und verbrachte eine frohe und glückliche Zeit mit ihr. Als er Abschied nahm, sagte er seiner Schwester, er würde im Todesfall der Mutter nicht zur Beerdigung kommen, da sein Besuch bei ihr so wunderschön gewesen sei.

Sie starb etwa eine Woche oder zehn Tage nach seiner Heimkehr. Die anderen überall im Land verstreut lebenden Familienmitglieder sagten, sie wünschten, sie wie er noch einmal besucht zu haben.

Eine junge Dame aus Brookline, Massachusetts, schrieb mir einen Traum, den sie als Studentin an der Universität von Michigan hatte. Sie entschied, daß ihr Traum durchaus der Wahrheit entsprechen könnte, und handelte ohne Zögern.

Ich hatte einen sehr lebhaften Traum, daß mir noch ein Schein für das Examen fehlte. Bei meinen Scheinen herrschte ohnehin, um ehrlich zu sein, ein ziemliches Durcheinander, da ich zwei Jahre in Ohio und ein Semester in England studiert hatte. Doch im letzten Jahr hatte ich etliche Stunden darauf verwendet, mir einen Überblick zu verschaffen, und eigentlich hätte alles in Ordnung sein müssen. Den Traum hatte ich mitten in meinem letzten Semester. Am Morgen nach dem Traum ging ich zum Büro der Universität und ließ alles noch einmal überprüfen, und tatsächlich fehlte mir ein Schein. Ich pflege im allgemeinen nicht aufgrund von Träumen zu handeln, aber diesmal hatte ich es aus unerfindlichen Gründen doch getan.

Dieser jungen Frau war bewußt, daß die Möglichkeit bestand, einen Schein zuwenig zu haben für das Examen, und die Notwendigkeit, in dieser Sache sofort etwas zu unternehmen. Ich hoffe, sie hat mit der Universitätsverwaltung etwas vereinbaren können, um ihren Schein doch noch zu machen. Wenn nicht, hatte sie wenigstens Zeit, sich auf ein weiteres Semester einzustellen, ihre Eltern schonend darauf vorzubereiten und sich im Hinblick auf das spätere Examen schon einmal auf dem Arbeitsmarkt umzusehen.

Ein Mann, der träumte, sein Haus würde ausgeraubt, schloß sofort danach eine Versicherung ab. Bald darauf wurde in sein Haus eingebrochen, aber er war ja nun wenigstens versichert. Wenn Sie von einem Autounfall träumen, sollten Sie dann nicht Ihre Autoversicherung überprüfen? Wie steht es mit Ihrer Kranken- und Arbeitsunfähigkeitsversicherung? Falls Sie keinen sicheren Babysitz für Ihr Kleinkind im Wagen haben, sollten Sie gleich einen kaufen. Wenn Sie sich bisher nie angeschnallt haben, wird es jetzt Zeit. Was könnten Sie sonst noch tun, wenn ein Unfall zu erwarten wäre? Sie könnten darauf achten, Ihre Ausweispapiere und Versicherungsunterlagen immer dabeizuhaben und in der Brieftasche die Telefonnummer von Leuten, die im Notfall angerufen werden sollten. Es gibt unzählig viel, was Sie tun könnten, um für die Notsituation vorbereitet zu sein, auf die der Traum hinweist. Und wenn Ihr Unglückstraum nicht in Erfüllung ginge, hätten Sie immerhin die Gewißheit, nützliche Vorkehrungen getroffen zu haben.

Viele Vorsichtsmaßnahmen fallen einem erst im nachhinein ein. Eine Frau aus St. Louis, die den Besuch ihrer schwangeren Schwester erwartete, träumte von unaufhörlich tropfendem Blut. Sie machte sich Sorgen, unternahm jedoch nichts. Sie wohnte noch nicht lange in St. Louis. Heute sagt sie: »Ich wünschte, ich hätte gleich einen Hausarzt gesucht, als wir hierhergezogen sind, und festgestellt, wo das nächste Krankenhaus ist.« Das wäre vernünftig gewesen, aber sie tat nichts dergleichen. Als die Schwester Wehen bekam und zu bluten anfing, verstrich kostbare Zeit, bis ärztliche Hilfe eintraf. Die Schwester verlor ihr Kind.

6. Überlegen Sie, wie Sie sich während und nach Eintreffen des Ereignisses verhalten, um seine negative Wirkung abzuschwächen oder seine positive Wirkung zu verstärken.

Vorgreifendes Handeln ist eine der besten Arten, den Schaden bei Erfüllung eines prophetischen Traums möglichst gering zu halten und das Beste daraus zu machen.

Sich in der relativ ruhigen Zeit, ehe ein schlimmes Ereignis eintritt, zu überlegen, was Sie tun können, ist eine bewährte Taktik, nicht nur im Hinblick auf die Effektivität des Handelns, sondern auch zur Streßbewältigung. Zahllose Unternehmensberater lehren Manager, Vertreter und andere Leute des Geschäftslebens, wie sie bestimmte Situationen voraussehen, entsprechend planen und ihre Handlungsweise vorausschauend darauf einstellen können. Es ist ein Glück, daß man vielen allgemein bekannten Streßsituationen vorbeugen kann. Träume geben uns manchmal die Gelegenheit, auch unerwarteten Situationen vorausschauend zu begegnen.

Ein Mann träumte, es sei überall dunkel, außer in einem angestrahlten Bereich. In diesem Lichtkreis erschien eine Hand mit einem Revolver. Der Träumer sah die Revolvertrommel ein paar angsterfüllte Sekunden lang, dann ging die Waffe los. Eines Nachts nach dem Traum wurde der Mann tatsächlich mit genau solch einem Revolver bedroht. In Erinnerung an seinen Traum sah er voraus, daß sein Gegner wirklich abdrücken würde, also schlug er im Umsehen die Hand mit der Waffe beiseite, griff an und kam unverletzt davon. Seiner Meinung nach hätte er kostbare Zeit an die Überlegung verloren, ob sein Angreifer wohl feuern würde oder nicht, wenn er nicht durch den Traum vorbereitet gewesen wäre. Das sofortige Handeln führte zum Erfolg. Sollten Sie einmal träumen, in einem realistischen Dilemma zu stecken, dann überlegen Sie sich anschließend, wie Sie reagieren würden, spielen Sie im Geiste verschiedene Möglichkeiten durch, wählen Sie die Ihnen am wirksamsten erscheinende aus, und stellen Sie sich darauf ein, im Ernstfall davon Gebrauch zu machen.

Beachten Sie bitte, daß ich sage: *Überlegen Sie, spielen Sie die Möglichkeiten durch, wählen Sie die wirksamste aus.* Das sind vernünftige Überlegungen. Ich würde Ihnen nie raten, blindlings auf die Einflüsterungen von Stimmen der Nacht zu reagieren. Vielmehr sollten Sie diesen Stimmen zuhören und dann darauf vorbereitet sein, gegebenenfalls vernünftig zu handeln. Hier zwei Träume, die ernst genommen wurden und diesen Punkt veranschaulichen. Der Träumer dachte über jeden Traum nach und plante voraus, was er tun würde, wenn er in Erfüllung ginge. Unter Berücksichtigung der wirklichen Lebensumstände änderte er im ersten Fall spontan seine Pläne, während er sich im zweiten vorsichtig verhielt.

Vor einigen Jahren hatte ich eine leitende Stellung bei einem Unternehmen. In dieser Position war ich viel per Auto und Flugzeug unterwegs.

Beim Aufwachen eines Morgens erinnerte ich mich sofort an einen Traum, in dem ich einen Telefonanruf von einer jungen Trau bekam, die mich fragte: »Hier ist die Pacific Southwest Airlines. Wie lautet Ihre Bank-Americard-Nummer?« Das war der ganze Traum. Als ich darüber nachgedacht hatte, kam ich zu dem Schluß, daß ich, falls mich wirklich ein solcher Anruf erreichen sollte, meine Nummer nicht angeben würde, denn ich wußte, daß Diebe manchmal auf diesen Anruftrick verfallen, um mit Hilfe der Nummer anderer Leute Kreditkarten in betrügerischer Absicht in Anspruch zu nehmen.

Zwei Tage später wachte ich morgens aus einem Traum

über einen Autounfall auf. Ich fuhr auf einer Landstraße. Als ich um eine Rechtskurve bog, stand vor mir ein Wagen, halb auf meiner Fahrbahn geparkt. Ich prallte auf das Fahrzeug.

Am selben Morgen im Büro erhielt ich einen Anruf. Eine junge Frau sagte: »Hier ist die Pacific Southwest Airlines. Wie lautet Ihre Bank-Americard-Nummer?« Ich wollte ihr gerade sagen, das ginge sie gar nichts an, als sie hinzufügte: »Wir haben diese Nummer ...« Sie las die Nummer bis auf eine Zahl richtig vor. Da fiel mir ein, daß ich kurz zuvor ein Ticket gebucht hatte und folgerte, daß jemand, der meine Kreditkartennummer bis auf eine Ziffer wußte, eigentlich kein Betrüger sein konnte. Also gab ich der Frau die korrekte Nummer durch.

Ein paar Minuten später erzählte ich dem Direktor von meinem Erlebnis und beschrieb auch meinen Traum über den Autounfall. Er sagte: »Das ist ja unheimlich.«

Einige Tage später fuhr ich auf der Autobahn nach Pasadena, die sich bisweilen durch bergiges, bewaldetes Gelände schlingt. Als ich auf der Außenspur um eine Linkskurve fuhr, sah ich ein Auto auf meiner Fahrbahn stehen, verlangsamte mein Tempo sofort und konnte einen Zusammenstoß vermeiden. Das Fahrzeug direkt hinter mir prallte allerdings auf das stehende Auto.

Bitte nehmen Sie zur Kenntnis, daß ich beide Male überlegt gehandelt habe, obwohl ich im Fall des Kreditkartenanrufs anders als geplant reagiert habe.

Keiner hat mir geschrieben, es täte ihm leid, auf einen Traum hin so gehandelt zu haben, wie der Traum es nahelegte. Träumer, die bei ihren Vorsichtsmaßnahmen bis ins Extrem gingen, waren auch extrem fest von ihrer Sache überzeugt. Ich glaube, sie waren auch dann noch froh über ihre Vorkehrungen, wenn diese sich als unnötig erwiesen, denn immerhin hatten sie so ihren Seelenfrieden. Ich will nicht behaupten, daß jeder Traum prophetisch ist. Das ist sicherlich nicht der Fall. Ich sage nur, Sie sollten die Möglichkeit in Betracht ziehen, daß ein Traum prophetisch ist, und entsprechend reagieren.

Auch wenn ein Traum von einem glücklichen Ereignis handelt, läßt sich etwas tun, um den positiven Ausgang noch befriedigender zu gestalten. Melinda beispielsweise, mit einem etwa 150 Meilen von daheim entfernt stationierten Offizier verheiratet, träumte eines Mittwochnachts, ihr Mann käme zu ihrem Geburtstag nach Hause, und das war Donnerstag. Sie träumte, wie sein Auto vorfuhr und sie ihn den Gehsteig heraufkommen sah. Sie wachte mitten in der Nacht aus ihrem Traum auf und war glücklich. In Wirklichkeit war für den Donnerstag nur ein Geburtstagslunch mit ihren Kollegen geplant. Der Traum war jedoch so lebhaft, daß die junge Frau zu überlegen anfing: »Wenn er nun wirklich schon zu meinem Geburtstag nach Hause kommen würde?« Im Haus, machte sie sich klar, sah es schlimm aus, und zu essen hatte sie nur Reste für eine Person. Also stand sie am Donnerstagmorgen früh auf und putzte das Haus, ehe sie zur Arbeit ging. Auf dem Heimweg von der Arbeit kaufte sie zwei Steaks und dazu ein Baguette ein. Sie duschte gründlich und wusch sich das Haar. Als sie sich ankleidete, hörte sie seinen Wagen vorfahren. Sie war begeistert – und empfangsbereit.

Wenn der Traum nicht prophetisch gewesen und ihr Mann nicht früher nach Hause gekommen wäre, wäre sie zwar enttäuscht gewesen, wie sie meint, aber auch froh, alles in Ordnung gebracht zu haben. Normalerweise kam sie Freitags müde von der Arbeit heim und mußte dann noch saubermachen, so daß sie nicht so entspannt und frisch war, wie sie es für seinen Urlaub gern gewesen wäre. Ob also prophetisch oder nicht, ihres Erachtens hatte der Traum ihr einen besonders netten Geburtstag beschert.

7. Erzählen Sie jemandem Ihren Traum.

Jemandem den Traum zu erzählen, hat einen Überraschungseffekt, da Sie nicht wissen, was geschehen wird. Der nächste Traum wurde wegen einer Idee, die interessante Möglichkeiten eröffnete, weitererzählt. Eine Frau träumte eines Samstagnachts von einer Anzeigenseite in der Sonntagsausgabe der Zeitung. Kleinanzeigen von der Größe einer Visitenkarte waren auf selbstklebende Folie gedruckt, so daß sie vom Zeitungspapier abgezogen und neben das Telefon, an den Kühlschrank oder griffbereit ins Notizbuch geklebt werden konnten.

Was für eine gute Idee, dachte die Träumerin beim Aufwachen. Sie hielt die Sache für durchaus möglich und blätterte am nächsten Morgen eifrig die Zeitung durch. Keine Spur von solchen Stickern. Zu schade, es war also kein paranormaler Traum. Aber war die Idee nicht gut? Eine Freundin fiel ihr ein, die sich gerade als Werbegrafikerin profilieren wollte. Sie rief die Freundin an und erzählte ihr von dem Traum.

Die Grafikerin fand die Idee großartig und begann zu planen, wie sie genug Kunden zusammenbekommen konnte, um eine ganze Anzeigenseite zu füllen. Eines Tages werden Sie Ihre Zeitung aufschlagen, und dann sind sie da, einfach zum Abziehen. Die ganze Sache entsprang wahrscheinlich einer unbewußten Verbindung von Erfahrungen in der Werbung mit der Beobachtung, daß Leute dazu neigen, überall Aufkleber als Erinnerungshilfen hinzukleben, und einer kreativen Veranlagung. Eine solche Verbindung ist nicht unbedingt parapsychisch bedingt. Das einzige, was dem Traum eine Bedeutung gibt, ist die Reaktion – einer Freundin davon zu erzählen, die von der Idee profitieren könnte. Ob der Traum prophetisch war oder nicht, ist in diesem Fall belanglos.

Der folgende Traum bekam nur deshalb eine Bedeutung, weil er weitererzählt wurde. Ein Mann aus Maryland schrieb mir:

Eines Abends, ich war früh zu Bett gegangen, träumte ich, in einer Leichenhalle zu schweben (ich fühlte mich nahezu körperlos). Unter mir war eine Trauergesellschaft; die Leute weinten. Ich kann mich nicht erinnern, irgend jemanden unter den Trauergästen erkannt zu haben. Da war ein Sarg, in dem ein Mann aufgebahrt war. Mir war, als schwebte derselbe Mann auch als Geist über der ganzen Szene. Er war voller Entsetzen und schrie nach den Leuten im Raum. Niemand nahm von ihm Notiz. Ich rief ihm ganz vorsichtig zu, es gehe ihm gut und alles sei in Ordnung. Ich erinnere mich, ihm gesagt zu haben, er solle keine Angst haben. Er drehte sich um, schaute mich an und fing an zu lächeln. Dann bin ich aufgewacht.

Der Traum war so kristallklar, daß ich ihn sofort in allen Einzelheiten meiner Frau erzählte. Am nächsten Morgen erzählte ich den Traum meiner Mutter. Er hatte einen tiefen Eindruck auf mich gemacht, obwohl er für keinen von uns von Belang war. Ich kannte niemanden daraus, und es war auch niemand, den wir kannten, gestorben.

Nach ein paar Tagen erfuhr ich, daß der Vater einer guten Freundin gestorben war. Ich wußte, daß er Krebs hatte, aber nicht, daß sein Tod so nahe bevorstand. Ich hatte meine Freundin Marjorie volle zwei Wochen vor dem Todesfall zuletzt gesehen, und ihre Familie kannte ich überhaupt nicht.

Als ich mit Marjorie über ihren Vater sprach, hörte ich,

daß die letzte Totenwache bei ihm zeitlich mit meinem Traum zusammengefallen war. Ich wachte anscheinend etwa zu dem Zeitpunkt auf, an dem Marjories Mutter aus Trauer um den Toten zusammenbrach und fortgetragen werden mußte. Ich erzahlte Marjorie von meinem Traum.

Marjorie erzählte meinen Traum ihrer Familie weiter, und da gestand die Mutter, daß sie in diesen schrecklichen Augenblicken ihren Mann über dem Sarg hatte schweben sehen. Sie hatte es aus Angst vor der Reaktion der Familie verschwiegen, bis mein Traum bekannt wurde.

Wenn ein Traum weitererzählt wird und den Richtigen zu Ohren kommt, verschafft er offenbar Erleichterung. Durch den Traum dieses Mannes erhielt die Erfahrung, die die Mutter seiner Freundin in ihrem Leid machte, ihre Gültigkeit, so daß sie mit ihrer Familie offen darüber reden konnte. Sie wurde telepathisch einem anderen übermittelt, der Anteil nahm, aber objektiv blieb, und erst im rechten Moment offenbart. Welch ein Glück, daß der Träumer so reagierte.

Das Gute, das durch die Erzählung des letzten Traums mehr oder weniger zufällig bewirkt wurde, wirft für mich die Frage auf, ob nicht jeder Traum solche Möglichkeiten in sich birgt, auch wenn nicht auf ihn reagiert wird. Hier zum Beispiel der Bericht von einem Mädchen, das verständlicherweise vor dem tatsächlichen Ereignis nichts auf seinen Traum hin unternahm und sich auch nach Erfüllung des Traums nicht mit der betreffenden Person in Verbindung setzte, die sie kaum kannte. Ist damit nicht eine Gelegenheit vertan worden, lag nicht irgendein tieferer Sinn darin verborgen?

Ich war ungefähr 15 und ging zur höheren Schule. Ich träumte von einem Mädchen eine Klasse über mir. Sie war keine Freundin von mir, ich kannte sie nur dem Namen nach. In meinem Traum war dieses Mädchen schwer krank, und ich besuchte es im Krankenhaus. Ich erinnere mich, daß ich den Traum seltsam fand, da ich sie gar nicht richtig kannte. Zwei Wochen später wurde sie in einen schweren Autounfall verwickelt und verbrachte mehrere Monate im Krankenhaus. Ich habe sie nicht besucht. Ich kannte sie doch nicht gut genug.

Es ist begreiflich, daß eine Fünfzehnjährige keine peinlichen Situationen heraufbeschwören möchte. Aber spielen wir einmal durch, was auch hätte geschehen können. Gesetzt den Fall, die Schülerin wäre doch zum Krankenhaus gegangen und in das Zimmer der Patientin geplatzt. Und angenommen, sie hätte den Nerv gehabt, ganz beiläufig zu sagen: »Du erinnerst dich bestimmt nicht an mich, denn ich bin in der Schule eine Klasse unter dir. Ich habe gehört, daß du verletzt bist, und da ich gerade in der Nähe war ...« Wohin hätte dieser Gang zur Traumerkundung führen können? Wären die beiden rasch Freundinnen geworden? Wäre die Träumerin vielleicht die einzige Besucherin und damit diejenige gewesen, der Verletzten ein schmerzliches Gefühl des Alleingelassenseins zu nehmen? Ich weiß es nicht, aber da ich mit über 400 Menschen in Kontakt gekommen bin, die prophetische Träume hatten, glaube ich jetzt an die Bedeutsamkeit von Träumen. Ich Skeptiker bin zum Abenteurer auf der Suche nach einem tieferen Sinn geworden, und ich bereue das keineswegs.

Der nächste Traum ist eine Liebesgeschichte, bei der ich der einen Seite wirklich eine andere Reaktion gewünscht hätte.

Joe und ich sind jahrelang miteinander gegangen. Joe war

kein praktizierender Christ, ich hingegen doch. Er neckte mich deswegen und nannte mich »Gospel-Kate«. Wenn ich ihm riet, mit Gott ins Reine zu kommen, sagte er stets: »Du betest ja immer für mich mit; hat doch keinen Sinn, wenn wir das beide tun.«

Über 20 Jahre lang habe ich täglich für Joe gebetet, er möge ein besserer Katholik werden. Wir haben einander geliebt, aber es kam nichts dabei heraus, aus Gründen, auf die ich hier nicht näher eingehen möchte. Eines Tages lernte ich jemand anderes kennen und heiratete.

Im Mai des darauffolgenden Jahres fing Kate an, von Joe zu träumen, unklar zwar, aber beunruhigend. Mit der Zeit hatte sie diese Träume immer häufiger, und ihre Sorge wuchs. Sie erzählte ihrer Mutter von ihren Träumen und betonte, es müsse etwas passiert sein, denn sie denke sonst nicht an Joe, da sie ja verheiratet sei. Am 28. Juni hatte sie einen lebhaften Traum von Joe inmitten von Krankenpflegern und Ärzten und wachte zitternd auf.

Ich sah Joe in meine Küche kommen und rief: »Joe, was machst du hier?«

»Kate, ich mußte kommen, um dir zu sagen, daß ich gestorben bin und daß deine Gebete nicht vergebens waren. Ich bin christlich beerdigt worden.«

Joe streckte die Hand aus und ergriff meine. Ich konnte seine Hand fühlen. Wir bewegten uns von einer Ecke der Küche in den Saal eines Bestattungsinstituts. Joe führte mich zu einem innen mit Samt ausgeschlagenen und reichverzierten Bronzesarg. Ein Mann mit dunkelblauem Anzug, weißem Hemd und kastanienbraunblau-silbern gestreifter Krawatte lag darin. Ich schaute den Mann an und sagte: »Und wer ist das?«

Joe erwiderte: »Das bin ich, Kate, ich bin wirklich tot,

aber ich konnte nicht gehen, ohne dich wissen zu lassen, daß deine Gebete nicht vergebens waren. Und ich wollte dir sagen, daß ich dich **sehr** liebe.«

Damit küßte er mich, und ich konnte die Wärme seines Atems und seiner Lippen spüren. Dann verblaßte er und entschwand. Ich wachte schweißgebadet und zitternd auf und konnte in jener Nacht nicht mehr einschlafen.

Am Morgen erzählte ich meiner Mutter davon. Ich mußte etwas über Joe in Erfahrung bringen. Ich rief einen Mann an, der uns beide kannte. Er erzählte mir, Joe hätte vom 6. Mai ab, der Nacht meines ersten Traums, 52 Tage im Koma gelegen.

Später habe ich Joes Schwester aufgesucht. Sie sagte, es täte ihr leid, mich nicht benachrichtigt zu haben; aber da ich verheiratet war, hätte sie sich nicht getraut. Sie hätte sich oft gewünscht, mich angerufen zu haben, als Joe bewußtlos im Krankenhaus lag. Ein Arzt hatte die Familie gefragt, ob es jemanden gäbe, an dem Joe von ganzem Herzen hinge und der noch nicht da war, ein Mädchen etwa, denn er habe das Gefühl, wenn die betreffende Person mit Joe sprechen würde, könne dieser das Bewußtsein wiedererlangen. Sie erzählten dem Arzt von mir. Er sagte ihnen, sie sollten sich schnell entscheiden, mich anzurufen, denn wenn das Koma noch viel länger anhalte, würde er nur noch dahinvegetieren können. Wie sehr wünschte ich doch, sie hätten nach mir geschickt, aber sie haben sich anders entschieden.

Daraufhin erzählte ich der Schwester von meinem Traum und daß die Leiche nicht wie Joe aussah. Es überlief sie eiskalt. Sie sagte, nach den 52 Tagen Koma und der danach vorgenommenen Autopsie hätte ihn niemand mehr in dem Sarg wiedererkennen können. Ich beschrieb ihr die Sargausstattung und Joes Kleidung, und einen Augenblick lang dachte ich, sie würde in Ohnmacht fallen.

Erinnert dieser Traum nicht an ein Märchen, nur mit negativem Ausgang? Aus dem Satz der Träumerin »Ich wünschte doch, sie hätten nach mir geschickt, aber sie haben sich anders entschieden« geht hervor, daß sie selbst sich ebenfalls anders entschieden hat. Sie hat nicht so reagiert, daß die Geschichte einen anderen Verlauf hätte nehmen können. Sie war schließlich verheiratet und konnte nicht wissen, was die Büchse der Pandora, einmal geöffnet, für sie bereithalten mochte, falls sie mit Erfolg den Mann aufweckte, der sie liebte. Trotzdem wünschen wir letztlich doch alle von ganzem Herzen, die Prinzessin hätte ihren Träumen Beachtung geschenkt, den Prinzen geküßt und ihn so geweckt.

7 Die Deutung symbolischer Träume

Wir alle träumen. Die meisten von uns erinnern sich wenigstens ab und zu an einen Traum. Schemenhaft blitzen undeutliche Traumbilder am Rande unseres Bewußtseins auf, aber ein andermal spielen sich Dramen so klar auf der Bühne unseres Geistes ab, daß wir kaum glauben können, sie seien nicht wirklich geschehen.

Das geheimnisvollste geistige Erleben, das Träumen, ist erst seit den Fünfziger Jahren experimentell gründlich erforscht worden, seit nämlich der Physiologe und Schlafforscher Nathaniel Kleitman an der Universität von Chicago entdeckte, daß die schnellen Augenbewegungen im Schlaf, die REM-Phase, ein Anzeichen für den Traumzustand sind. Durch seine bahnbrechende Forschung und die nachfolgenden Studien ist festgestellt worden, daß das Träumen nicht nur eine Begleiterscheinung des Schlafs ist, sondern darüber hinaus eine Notwendigkeit für die gesunde Hirnfunktion.

Ein *prophetischer* Traum bzw. Wahrtraum der Art, von der in den vorigen Kapiteln die Rede war, ist relativ selten. Dabei handelt es sich im allgemeinen um ein realistisch wirkendes Traumgeschehen; der Inhalt entspricht der Wahrheit, die Botschaft bleibt im Gedächtnis. Er scheint wirklich zu sein, und früher oder später geht er auch tatsächlich in Erfüllung. Ein *symbolischer* Traum hingegen ist eine ganz andere Erfahrung, die häufiger gemacht wird. Er wird nicht in einem buchstäblichen Sinne wahr, sondern setzt sich aus Bildern unserer Erlebniswelt zusammen, die er auf wunderliche Weise neu gestaltet.

Symbolische Träume sind, ob wir uns an sie erinnern oder nicht, unzensierte Schauspiele, in denen unsere stärksten Gefühle die Hauptrolle spielen, während unwichtigere Gefühle in den Nebenrollen auftreten. Das alles geht ohne Drehbuch oder Regisseur über die Bühne, als reine Improvisation – oft genug als absurdes Theater. Auf jeden Fall findet allnächtlich eine Vorstellung statt.

Laut Freud ist unser *Ich* der empfindsame Teil von uns, der das *Es,* unsere ungezügelten Gefühle, reguliert und unter Kontrolle hält. Das Es ist das Bündel von Emotionen, das wir bei unserer Geburt sind, es besteht ganz aus Begierden und weiß nichts von den Zwängen dieser Welt. Es ist das Es, das sich in unseren Träumen austobt. Unser *Über-Ich* setzt sich aus all den Ge- und Verboten zusammen, die wir von unseren Eltern und von der Gesellschaft übernehmen. Im günstigsten Fall ist es identisch mit unserem Gewissen; im schlimmsten Fall ist es eine Ansammlung von überholten Verhaltensregeln und ungerechtfertigten Schuldgefühlen. Die Angst, die unsere wildesten Träume oft auslösen, entspringt dem Unbehagen unseres Ichs, das hin- und hergerissen wird im Konflikt zwischen Über-Ich und Es. Das Über-Ich versucht das Es zu unterdrücken und unser Selbstbild aufrechtzuerhalten. Im Laufe seiner Entwicklung und zunehmenden Reife versucht das Ich, das Wenige schrittweise zu verstehen, was es vom Es zu begreifen vermag, seine verborgenen Emotionen zu akzeptieren und seine Bedürfnisse auf eine Weise zu befriedigen, die in der realen Welt eine Chance hat.

Träume sind die Schnittstelle zwischen unserem Es und unserem Ich, zwischen unseren Leidenschaften und unserem rationalen Selbst. Das Ich, unser Wachbewußtsein, sucht zum einen die Traumbilder zu vereinnahmen und hat gleichzeitig Angst davor. Denn was man vereinnahmt, um das muß man sich kümmern, während man es unter Aufsicht hält. Die Ambivalenz, die wir empfinden, wenn wir dem Inhalt unseres Unterbewußtseins begegnen, ist der eine Grund dafür, daß Traumbilder normalerweise vom Ich in der verkleideten Form symbolischer Träume wahrgenommen werden. Der andere Grund ist einfach der, daß die »Darsteller« der Träume unsere Emotionen in ihrer Reinform sind. Das rationale Selbst kann deren Gehalt am besten in der Form von Sinneseindrücken – zum Beispiel Bildern, Formen, Farben, Düften, Temperaturen, Klängen – aufnehmen, speichern und weiterverarbeiten oder in Form von Worten, mit denen Ideen fixiert werden, um sie registrierbar und kommunizierbar zu machen. Mit körperlosen Gefühlen kann das rationale Selbst nichts anfangen. Es muß den Gefühlen etwas geben, was sie »greifbar« macht, eine visuelle Form oder einen Namen. Deshalb werden die Gefühle im Traum meist von erkennbaren Leuten, visuellen Szenen, greifbaren Gegenständen, vertrauten Worten repräsentiert, und die Ereignisse werden entsprechend umgestaltet. Zum Glück haben wir Begriffe für abstrakte Gefühle. Das sind Worte, die in der Sprachentwicklung zuletzt gelernt werden und am schwierigsten zu verstehen und zu gebrauchen sind. Wenn Sie jemals versucht haben, einem Kind einen solchen abstrakten Begriff verständlich zu machen (etwa *Eifersucht* oder *Kummer*), werden Sie gemerkt haben, daß er sich nur durch Umschreibungen erklären läßt wie: »Das ist so, wie du dich fühlst, wenn ...« oder anhand eines konkreten Beispiels mit wirklichen Menschen und Gegenständen. Damit tun Sie für das unerfahrene Kind das gleiche, was Ihre Träume für Sie tun.

Parapsychische Träume und besonders solche mit genauen Details sind im allgemeinen ungefilterte Spiegelungen der Wirklichkeit, die wir zu sehen bereit sind, wenn auch manchmal nur unter Schwierigkeiten. Viele, vielleicht sogar die meisten Träume, sind jedoch unverhüllte Darstellungen einer emotionalen Wirklichkeit, deren Symbolik einer Interpretation bedarf.

Eine Träumerin versuchte mir einen wiederkehrenden Traum zu schildern, den sie seit frühester Kindheit hatte. Sie erzählte mir, daß der Traumgegenstand immer der gleiche sei, daß sie ihn stets wiedererkenne, stets davon in Angst und Schrecken versetzt würde, aber selbst unmittelbar nach dem angstvollen Erwachen den Bildeindruck nicht mehr im Gedächtnis behalte, geschweige denn, ihn mit Worten beschreiben könne. Es war etwas Wirbelndes, etwas, das ihr folgte, langsam und unerbittlich, und eine Situation, die sie nicht verstehen konnte. Sie versuchte angestrengt, daran zu denken und malte es sich zu diesem Zweck als einen Außenbordmotor ohne Boot aus, der im Wasser auf sie zukam. Der Motor folgte ihr, sowie sie floh, und machte die gleichen Wendungen wie sie, so daß sie nicht entkommen konnte. Er fuhr an langen Strähnen von Seetang vorbei, die wie Papiergirlanden im Wasser schwammen. Sie versuchte, sich an den wirklichen Traum zu erinnern, konnte jedoch nur noch an einen Motor und Tang denken, einen unzureichenden Ersatz. Was hatte ihr wirkliches Leben mit Seetang und einem Außenbordmotor zu tun? Sie wollte unbedingt etwas Konstruktives an der als real empfundenen emotional bedrohlichen Situation tun, die sie nicht zu erfassen vermochte, aber sie wußte nicht, wo sie anfangen sollte. Sie löste dieses Problem erst, als sich die Traumsymbole in andere Bilder verwandelten, die sie leichter begreifen konnte und von denen sie wußte, daß sie die gleichen Gefühle wie der Außenbordmotor und der Tang widerspiegelten.

Die meisten Träume bleiben in ihrer verzerrten »Motor-Tang-Form« im Wachbewußtsein haften. Wir müssen spezielle Methoden anwenden, um herauszufinden, welche psychologischen Elemente sie enthalten.

Sicher kennen Sie die Bücher oder Tabellen, in denen die angebliche Bedeutung bestimmter Traumgegenstände aufgeführt wird. Ich habe kürzlich zwei Bücher dieser Art durchgeblättert, das eine die Werbebroschüre einer Kosmetikfirma der 20er Jahre und das andere ein modernes Traumdeutungsbuch. Im ersten sind verschiedene sinnvolle Assoziationen aufgelistet wie *Krippe* mit der Bedeutung *Kind, Fischzug* mit der Bedeutung *Erfolg* usw. Das vergilbte Pamphlet stellt auch Verbindungen her, die schwerer nachvollziehbar sind: *Dominosteine* bedeuten eine *Indiskretion*, eine *Aprikose* steht für *großes Unglück, Nesseln* symbolisieren angeblich *Wohlstand.*

Das moderne Traumdeutungsbuch erscheint ähnlich willkürlich: *Affen* sollen *Glück in der Liebe* verheißen, und das Traumbild des *Kämmens* läßt nach diesem Buch auf einen *Verlust* schließen. Vielleicht ist der Autor ein Mann, der beim Kämmen jedesmal Haare verliert und für den das Kämmen daher ein Symbol für Verlust ist. Einer weiblichen Träumerin zufolge symbolisiert *Kämmen* eher Sinnlichkeit, Sexualität und das Herunterlassen der Haare. Es kommt immer auf das eigene Gefühlsleben an.

Manche Worte scheinen uns allen in ihrem Symbolwert eindeutig zu sein.

Heim setzen zum Beispiel die meisten Menschen mit Behaglichkeit, Liebe und Sicherheit gleich. Ich kenne jedoch Leute, die bei dem Wort *Heim* eher an Kritik und Minderwertigkeitsgefühle denken. Deuten wir die Träume dieser Leute, können wir nicht einfach die Werte Behaglichkeit, Liebe und Sicherheit einsetzen.

Heim mag in diesem Fall zwar gleichbedeutend sein mit dem sicheren, liebevollen Ort, den sie sich ersehnen, kann aber auch eine quälende Situation bezeichnen, in der sie sich sehr unbehaglich fühlen. Nur der Träumer selbst kennt die Gefühle, die er in einem bestimmten Traum mit *Heim* assoziiert. Um Traumsymbole verstehen zu lernen, schlage ich hier eine Methode vor, die ich im Lauf der Jahre selbst entwickelt habe, wobei ich mich auf die Einsichten Freuds, Jungs und anderer Psychologen gestützt, meine eigenen Erkenntnisse mit eingebracht und dem Ganzen schließlich eine gedrungene Form gegeben habe, die den Bedürfnissen moderner Menschen mit wenig Zeit entgegenkommt.

Im folgenden die verschiedenen Schritte meiner Methode der Traumanalyse:

A. Erzählen Sie den Traum jemandem oder nehmen Sie ihn auf Band auf.
B. Identifizieren Sie die Traumelemente.
C. Assoziieren Sie jedes Traumelement mit den entsprechen den Worten.
D. Unterteilen Sie den Traum in verschiedene Szenen.
E. Teilen Sie die Wortassoziationen in entsprechende Szenen auf.
F. Deuten Sie jede Szene entsprechend Ihren Wortassoziationen, um die Situation, den Konflikt, den Höhepunkt und die Lösung zu bestimmen.
G. Reagieren Sie positiv darauf.
H. (Nach Bedarf:) Wenden Sie Personifikationstechniken an, um ein Traumelement noch eingehender zu erforschen.

Wir wollen die einzelnen Schritte noch einmal durchgehen und sehen, was sie beim tatsächlichen Traum bewirken können.

A. Erzählen Sie den Traum weiter oder nehmen Sie ihn auf Band auf.

Erzählen Sie ihn frisch von der Leber weg und schreiben Sie ihn genau auf, wie Sie ihn erzählen. Lassen Sie die Worte strömen wie Ihre Gedanken, ohne sich vom Schreiben selbst stören zu lassen. Besser wäre es, jemand anderem den Traum zu erzählen, der ihn aufschreibt. Halten Sie nicht nur die Hauptbilder fest, sondern spüren Sie auch den Eindrücken, komischen Details, Worten und Nebensächlichkeiten nach. Vergegenwärtigen Sie sich die Traumstimmung noch einmal, so gut es geht, und geben Sie so viele Einzelheiten und Gefühle wieder, wie Sie können.

B. Identifizieren Sie die Traumelemente.

Unterstreichen Sie jedes Traumelement und listen Sie es extra auf: Personen, Orte, Handlungen und erläuternde Worte und Sätze.

C. Assoziieren Sie jedes Traumelement mit den entsprechenden Worten.

Lesen Sie jeden Traumgegenstand einen nach dem anderen laut von Ihrer Liste ab oder lassen sie ihn von einem Freund vorlesen. Sagen Sie, was Ihnen beim Zuhören als erstes in den Sinn kommt. Das kann ein Wort, ein Satz oder eine ganze Geschichte sein. Lassen Sie Logik und Moral außer acht. Versuchen Sie, sich der Traumstimmung und den damit verbundenen Gefühlen zu überlassen, aber beschränken Sie sich nicht allein auf den Traum. Vielmehr können Sie auch etwas äußern, das mit Ihrer Kindheit zu tun hat, mit der Arbeit, die Ihnen am nächsten Tag bevorsteht, mit einem Buch, das Sie gerade lesen, mit allem möglichen, selbst wenn es Ihren wildesten Phantasien entspringt. Denken Sie zu diesem Zeitpunkt vor allem nicht über die Bedeutung des Traums nach. Konzentrieren Sie sich ausschließlich auf Ihre Reaktion auf ein Traumelement. Schreiben Sie diese auf.

Ein Träumer sagte mir beispielsweise: »Ich träumte, ich säße mit meinem Bruder auf der *Veranda* ...« Als ich dem Träumer das Wort *Veranda* vorlas, um bei ihm eine entsprechende Assoziation auszulösen, sagte er: »Als wir noch Kinder waren, war es kühl und angenehm auf der Veranda, sehr erholsam.« Ich schrieb *kühl, angenehm* und *erholsam* als Gefühlssynonyme für den Traumgegenstand *Veranda* auf. Ein anderer Träumer, der ebenfalls das Wort *Veranda* bei seiner Traumerzählung verwandte, reagierte ganz anders darauf: »Meine Veranda fällt zusammen; die Bretter sind verrottet.« In diesem Fall schrieb ich neben das Wort *Veranda* die Assoziationen *fällt zusammen* und *verrottet.*

Es ist ziemlich leicht, eine Assoziation aufzuschreiben, die nur aus ein oder zwei Worten besteht. Bei einer ganzen Geschichte hingegen müssen Sie oder Ihr Partner die betreffende Schlüsselassoziation herausfinden. Zum Beispiel kam im Traum eines Mannes eine Leiter vor. Zu erwarten wäre hier vielleicht die Assoziation *Rettung* – eine kurze, prägnante Reaktion, in der ein Gefühl der Erleichterung zum Ausdruck käme. Dieser Mann jedoch reagierte folgendermaßen auf das Wort *Leiter:*

Als ich ein kleiner Junge war, schlief ich oft in einer Dachbodenkammer, und der einzige Weg hinauf führte über eine Leiter. Die Leute, die das Haus von uns kauften, bauten eine Treppe nach oben. Ich fand das furchtbar, aber sie hatten festgestellt, daß sie mit der Leiter nicht gut

zurechtkamen. Meine Mutter und mein Vater auch nicht.
Ich war der einzige, der flott auf dieser Leiter nach oben
kam. Das war meine besondere Stärke.

Als Assoziation zur Leiter dieses Mannes schrieb ich auf
meine besondere Stärke. Im Traum benutzte der Mann
die Leiter, seine besondere Stärke, dazu, um irgendwohin
zu kommen. Die nützliche Eigenschaft einer Leiter im
wirklichen Leben war nicht verlorengegangen; sie hatte
durch die Assoziation mit der besonderen Stärke des Träumers nur eine spezielle Bedeutung erhalten.

Ein weiteres Beispiel dafür, wie das Wesentliche aus
einer anekdotenhaften Assoziation herausgezogen werden
kann, gibt der Traum eines Mannes über seine alte Freundin Kay. Das Kernwort des Traums lautete *Geburtstag.*
Hier die Reaktion des Mannes:

Das letzte Mal habe ich mit Kay kurz vor ihrem Geburts-
tag gesprochen. Wir hatten miteinander Schluß gemacht,
aber ich mochte sie immer noch. Ich rief sie um der alten
Zeiten willen an und sagte: »Du hast doch Geburtstag,
darf ich dich aus diesem Anlaß zum Essen einladen?« Sie
sagte, sie müsse erst sehen – so als wollte sie sagen:
»Wenn niemand sonst etwas für mich vorgesehen hat ...«
Sie sagte, sie würde mich anrufen, um mir Bescheid zu
sagen. Sie hat nie angerufen. Das hat mich geärgert. Sie
hätte ja einfach nein sagen können.

Das Grundgefühl bei dieser Geschichte war *Ärger,* und
dieses Wort habe ich dann auch neben das Traumelement
Geburtstag geschrieben.

Wenn der Träumer ein Gefühl schon mit einem Wort
näher bezeichnet hat, ist die Entschlüsselung damit bereits geschehen und keine Wortassoziation mehr nötig.

Wenn Sie zum Beispiel sagen: »Ich hatte Angst vor dem Hund«, braucht das Wort *Angst,* das schon ein Gefühl ausdrückt, keine weitere Interpretation. Der *Hund* – der Angstauslöser – bedarf allerdings noch einer Wortassoziation. Ebenso nennen Sie, wenn Sie sagen: »Ich war erleichtert, und dann bin ich aufgewacht« das Gefühl beim Namen, das der *Ausweg* aus einem *Dilemma* hervorruft. Das Wort *erleichtert* muß also nicht noch weiter durch eine entsprechende Assoziation erschlossen werden.

Die Freiheit, in der Sie Ihre Gedanken schweifen und eine Assoziation aufsteigen lassen, gibt Ihrem Unbewußten die Möglichkeit, Ihnen deutlich zu machen, welche von Moral und Logik unabhängigen Gefühle mit einem bestimmten Symbol verknüpft sind. In Ihrem Unterbewußtsein lauert womöglich eine Autorität, Ihr Über-Ich, darauf, moralisch Zensur üben zu können und sagt: »Sprich nicht so« oder: »Du *weißt* doch, daß du das nicht so meinst.« Vielleicht sind Sie auch durch Familie, Ausbildung und Beruf so erzogen worden, daß Sie sich nur von der rationalen Seite zeigen. Unter Umständen haben Sie auch Angst, sich bloßzustellen, und sei es vor sich selbst. Mit einer Wortassoziation zu reagieren, ohne daran zu denken, wie diese Assoziation später gedeutet werden könnte, ist die einzige Möglichkeit, der Wahrheit auf die Spur zu kommen.

Im folgenden zur Veranschaulichung ein vollständiger Traum einschließlich der Assoziationen des Träumers. Ein Anlageberater bat mich, ihm bei der Interpretation eines Traums über sich und seine Frau Margaret zu helfen.

Margaret und ich wollten über die Delaware-Brücke nach Atlantic City zum Strand, aber diesmal waren auf der Philadelphia-Seite enorme Flutwellen. Das Wasser bildete dunkle Strudel.

Margaret sagte: »Nun komm schon; das Wasser ist nicht sehr tief.« Es reichte mir bis ans Kinn, Ich hatte Angst, wir würden ertrinken.

Sie sagte: »Es wird nicht noch tiefer. Komm nur.« Ich ging voran, aber ich wollte nicht weitergehen, und sie drängte mich. Wir kämpften uns zur Brücke hoch. Das Wasser ging mir bis an die Nase.

Als ich diesen Mann um Assoziationen zum Wort *Strand* bat, erzählte er mir, er hätte vom Strand geträumt, weil seine Frau tatsächlich gerade dort sei und ihn am Vorabend angerufen habe. Er nimmt natürlich zu Recht an, daß der Anruf seiner Frau aus dem Ferienort wahrscheinlich der Grund für das Traumbild des Strandes war. Diese logische Verbindung gibt uns allerdings keinerlei Aufschluß über die Bedeutung des *Strandes* als Traumelement. Hier die Assoziation des Mannes, auf die er kam, nachdem er die Technik begriffen hatte:

Strand	Glücklichsein, Entspannung.
Delaware-Brücke	Ich muß hinüber, um an den Strand zu gelangen.
Atlantic City	Strandkörbe, Handkarren, schikke Frauen.
Flutwellen	Ich bin einmal fast ertrunken.
Philadelphia-Seite	Erinnerungen, ein schönes Haus.
Dunkle Strudel	Angst.
»Komm schon«	Meine Frau ist beherzter als ich.
Nicht sehr tief	Das glaube ich nicht.
Bis ans Kinn	Dabei gerate ich in Schwierigkeiten.
Ertrinken	Es tut nicht weh – das ist die Erinnerung, die ich an mein Er-

	trinken habe.
Kämpften	Ich kann nicht kämpfen.
Zur Brücke hoch	Sicherheit.

Zu *Atlantic City* fielen dem Träumer drei konkrete Bilder ein. Hier wollte ich tiefer bohren. Als ich die Liste fertig hatte, kam ich noch einmal auf *Atlantic City* zu sprechen und bat ihn um weitere Assoziationen mit den Fragen: »Was bedeutet Ihnen *Atlantic City?*« und: »Welche Gefühle wecken die Strandkörbe, Handkarren und schicken Frauen in Ihnen?« Bei der Vorstellung von Atlantic City mußte er an »den Reichtum, den wir nicht haben« denken, ein Satz, mit dem er das Thema Wohlstand und Mangel anschneidet, das in den ersten Assoziationen gar nicht vorkam.

Manchmal mache ich neben der ersten Spalte von Assoziationen eine zweite Rubrik, in der ich im Unterschied zu den anderen die eher abstrakten oder emotionalen Assoziationen aufliste. Oder ich bitte um einen zweiten Ausdruck, der die Gefühle besser charakterisiert als der erste, und füge diesen in die erste Liste mit ein. Manche Leute können konkrete Bilder sofort in ihrem abstrakten Sinn erfassen, während andere dabei Hilfe brauchen. Oft gewinnt der Träumer einen größeren Abstand zum Traum, wenn man ihn bittet, Assoziationen zur ersten Wortliste statt zum Traum selbst zu finden. Dadurch ändert sich stimmungsmäßig nichts, aber der Träumer wird davon abgehalten, nach »sinnvollen« Assoziationen zu suchen.

Die Untersuchung der Assoziationen dieses Mannes zu den Kernbegriffen seines Traums legte die Deutung nahe, daß irgendeine alte Furcht vor einer Katastrophe ihm das Glücklichsein und Entspanntsein versagte, während seine Frau voller Selbstvertrauen war. Der Mann gab an, er sei tatsächlich in einer Entscheidungsschwierigkeit. Er und seine Frau wollten sich zur Ruhe setzen. Er wußte, daß er genug Geld angespart hatte, und verstand sich auch darauf, es gut anzulegen, aber aus unerklärlicher Angst davor, irgend etwas könne schiefgehen und er ohne Geld dasitzen, zögerte er die Entscheidung hinaus. Seine Frau besaß ein gesundes Selbstvertrauen und drängte ihn, den Schritt zu tun, aber bisher hatte er seiner Angst nachgegeben.

D. Unterteilen Sie den Traum in verschiedene Szenen.

Die Bedeutung eines Traums ist aus den Wortassoziationen, einer unzusammenhängenden Auflistung von Gefühlen und Beziehungen, nicht immer leicht zu ersehen. Der nächste Schritt nach der Wortassoziation besteht deshalb darin, zuerst den Traum und dann die entsprechenden Assoziationen wie ein Theaterstück in Szenen aufzuteilen.

Der bekannte Bühnenschriftsteller Daniel Sklar hat einmal gesagt, er wähle die Themen seiner Theaterstücke nach zwei Kriterien aus. Erstens: Das Thema hängt mit einem Erlebnis aus seinem Leben zusammen, das ihm im Gedächtnis geblieben ist und ihm immer wieder im Kopf herumgeht. Zweitens: Das Erlebnis muß etwas sein, was er nicht versteht. In einem seiner Stücke stellt er zum Beispiel eine Demütigung dar, die er als junger Baseball-Spieler einstecken mußte, als er ein Zeichen seines Mannschaftskapitäns falsch interpretierte und sich daraufhin verschämt davonstehlen wollte. Zu einem anderen Stück wurde der Autor durch einen Anfall von Panik inspiriert, der ihn unerklärlicherweise in einem Supermarkt überkam.

Unsere Träume haben eine große Ähnlichkeit mit Sklars Stücken. Sie sind Dramen mit bestimmten Schauplätzen und Konflikten, Akten und Szenen. Sie setzen unsere eigenen Erfahrungen in Szene, von denen wir emotional geprägt sind und die wir nicht verstehen. Um sie in eine verständliche Form zu bringen, müssen wir sie wie der Stückeschreiber in Akte oder Szenen aufteilen.

Hier der Traum einer 38jährigen Frau namens Charlotte. Ich habe den Traum, ein bühnenreifes Drama, entsprechend den einzelnen Szenen in Absätze eingeteilt.

1. Eine gute Freundin war nach Colorado gezogen. Ich sah mir ihr Haus an, das zum Verkauf stand. Ich wollte es kaufen. Mein Mann und ich betrachteten alle Zimmer, und ich sah, welche Möglichkeiten das Haus bot.

2. In einem Zimmer waren drei Frauen. Eine war orientalischer Abkunft, die zweite war blond, eine Schweizerin. Die dritte, eine Krankenschwester, hatte eine Spritze und wollte die Orientalin durch eine subkutane Injektion töten. Sie er klärte mir, warum sie die Orientalin töten wolle, und daß alles seine Ordnung habe; es würde schmerzlos sein. Ich blieb einfach stehen.

3. Plötzlich trafen sich genau im Augenblick der Injektion meine Augen mit denen der Orientalin. Ich wollte Einhalt gebieten, aber es war zu spät. Sie starb nicht so leicht, wie mir gesagt wurde, sondern unter großen Qualen. Die ganze Zeit über, bis sie starb, flehten mich ihre Augen an, sie zu retten. Die Krankenschwester gab auch der Schweizerin eine Spritze, und ich machte keinen Rettungsversuch.

4. Dann sahen wir uns in aller Ruhe weiter die Zimmer an.

Bei der Einteilung dieses Traums in Szenen verließ ich mich auf meine intuitives Gespür für dramatische Einheiten. Ich zerhackte keine Episoden, die zusammenzugehören schienen. Es gibt natürlich noch andere Prinzipien und Schlüssel für die Aufteilung des Traumgeschehens in einzelne Szenen.

Die erste Szene stellt den Schauplatz und die Ausgangssituation dar – in diesem Fall die Besichtigung des zum Verkauf stehenden Hauses. Neu auftretende Charaktere markieren normalerweise den Beginn einer neuen Szene – hier die Begegnung mit den Frauen. Worte wie *plötzlich* und *dann* sind im allgemeinen ein Hinweis auf einen Szenenwechsel. Mit diesen Worten fangen Szene 3 und 4 dieses Traums an. Ich wußte nicht recht, ob ich mit dem Tod der Schweizerin eine neue Szene einleiten sollte, kam jedoch zu dem Schluß, daß der zweite Tod nur eine andere Sicht, eine »sofortige Wiederholung« des Todes der orientalischen Frau war. Diese Entscheidung wurde mir durch die Tatsache erleichtert, daß die Träumerin bei ihren Wortassoziationen sowohl die Orientalin als auch die Schweizerin als *schöne Frau* bezeichnete. Es handelte sich im Grunde um die gleichen Figuren, und ihre beiden Tode waren ein Ereignis, das zweimal ausgespielt wurde. Mit dem Wort *dann* wurde die letzte Szene eröffnet, die zwar der ersten Szene glich, andererseits jedoch ein neues Entsetzen widerspiegelte, das dem unschuldigen Beginn nicht innewohnte. Das ergab vier Szenen. Nach meiner Erfahrung und nach den Erkenntnissen C. G. Jungs besteht ein vollständiger Traum aus vier verschiedenen Szenen. Jung nannte die vier Teile den *Schauplatz*, die *Exposition*, den *Höhepunkt* und die *Lösung*. Man könnte auch von *Ausgangspunkt*, *Konflikt*, *Wendepunkt* und *Schluß* sprechen. Für die symbolische Bedeutung verwende ich lieber die Begriffe *Situation*, *Problem*, *Steigerung bis zur Klimax* und *Auflösung*. Ich gebrauche noch andere Begriffe, um dem Träumer zu helfen, die Bedeutung der verschiedenen Teile zu erkennen. Manchmal bezeichne ich die zweite Szene als Aufgabe, Dilemma oder sogar als Frage. Die dritte Szene könnte auch Krise heißen. Der Schlußteil enthält oft die Antwort oder das Resultat. Wie immer Sie die Teile nennen wollen, achten Sie darauf, daß es vier sind. Manchmal sehe ich zuerst mehr als vier oder weniger als vier Szenen, aber bei der Endanalyse merke ich dann oft, daß ich wesentliche Teile nicht als solche erkannt habe.

Die letzte Szene, die *Auflösung,* ist der Teil des Traums, der, wenn er ernst genommen wird, die mögliche Nutzanwendung des betreffenden Traums enthält, denn aus ihm geht hervor, wie durch eine Handlung oder Einstellungsänderung die Lösung herbeigeführt werden kann. Symbolträume erhalten ihren Sinn ebenso wie Wahrträume erst durch die positive Reaktion des Träumers.

Sie können den Traum unmittelbar nach dem Aufzeichnen und vor der Wortassoziation in Szenen einteilen. Ich selbst mache allerdings lieber zuerst die Assoziationen, während der Träumer noch emotional tief im Traum verankert ist. So wie im Falle des obigen Traums, sagen mir die Assoziationen unter Umständen etwas, das mir die Aufteilung des Traums entsprechend seiner emotionalen Zusammenhänge erleichtert.

E. *Teilen Sie die Wortassoziationen in entsprechende Szenen auf.*

Im nächsten Schritt werden die Assoziationen ebenso in Szenen aufgeteilt wie der Traum, der sie ausgelöst hat. Verbinden Sie Assoziationen, die zu einer Traumszene gehören, durch eine Klammer miteinander. Nachstehend die Assoziationen, die Charlotte zu ihrem oben beschriebenen Traum einfielen und die ich den Szenen entsprechend eingeteilt habe.

1. *Freundin* – Eine verwandte Seele, das Band zwischen uns war unsere Übereinstimmung in theologischen und Frauenfragen.

Colorado – Ich bin dort zum College gegangen, weit offen, frei.

Ihr Haus – Auf der Taylor Road, eine feinere Umgebung, aber nicht viel anders als bei mir – voller Fahrräder, Kinder und Hunde.

Es kaufen – Ich finde es gut, ich akzeptiere es.

Zimmer – »In meines Vaters Haus sind viele Zimmer« oder »in meinem Haus ist ein Zimmer bereit für dich«.

Möglichkeiten – Meine Möglichkeiten – ich habe vor meiner Heirat Krebsforschung betrieben, hätte vielleicht Großes erreichen können.

2. *Orientalin* – Dunkel, schöne Frau – Schönheit, die von innerer Kraft zeugt.

Blond – Hell.

Schweizerin – Schöne Frau, Wohlstand und Frieden. Die Schweizer haben Fabriken, veranstalten Friedensgespräche und erhalten dabei doch die Schönheit ihres Landes.

Die dritte – Die Verantwortliche, der Kopf.

Krankenschwester – Abhängigkeit, schlimme Ahnungen, Kälte, Korrektheit, Einhalten der Regeln. Ich hasse Krankenschwestern. Frauen, die den Anordnungen von Männern folgen, ohne an sich selbst zu denken. Aber auch Mitleid und Dienstbarkeit, das ist eine andere Art von Krankenschwester.

Subkutan – Tödlich.

Injektion – Tod. Sterbehilfe.

Töten – Mord.

Blieb stehen – Ich hätte dem ein Ende machen können, blieb jedoch lieber ungerührt stehen.

3. *Augen trafen sich* – Intimität, Menschlichkeit, Kommunikation.

Genau in dem Augenblick – Moment der Entscheidung.

Wollte Einhalt gebieten – Autorität ausüben, mit Bestimmtheit auftreten.

Zu spät – Zu spät im Leben.

Starb nicht leicht – Lebenswille.

Wie mir gesagt wurde – Was meine Mutter oder die Gesellschaft sagt.

Große Qualen – Große Qualen.

Augen – Kommunikation.

Flehten – Wünsche aussprechen.

Sie retten – Hilfeschrei.

Krankenschwester – Diejenige, die die Regeln einhielt.

Gab eine Spritze – Tötete.

Schweizerin – Kostbares Leben.

Machte keinen Rettungsversuch – Nichts tun.

4. *In aller Ruhe* – Unangemessene Ruhe, so tun, als sei nichts geschehen; ich finde es jetzt entsetzlich, aber im Traum schien das ganz normal zu sein.

Zimmer ansehen – Häusliches Leben, Ehe.

F. Deuten Sie jede Szene entsprechend der Wortassoziationen.

Nachdem Sie den Traum und die Assoziationen in vier Szenen aufgeteilt haben, fassen Sie alle Assoziationen einer Szene in einem Gedanken oder einer Idee zusammen, dem dramatischen Schwerpunkt der betreffenden Szene. In meiner Eigenschaft als Interpret/Partner/Therapeut fasse ich die Assoziationen oft selbst zu einem Gedanken zusammen, den ich dann dem Träumer mitteile in Erwartung einer Reaktion. Bisweilen bitte ich den Träumer auch, selbst den Leitgedanken aus den in Szenen zusammengefaßten Assoziationen herauszuziehen. Ich helfe ihm dabei, die manchmal zusammenhanglos wirkenden Assoziationen zu bündeln, indem ich gezielt Fragen zu jeder Szene stelle; Sie sollten genauso vorgehen oder Ihren Partner diese Fragen stellen lassen.

Die Frage, die ich zur besseren Deutung der ersten Szene, der *Situation,* zu stellen pflege, lautet: »Worum geht's in diesem Traum?« In Charlottes Traum geht es gleich zu Beginn um die Erhaltung ihrer Möglichkeiten auch innerhalb der häuslichen Situation, meint sie.

Um den *Konflikt* deuten zu können, frage ich: »Welches Dilemma besteht?« Charlotte antwortet: »Die Regeln des korrekten Verhaltens und der Vorherrschaft der Männer töten das ab, was schön in mir ist, meine andere Seite, mein Verlangen, etwas zu erreichen und mich nützlich zu machen.« Hätte ich gefragt: »Welche Frage stellt der Traum?«, hätte die Träumerin wahrscheinlich geantwortet: »Töten die Regeln ... das ab, was schön in mir ist, meine andere Seite, mein Verlangen, etwas zu erreichen und mich nützlich zu machen?«

»Was passiert daraufhin?« frage ich und gebe Charlotte damit das Stichwort, das dramatische Geschehen in Szene 3 als *Steigerung zur Klimax* zu interpretieren. »Die Zeit ist reif für eine Entscheidung, oder es ist zu spät zum Leben, auf den Hilfeschrei des schönen Verlangens in mir zu reagieren. Dieses innere Verlangen stirbt unter großen Qualen, nicht so leicht, wie die Gesellschaft es erwartet. Es will leben, tut seinen Lebenswillen kund.«

»Was ist dann die *Auflösung*« frage ich. »Ich sollte die unangemessene Passivität eines in gewohnten Bahnen verlaufenden häuslichen Lebens erkennen«, folgert Charlotte.

Charlotte ist Mutter dreier nahezu gleichaltriger halbwüchsiger Kinder. Sie hatte zugunsten ihrer Familie auf eine Karriere als Biochemikerin im Forschungsbereich verzichtet. Wie sie sagt, hat sie diese Entscheidung nicht bereut. Außerdem war es nicht das erste Mal, daß sie von dem Weg ihrer Wahl abwich. In die wissenschaftliche Laufbahn hatten Eltern und Lehrer sie gedrängt. Sie selbst hatte ihr Leben immer den wesentlichsten Fragen widmen wollen – Gott, den Menschen und der Beziehung von Gott und Mensch. »Ich war immer eine philosophische Träumerin«, sagt sie.

Ihr innerstes Verlangen ließ sich jedoch nicht in einen entsprechenden Berufsweg umsetzen. Der geistliche Stand war Frauen in ihrer Kirche verschlossen, und die reine Theologie erschien ihr keine geeignete Alternative. Deshalb hatte sie sich eine Zeitlang auf die Naturwissenschaften verlegt.

Zur Zeit ihres Traumes war sie allerdings unzufrieden mit einem Leben für ihre Kinder, die inzwischen groß genug waren, für sich selbst zu sorgen. Nicht die Mutterschaft als solche fand sie belastend – sie liebte ihre Kinder –, sondern die Erwartungen, die die Gesellschaft mit der Mutterschaft verband. Außerhalb des Familienlebens galt ihr ganzes Interesse sozialen Fragen, und sie engagierte sich stark in der Kirche. Sie war ständig hin- und hergerissen zwischen ihrem Wunsch, diese Arbeit zu einer beruflichen Tätigkeit auszuweiten, und dem Zwang, zu Hause bleiben zu müssen, regelmäßig Mahlzeiten zu kochen, Hausarbeiten zu verrichten und andere Frauenpflichten zu erfüllen. Sie hatte das Empfinden, daß der Druck, ausschließlich eine Rolle als Frau und Mutter zu spielen, allmählich ihre Möglichkeit abtötete, der Gesellschaft auf eine umfassendere Weise zu dienen und solche Dienste auch gelohnt zu bekommen. Den genannten Druck übten unter anderem Eltern, Schwiegereltern,

Freunde, ihr Mann und die Gesellschaft aus, die übereinstimmend der Meinung waren, der Wunsch nach einer Laufbahn im Dienste der Menschheit würde in aller Regel durch Ehe und Mutterschaft schmerzlos erlöschen.

Der Traum zeigte Charlotte klar und deutlich, daß sie *selbst* ihre Möglichkeiten »abtöten« ließ, statt der Familie die Stirn zu bieten. Hemmungen hatte sie nicht bloß aufgrund des Drucks von Seiten der anderen, sondern auch infolge ihres eigenen Widerstrebens, ihrem Verlangen nachzugeben. Sie blieb einfach stehen, während ihr Verlangen um Rettung flehte. Wie Charlotte selbst über den vierten Teil ihrer Wortassoziationen sagt, entsetzte sie das ruhige Untätigbleiben.

G. Reagieren Sie positiv.

Ebenso wie der Wahrtraum, ist auch ein symbolisch gedeuteter Traum ohne entsprechende positive Reaktion nichts als eine seltsame Grille, ein Spielzeug, ein Lotterielos, dessen Gewinn man nicht abgeholt hat.

Eine positive Reaktion wird durch die Lektion ausgelöst, die der Traum enthält. Der Träumer muß wach, vernünftig und realistisch entscheiden, ob und wie er sich die Traumlektion zunutze macht.

Charlotte dachte nun konzentriert darüber nach, wie sie diesen Teil ihrer selbst retten könne, der getötet zu werden drohte. Sie mußte die Grenzen erkennen, die die Zeit ihr setzte. Sie wurde schließlich nicht jünger. Sie wünschte sich inbrünstig, eine theologische Laufbahn einzuschlagen, durch die sie der Gesellschaft einen bedeutenden Dienst erweisen konnte. »Das war mein eigentlicher Wunsch«, sagte sie. »Ich wollte nicht einfach nur diesen Beruf ausüben; ich wollte mein innerstes Wesen verwirklichen.«

Charlotte beschloß, an Fortbildungsprogrammen teilzunehmen und Prüfungen abzulegen, um möglichst schnell gesellschaftlich nützlich werden zu können. Jetzt, drei Jahre nach dem Traum, hat sie ihr erstes Examen abgelegt und studiert noch weiter theologische Fächer mit berufsbezogener Ausrichtung. Um an den Vorlesungen teilnehmen zu können, mußte sie die Kinder auf eigene Füße stellen. Sie sind dadurch reifer geworden, und die Veränderung hat ihnen offenbar recht gut getan.

Charlotte nahm ihren Traum besonders ernst, weil sie nur viermal in ihrem Leben etwas so lebhaft geträumt hat, daß sie es im Gedächtnis behielt. Jeder dieser Träume trat vor einem Wendepunkt ihres Lebens auf und beeinflußte ihre Entscheidung.

H. Wenden Sie Personifikationstechniken an, um ein Traumelement noch eingehender zu erforschen.

Manchmal bleibt die Bedeutung eines Traums trotz der obengenannten Vorgehensweise weiterhin dunkel. Oder Sie sind sich noch immer nicht im klaren über den Sinn eines bestimmten Traumelements, das Ihnen als emotional höchst bedeutsam oder auch höchst verwirrend erscheint. Vielleicht haben Sie zwar das Problem analysiert, das der Traum darstellt, aber keine vierte Szene, *keine Auflösung,* erkennen können. Damit Sie sich besser von den Hemmschuhen der Logik freimachen können, empfehle ich Ihnen eine Personifikationstechnik, die ich der Gestaltpsychologie entlehnt habe. Sie tun einfach so, als wären Sie selbst das verworrene oder bedeutsame Element.

Dabei kann es sich um eine Person, ein Tier oder einen unbelebten Gegenstand handeln. Besonders, wenn Sie einmal die ungewohnte Rolle eines unbelebten Gegenstandes spielen, wird Ihnen Ihr Traum sehr wahrscheinlich in einem ganz anderen Licht erscheinen.

Während Sie die Rolle dieses Elements spielen, lassen Sie sich gehen, und sprudeln Sie Ihre Bemerkungen ungehemmt hervor. Seien Sie vollkommen ehrlich, was irgendwelche Gefühle betrifft, die Ihnen bewußt werden, körperliche Empfindungen eingeschlossen. Eine Frau träumte, sie ginge mit ihrer Schwester in einem See schwimmen. Sie wollte nicht über das Seil hinausschwimmen, das das flache vom tiefen Wasser teilte. Ihre Schwester schwamm jedoch über das Seil hinaus, und sie folgte ihr. Die Frau erkannte das Seil als eine Hemmung oder ein Angstgefühl.

Um sich einen klaren Begriff davon machen zu können, worin die Hemmung bestand, spielte sie die Rolle des Seils und erkannte dadurch seinen Zweck. Diese Technik half, ihre Neigung zu unnötiger Selbsteinschränkung zu überwinden.

Eine andere Frau hatte den folgenden Traum einer Familienzusammenkunft:

Wir waren alle beisammen – meine Nichten, Neffen, Onkel, Tanten, Eltern – in einem modernen kurhotelartigen Gebäude mit einer Bar. Sie wanderten durch das Haus, schauten die Duschen an usw. Mutter kochte in der Küche. Wenn ältere Leute kamen, wurden sie in die Küche geschickt, und wenn jüngere Leute kamen, wurden sie an den Swimmingpool geschickt. Die jungen Leute hängten riesige Lampen auf. Eine fiel herunter. Immer wieder kamen Leute an, und die älteren gingen zur Küche, die jüngeren ans Schwimmbecken. Mir war unheimlich zumute.

Die verschiedenen Schritte der Traumdeutung brachten nichts zu Tage, was das unheimliche Gefühl der Träumerin hätte erklären können. Ich bat sie, die Lampe zu personifizieren, die herunterfiel. Sie sagte: »Ich hänge hier, und die anderen sind so stocksteif, aber ich werde fallen. Alles ist zu vollkommen. Warum werde *ich* denn fallen? Ich gehe aber nicht entzwei.«

Bei dieser Personifikationstechnik tauchte der Gedanke an zu große Vollkommenheit auf. Die Träumerin gab zu, in allem perfekt sein zu wollen und Angst davor zu haben, was passieren könnte, wenn sie einmal einen Fehler machte. Ihrem Gefühl nach lastete der Druck, vollkommen sein zu müssen, besonders schwer in familiären Situationen auf ihr. Der Traum gab ihr die Lektion auf, daß sie, selbst wenn sie einmal aus der Perfektionsrolle fiel, nicht daran zerbrechen würde, daß niemand besonders darauf achten würde und die Leute so weitermachen würden wie bisher. Die Erleichterung, mit der die Träumerin diese Interpretation aufnahm, bestätigte die Deutung.

Manchmal weiß man nicht recht, was man während einer Personifikation sagen soll, wenn niemand da ist, den man direkt ansprechen könnte. Eine gute Lösung wäre es vielleicht, die Rollen zweier Elemente abwechselnd zu spielen. Wenn die beiden Elemente bei einem solchen Dialog miteinander reden, gibt es unter Umständen erst Spannungen und dann vielleicht eine Lösung. Hier ein Phantasiedialog zwischen zwei Kätzchen, den klarsten Elementen im langen, komplizierten Traum eines Mannes von seiner Freundin. Der Mann hatte geträumt, seine Freundin hätte beim Weggehen Kätzchen auf dem Arm genommen. Zwei davon, die sie auf dem Boden gelassen hatte, sprangen an ihr hoch und wollten auch auf den Arm genommen werden. Der Mann versetzte sich wie folgt in die Lage dieser Kätzchen.

KÄTZCHEN 1: Sie muß uns mitnehmen. Wir müssen sie dazu überreden. Spring höher, spring höher.

KÄTZCHEN 2: Sie wird doch irgendwann weggehen. Wir sind besser dran, wenn wir uns selbständig machen. Lernen, ohne sie auszukommen. Andere Leute oder etwas zu Fressen für uns zu finden. Wir können unabhängig werden.

KÄTZCHEN 1: Ich bin schwächer als du. Ich pfeife auf diese Unabhängigkeit. Ich habe Angst davor. Ich werde alles tun, um auf ihren Arm zu kommen und bei ihr zu bleiben.

KÄTZCHEN 2: Auch wenn Sie uns jetzt mitnimmt, wird sie uns doch vielleicht später verlassen. Das Dilemma bleibt ewig das gleiche. Wir können ebensogut jetzt gleich selbständig werden.

KÄTZCHEN 1: Ich bin so klein. Sie wird mich besonders niedlich finden und mich behalten.

Die Kätzchen in dem Traum hatten offenbar nur eines im Sinn: von der Freundin des Träumers mitgenommen zu werden. Bei dieser Personifikation kommt hingegen ganz deutlich die enorme Ambivalenz des Träumers ans Licht, sein Kampf zwischen dem Verlangen, emotional unabhängig zu sein und sich gleichzeitig dieser Frau auszuliefern, sie zu lieben.

Ambivalenz kann auch durch Identifikation mit den zwei Teilen ein und derselben Person erkannt werden. In der Gestaltpsychologie wird diese Methode die »Zwei-Stühle-Technik« genannt. Eine Träumerin namens Susan beispielsweise, die in einem Traum zwei Teile ihrer Persönlichkeit identifiziert hatte, erforschte mit Hilfe der Personifikation die Polarität zwischen dem »braven« und dem spontanen Teil ihrer selbst. Die Träumerin saß als »brave Susan« auf einem Stuhl und sprach mit der vorgestellten »spontanen Susan« ihrer Vorstellung auf dem anderen Stuhl. Dann wechselte sie den Platz, wurde zur »spontanen Susan« und setzte das Gespräch fort. So erhält der Träumer durch die Personifikationstechnik mehr Information, als der Traum selbst offenbart, obwohl die Symbolik des Traums gewahrt bleibt. Auf diese Weise steigert sich der Traum oft zu einer *Klimax* und weckt beim Träumer ein Gefühl für die *Auflösung.*

Das Gefühl, einer Auflösung nahe zu sein, ist ein Zeichen dafür, daß die Deutung des Traums mit Erfolg abgeschlossen wurde. Die Interpretation »läßt eine Saite anklingen«, »weckt eine Erinnerung«, »erscheint richtig«. Daran merken Sie, ob die Deutung stimmt.

Oft kann ich am Gesichtsausdruck oder an einer Haltungsänderung des Träumers ablesen, daß die Interpretation »richtig« war. Auch ohne Worte sagt er mir damit: »Genau. Das ist es.«

Der Erfolg stellt sich nicht immer so mühelos ein. Manchmal lassen sich die Leute bei einer Trauminterpretation von ihren Gefühlen mitreißen, ein Hinweis auf die Bedeutsamkeit einer Frage, die dabei ans Licht gekommen ist. Der Punkt, an dem ein Träumer sich unwohl in seiner Haut zu fühlen beginnt, ist ein deutliches Anzeichen für etwas, dem er sich nicht stellen will. Da Träume jedoch scheinbar dem Reich des Unwirklichen angehören, ist es für den Träumer weniger qualvoll, über eine bestimmte Sache zu reden, als im Fall der unmittelbaren Betroffenheit.

Der folgende Traum behandelt ein Thema, das der Träumerin sehr unangenehm war und das sie ohne die Objektivierung durch den Traum wahrscheinlich nie angeschnitten hätte.

1. Ich suchte einen Psychologen auf, von dem ich in der Zeitung gelesen hatte. Er war wohl eine Koryphäe in der Sportpsychologie, und ich dachte, ich wäre dort, um Informationen für eine Freundin einzuholen, die seinen fachlichen Rat brauchte. Ich saß im Wartezimmer. Als der Psy-

chologe hereinkam, stand ich auf, und er begrüßte mich freundlich.

2. Dann, als er an mir vorbeiging, gab er mir einen Klaps auf das Gesäß. Das ärgerte mich nicht so sehr, wie es mich wunderte, daß er so unprofessionell sein könnte. Er ging in sein Sprechzimmer zurück und sagte, er würde sich in ein paar Minuten um mich kümmern.

3. Ich hatte mir überhaupt keine Gedanken über mein Gespräch mit ihm gemacht. Ich wollte ihn cool und selbstsicher um einen fachlichen Rat für meine Freundin bitten. Aber beim Warten dachte ich: »Ich glaube, ich überlege mir besser, wie ich meine Frage stelle.« Und dann merkte ich, daß ich mich nicht erinnern konnte, was in der Zeitung gestanden hatte, worauf der Psychologe spezialisiert war, obgleich ich den Artikel bei mir hatte. Mir war, als hätte es etwas mit Disziplin zu tun gehabt. Ich fragte mich auf einmal, warum ich überhaupt mit ihm sprechen wollte. Ich wußte nicht mehr, warum ich eigentlich dort war, und fühlte mich sehr unbehaglich.

4. Ich dachte: »Ich verlasse seine Praxis einfach und verschwinde, er weiß ja nicht, was geschehen ist, wenn er zurückkommt. Dann bin ich nicht verlegen wegen meiner Gedächtnisschwäche und versuche einfach, die ganze Geschichte zu vergessen.« Ich fragte mich allerdings, ob er mir wohl die vereinbarte Stunde berechnen würde. Ich hatte auch das Gefühl, daß diese Lösung nicht richtig sei. Dann ging Janet, eine Freundin von mir, durch das Wartezimmer, und ich schickte mich an, ihr von meinem Dilemma zu erzählen und sie um ihren Rat zu bitten, um mir das Herz zu erleichtern. Da wachte ich auf.

Die Träumerin hatte in der Realität tatsächlich einen Therapeuten aufgesucht. Der im Traum schien ihr jedoch
unbekannt zu sein. Hier ihre Wortassoziationen:

1. *Psychologe* – Fachmann, der mir helfen kann, Selbst-
achtung zu entwickeln.
In der Zeitung gelesen – Abgesegnet.
Information für eine Freundin – Die alte »Meine-Freun-
din-hat-ein-Problem«-Masche.
Saß im Wartezimmer – Ich hatte lange auf jemanden ge-
wartet, der mir mit meinem Problem helfen konnte.
Als er hereinkam – Endlich, welch eine Erleichterung.
Ich stand auf – Ich war sehr gespannt.
Freundlich – Er war so hilfreich.

2. *An mir vorbei* – Unerwartet.
Einen Klaps auf das Gesäß – Sexuelle Anspielung.
Ärgerte mich nicht so sehr, wie es mich wunderte – Ich
war überrascht, es zu mögen.
Unprofessionell – Es setzte ihn in seiner Bedeutung als
guter Ratgeber herab.
In sein Sprechzimmer – Er fiel nicht aus der Rolle.
In ein paar Minuten – Nach seinem Terminplan.

3. *Keine Gedanken gemacht* – Dachte, ich wüßte, was ich
machen wollte.
Cool und selbstsicher – Meine Kommunikationsfähigkeit.
Beim Warten dachte ich – Mir wurde bewußt, daß ich
nachdenken mußte.
Nicht erinnern, worauf er spezialisiert war – Der Anlaß
für den Besuch.
Disziplin – Meine Schwäche.
Ich wußte nicht mehr, warum – Verwirrt, Selbstsicherheit
erschüttert.

4. *Verlasse seine Praxis, verschwinde* – Ich wollte fliehen.
Er weiß ja nicht – Ich brauche mich nicht mit ihm auseinanderzusetzen.
Nicht verlegen – Nicht verlegen sein.
Vergessen – Ich brauche mich auch selbst nicht damit auseinanderzusetzen.
Stunde berechnen – Geldverschwendung.
Nicht richtig – Nicht gut für die Beziehung.
Janet – Eine Freundin, die sich meine Probleme anhört und objektiv ist – ich vertraue ihrem Rat.

Die Träumerin interpretierte die *Situation* aus Szene eins so: »Ich bin bei einem Therapeuten in Behandlung, der wunderbar ist. Ich bin ihm von Herzen dankbar, denn durch ihn fühle ich mich zum ersten Mal gut. Ich bin erleichtert und zugleich traurig, daß es so lange gedauert hat, bis mir geholfen wurde.«

Das *Problem* trat in Szene zwei mit den sexuellen Untertönen auf. Die Träumerin erklärte sich das so: »Er hat in Wirklichkeit nie irgend etwas mit sexuellen Absichten getan. Ich bin es, die eine sexuelle Anziehungskraft spürt, und ich kann nichts dafür, wenn er so nett zu mir ist. Er ist total professionell. Diese erotischen Gefühle erschweren die Therapie, und ich kann kaum bis zur nächsten Sprechstunde warten.«

Hier nun die *Steigerung* des Problems in Szene drei: »Ich bin durcheinander. Mir ist, als würde ich den Verstand verlieren. Mein ursprüngliches Problem scheint noch schlimmer zu werden. Ich dachte, ich hätte es im Griff, dabei bin ich zunehmend traurig und verwirrt. Ich kann mich nicht gut zusammenreißen und zwischen den Sitzungen einfach normal weiterleben. Meine neue Selbstsicherheit ist angeschlagen.«

Die *Auflösung* kam in Szene vier. Sie erwog die Flucht,

um nicht in die Verlegenheit zu geraten, dem Therapeuten ihr Anliegen auseinandersetzen zu müssen, und um dieser Auseinandersetzung auch selbst zu entgehen. Damit wäre jedoch das Geld an die Therapie verschwendet. Es war auch unaufrichtig im Hinblick auf ihre Beziehung zu dem Therapeuten, die auf Offenheit gründete. Ihrer verständnisvollen, objektiven Freundin im Traum davon zu erzählen, war offenbar die Lösung. Schließlich wurde der Träumerin klar, daß die Freundin in Wahrheit der Therapeut war.

Mit dem Therapeuten über die störenden Sexualgefühle zu sprechen, war sehr schwer und demütigend für die Träumerin, aber darin bestand ihre *positive Reaktion* auf den Traum. Der Therapeut war verständnisvoll, akzeptierte ihre Gefühle und sprach nüchtern mit ihr darüber. Die Qual, von der die Träumerin geglaubt hatte, sie rühre von dem Problem her, für das sie Rat suchte, verflog. Da wußte sie, daß ihre Verlegenheit über die Sexualgefühle die Ursache ihrer Qual gewesen war und die anfängliche Erleichterung durch die Therapie verdrängt hatte. Als sie mit dem Therapeuten über ihre Gefühle sprach, verging die Verlegenheit; die sexuellen Empfindungen blieben noch eine Weile bestehen und klangen dann ab.

Mit einem Kind zusammen dessen Traum zu deuten, kann den Eltern wertvolle Hinweise auf Probleme im Leben des Kindes geben, die sonst nicht zur Sprache kämen. John, ein zehnjähriger Junge, hatte den folgenden Traum:

1. Ich spielte bei einem Fußballspiel mit. Ich war der wichtigste Angriffsspieler. Der Mannschaftskapitän sagte, beim Pokalspiel könnte ich Mannschaftskapitän statt Angriffsspieler sein. Wir gewannen das Pokalspiel, und danach kamen all die Reporter zu mir und fragen mich über mein Leben aus. Ich erzählte ihnen von all den Sportar-

ten, die ich schon betrieben hatte. Später, bei der Sportschau im Fernsehen, sah ich mich Fußball und Baseball
spielen und laufen. Ich erinnerte mich, all das getan zu
haben, was ich im Fernsehen sah.

2. Ich bummelte irgendwo mit meinen Freunden herum.
Wir gingen irgendwo hinein und kamen mit lauter Säcken
voll Geld wieder heraus. Wir gingen die Straße hinunter
und trugen die Säcke an Ketten. Wir hatten das Geld in
dem Traum nicht gestohlen, aber es war so ein Gefühl da,
als hätten wir es gestohlen, und wir versteckten uns hinter Bäumen und anderen Dingen. Wir kamen an den
Fluß. Wir warteten, bis alle Autos an uns vorbei waren,
damit uns niemand sehen konnte; dann überquerten wir
die Straße zum Fluß. Da war ein Mann, der ans Flußufer
ging. Eine Kiste war unten im Fluß, und der Mann steckte
den Kopf hinein; es waren Eisenspitzen in der Kiste.
    An der Straße war eine Villa. Wir ließen das Geld
draußen und ein Kind zur Bewachung dabei und gingen
in die Villa hinein. Wir gingen durch die Eingangshalle
und hofften, daß niemand uns sah. Dann kamen ein paar
Leute herein, also sprangen etwa drei von uns auf den
Kronleuchter und kauerten sich zusammen. Einer versteckte sich hinter einem Vorhang; ich habe mich hinter
einer Kommode versteckt.

3. Die Leute fingen an, das Essen zuzubereiten. Sie servierten es Leuten im Eßzimmer. Die Leute, die zu Mittag
aßen, sahen die Baseballmütze auf meinem Kopf über der
Kommode herausgucken und sagten: »Wer ist das?« Aber
dann schien es sie nicht mehr zu kümmern, daß ich da
war. Sie sagten: »Ist in Ordnung.«

4. Das Telefon klingelte, und jemand drückte auf einen

Knopf, um es abzustellen. Das war ein Signal. Ich dachte, ich wäre hinter einer Kommode versteckt, aber als ich genau hinschaute, war es nur ein Brett, das ich hochhielt. Auf dem Brett waren zwei Adler montiert. Ich ging nach draußen, und der Junge draußen gab uns ein Zeichen zu kommen. Ich pfiff nach den anderen. Die Jungs sprangen von dem Kronleuchter und aus den Fenstern heraus und kamen mit mir.

Nachstehend die freien Assoziationen, die John zu den Elementen seines Traums hatte.

1. *Fußball* – Habe ich gespielt, finde ich gut.
Wichtigster Angriffsspieler – Möchte ich gerne sein.
Mannschaftskapitän – Möchte ich auch gerne sein. Der Mannschaftskapitän sagt dem Angriffsspieler, wo's langgeht.
Pokalspiel – Würde ich gerne mitspielen.
Reporter – Im Fernsehen auftreten.
Mein Leben – Macht Spaß.
Sportarten – Alles, was ich gemacht habe.
Sportschau im Fernsehen – Berühmt sein.

2. *Säcke voll Geld* – Reich, sich etwas leisten können.
Die Straße hinunter – Irgendwohin gehen.
Ketten – Ins Gefängnis kommen.
Versteckten uns hinter Bäumen – Versteckspielen.
Fluß – Macht Spaß und Angst zugleich.
Warteten, bis alle Autos vorbei waren – Niemand konnte uns sehen, auch die Polizei nicht.
Kiste – Ein Kasten, eine Gefängniszelle.
Steckte Kopf hinein – Im Gefängnis.
Eisenspitzen in der Kiste – Hinrichtung.
Villa – Reich.

Gingen durch die Eingangshalle – Hineingehen.
Leute kamen herein – Angst; sich verstecken.
Kronleuchter – Einfach Kronleuchter.
Kommode – Etwas, in das man Sachen tut.
Vorhang – Wachsam; auf der Hut sein, daß mich niemand kriegen kann.

3. *Essen zubereiten* – Etwas zu essen.
Servierten im Eßzimmer – Ich wollte dabeisein.
Baseballmütze – Macht Spaß, Ball zu spielen.
»Wer ist das?« – Angst.
Schien sie nicht mehr zu kümmern, daß ich das war – Erleichterung.
»Ist in Ordnung.« – Ist in Ordnung, dazusein.

4. *Telefon klingelte* – Ein Signal von dem Jungen draußen.
Drückte auf einen Knopf – Niemand ging ran.
Brett – Ich wollte darüber hinwegschauen, aber da ich es hochhielt, kam es bloß herunter.
Adler – Steht für Kraft.
Ich pfiff – Signal für andere; Sicherheit.
Sprangen herunter – Kamen mit mir; sie folgten mir.

Wie ist die *Situation?* »Ich bin ein Anführer und ein berühmter Sportler, und das erfährt die Öffentlichkeit.«

Welches *Problem* liegt an? »Ich bin schuldbewußt, als ob ich nicht verdienen würde, was ich habe. Ich habe Angst, bestraft zu werden. Ich fühle mich nicht wohl beim Erfolg, so als ob mich jemand ertappen würde. Ich muß mich verstecken.«

Wohin *steigert* sich die Sache? »Wenn die Leute mich entdecken, und daß ich im Sport und allem begabt bin, haben sie nichts dagegen, daß ich dort bei den erfolgreichen Leuten bin und lassen mich bleiben. Ich bin froh.

Ich merke, daß das, wohinter ich mich verstecke, in Wirklichkeit meine Kraft ist.« Und was ist die *Auflösung?* »Zum rechten Zeitpunkt werde ich wieder der Anführer sein.«

Beim Gespräch gab John zu verstehen, daß er den Teil mit der Kommode, hinter der er sich verbarg und die sich in ein Brett mit Adlern verwandelte, das er hochhielt, besonders wichtig fand. Wenn er etwas *als Person darstellen* würde, dann das Brett oder die Adler. John bemerkte, daß die Weitergabe des Telefonsignals an seine Freunde in der Villa stark an seine Aufgabe als Angriffsspieler im ersten Teil des Traums erinnerte, der Anweisungen vom Mannschaftskapitän entgegennimmt und an die Spieler weitergibt. Beim Gespräch über die Sportschau im Fernsehen bemerkte er auch, daß einige seiner Freunde sein Vergnügen an der sportlichen Leistung Prahlerei nannten.

Er fand, durch die Trauminterpretation habe es »klick« bei ihm gemacht, sie habe ihm gezeigt, daß er wirklich gut sei und nicht das Gefühl zu haben brauchte, daß ihm der Erfolg nicht zustehe. Er beschloß jedoch, es sei vielleicht besser, wenn er seine Erfolge nicht zu sehr an die große Glocke hinge; womöglich war sein überstarkes Mitteilungsbedürfnis an seinem Empfinden schuld, den Erfolg nicht zu verdienen. Seine *positive Reaktion* bestand in dem Entschluß, sein Selbstvertrauen wiederzugewinnen und nach Möglichkeit zugleich ein wenig bescheidener zu werden.

Daß John sagte, es hätte »klick« bei ihm gemacht, ist ein Zeichen dafür, daß der Traum richtig gedeutet wurde. Oft ist einem Träumer das Aha-Erlebnis am Gesicht abzulesen, wenn die Interpretation ins Schwarze trifft.

Im sechsten Kapitel habe ich empfohlen, jeden Traum, der im wörtlichen Sinne wahr werden könnte, als möglicherweise prophetischen Traum zu betrachten. Eine positive Reaktion auf einen solchen Traum erweist sich auf jeden Fall als segensreich, ob der Traum in Erfüllung geht oder nicht. Aber *jeder* Traum, ob er nun wörtlich der Wahrheit entsprechen könnte oder nicht, kann in seiner Symbolik gedeutet werden. Wie sehr das tatsächliche Geschehen und die symbolische Deutung einander entsprechen, ist oft erstaunlich.

Hier zum Beispiel ein Traum, der im wörtlichen Sinne hätte wahr werden können. Die Träumerin, ihres Zeichens freie Schriftstellerin, hätte ihn als prophetischen Traum auffassen können, sie hätte sich überlegen können, wie sie Nutzen daraus ziehen könnte und sich entsprechend verhalten können. Sie hätte ihn auch als Symboltraum analysieren oder, noch besser, beides zugleich tun können. Dann hätte sie gemerkt, daß die Botschaft in beiden Fällen gleich blieb, und positiv reagiert.

Die Autorin hatte gerade das Manuskript für einen Artikel an ihren Verleger gegeben, und da ihr im nachhinein Zweifel kamen, las sie es im Geiste wieder und wieder durch. Sie litt wahre Qualen, denn zum Schluß, als sie vor dem letztmöglichen Termin noch Änderungen vornahm, kam ihr alles so schrecklich falsch vor, so nichtssagend und langweilig, so wie ein Waschzettel. Sie hatte sich natürlich beim Schreiben bisweilen von ihren eigenen Ideen begeistern lassen, aber am Ende glaubte sie doch, versagt zu haben. Sie stellte sich vor, keinen Auftrag mehr zu bekommen, und fragte sich, ob sie das Schreiben aufgeben sollte. Sie rief eine Freundin an und schüttete ihr Herz aus. Die Freundin sagte: »Bei deiner Erfahrung und dem Erfolg, den du bisher mit deinen Veröffentlichungen hattest, ist das hier vielleicht nicht dein bestes Werk, aber *schlecht* kann es gar nicht sein. Denk daran, du hast immer so ein Gefühl, wenn du mit etwas fertig bist, und jedesmal ist es ein Erfolg.«

Die Schriftstellerin ließ sich jedoch nicht überzeugen und ging händeringend nach Hause. In derselben Nacht träumte sie, in das Büro des Verlegers zu gehen. Der Verleger lehnte mit hinter dem Kopf verschränkten Händen in seinem Schaukelstuhl. Er beugte sich vor und ergriff ihre Hand. »Diese Geschichte fand ich wirklich gut«, sagte er herzlich. Er hielt ihre Hand ganz natürlich weiter fest und fuhr fort: »Sie ist gut geschrieben. Ich freue mich sehr darüber.« Sie spürte die Wärme seiner Hand, und sie war erstaunt, mit welcher Wärme er sie lobte. Erleichterung überkam sie.

Als sie aufwachte und sich an den Traum erinnerte, merkte sie, daß ihre Hand ungewöhnlich warm war. Sie dachte, die Hand würde sofort abkühlen, wenn sie durch keine Bettdecke mehr gewärmt würde, aber die Hand blieb den ganzen Morgen warm, während die Autorin ihrer Arbeit nachging. Die Frau erinnert sich, daß sie sich unterbewußt wünschte, der Traum könne wirklich wahr werden. »Ach was, Träume sind Schäume«, schalt sie sich selbst, »denn der Artikel war wirklich schlecht. Außerdem halten Verleger nicht Händchen mit einer Autorin, und schon gar nicht dieser Verleger.« Damit begann sie wieder, sich selbst zu quälen.

Man beachte, daß die Autorin ganz kurz die Möglichkeit erwog, der Traum könne prophetisch sein, und diesen Gedanken sofort wieder verwarf. Sie analysierte ihn auch nicht als Symboltraum. Wir jedoch wissen inzwischen genug über Träume, um den Sinn dieses Traums zu erkennen.

Der Verleger steht für einen bestimmten Verleger, für Verleger im allgemeinen oder auch für die Leute, die ihre Arbeit beurteilen und deren Beifall der Schlüssel zu ihrem Erfolg ist. Sein Büro und sein Stuhl sind die Insignien seiner beruflichen Autorität. An der Reaktion des Verlegers zeigt sich sein Einverständnis. Die warme Hand ist ein Hinweis auf seine von Herzen kommende Billigung. Daß er ihre Hand so lange in der seinen hält, deutet ein gutes Einvernehmen auf lange Sicht an. Der Traum stärkt das Selbstvertrauen. Jetzt erschiene es angemessen, wenn die Autorin aufatmete, sich ihres Erfolgs freute und voller Selbstvertrauen die nächste Arbeit in Angriff nähme.

Nach drei sorgenvollen Tagen wurde die Schriftstellerin ins Büro ihres Verlegers gerufen. Er lehnte wie immer mit hinter dem Kopf verschränkten Händen in seinem Schaukelstuhl. Sein Gesicht strahlte in ungewöhnlicher Heiterkeit. Das machte sie nervös.

»Die Geschichte fand ich wirklich gut«, sagte er.

»Sie ist stellenweise etwas holprig«, wandte die Autorin entschuldigend ein.

»Nein, sie ist wirklich wunderbar geschrieben. Ich freue mich sehr darüber.«

Wunderbar geschrieben! wunderte sie sich im stillen. Er hat noch nie so etwas gesagt. Sie war verlegen, als würde er sich über sie lustig machen, aber dann fiel ihr der Traum ein. *Wann wird er meine Hand nehmen?* fragte sie sich.

Die Hände des Verlegers blieben aber auch dann noch hinter seinem Kopf verschränkt, als sie sich auf einen Stuhl in seiner Nähe setzte. Es klopfte an der Tür, und der Verleger einer anderen Zeitschrift kam herein. Sie hatte auch für ihn schon gearbeitet. Im Grunde hatte sie ihm gegenüber die gleichen Gefühle wie dem Verleger gegenüber, in dessen Büro sie saß. Die beiden Verleger entsprachen einander und waren sich sehr ähnlich.

Der zweite Verleger sprach herzlich mit ihr, nahm zur Begrüßung ihre Hand in die seine und ließ nicht mehr los. Er hielt die Hand mit seiner sehr warmen Hand vollkommen ungezwungen eine lange Zeit fest, während er mit seinem Kollegen und ihr munter plauderte. Sie fand es herrlich und nahm es gern an. Erst als sie gegangen war und fröhlich in der Kälte über den Parkplatz schritt, merkte sie, daß ihre Hand unnatürlich warm war, durchpulst von einer Hitze, die anhielt.

Die Autorin hatte sich drei Tage lang unnötigerweise gequält, weil sie ihren Traum weder als prophetisch noch als symbolisch wertete. Sie hatte den unmittelbaren Nutzen der Traumbotschaft übersehen – glaube an deinen Erfolg, statt deine Arbeit im Geiste herabzusetzen – und versäumt, positiv zu reagieren – sich zu entspannen, guter Dinge zu sein und voller Selbstvertrauen weiterzumachen. Die Traumdeutung war zuverlässig; daß sich der Traum schließlich wirklich so abspielte, war eine Bestätigung, die die Autorin verspätet von Herzen genoß.

In einem Traum, der ebenfalls die Parallelen zwischen symbolischen und prophetischen Träumen deutlich macht, träumte ein Mann namens Tony, die Brücke in seiner Heimatstadt bräche zusammen. Das war alles. Als er aufwachte, wurde ihm bewußt, daß diese Möglichkeit durchaus bestand, und er fragte sich, was er tun könnte, wenn es sich wirklich um einen prophetischen Traum handeln sollte. Er verwarf den Gedanken, die für Brücken verantwortlichen Leute in jener Gegend zu warnen, weil er überzeugt war, sie würden prophetischen Träumen kein Gehör schenken. Statt dessen rief er eine Freundin in seiner Heimatstadt an und gab ihr den guten Rat, der Brücke fernzubleiben.

Zugleich beschloß er, den Traum auf seine Symbolik hin zu analysieren. Hier sind seine Assoziationen:

Brücke	Verbindung.
Heimatstadt	Alte Freunde.
Zusammenbrechen	Kaputt, tot.

Als Bühnenstück wäre sein Traum ein Einakter. Es ist schwierig, eine so kurze Geschichte in Szenen zu unterteilen, aber der Sinn ist klar: Die Verbindung zu alten Freunden ist abgerissen. Der Tod lauert im Hintergrund, entweder als Realität oder als Symbol.

Eine positive Reaktion auf die *symbolische* Bedeutung des Traums hieß für Tony, seine alte Freundin anzurufen und die Verbindung wiederherzustellen. Die angemessene Reaktion auf den möglicherweise prophetischen Traum war demnach genau die gleiche wie die angemessene Reaktion auf den gedeuteten symbolischen Traum.

Als Tony seine Freundin anrief, sagte sie, sie habe doch tatsächlich in der vergangenen Nacht auf ebendieser Brücke gestanden und hinunterspringen wollen. Und sie hatte vor, es noch einmal zu versuchen. Der Träumer drang in sie, mit ihm über ihre Probleme zu reden. Sein Mitgefühl bewog sie, den Sprung nicht zu tun.

Dieser Traum war nicht eigentlich *prophetisch*, weil die Brücke nie einstürzte. Die Brücke war ein starkes *Symbol* mit einer überzeugenden Botschaft. Zugleich aber war sie der über Leben und Tod entscheidende Faktor im inneren Aufruhr einer jungen Frau und erschien als solcher einem Hunderte von Meilen entfernten Mann im Traum.

Frage: Handelt es sich um einen Wahrtraum oder um einen symbolischen Traum?

Antwort: Spielt das eine Rolle?

Es war die Reaktion eines Träumers, die dem Mädchen wahrscheinlich das Leben gerettet hat und in der Prophetisches und Symbolisches miteinander verschmelzen: Ohne Reaktion bleiben Träume sinnlos.

8 Das weite Spektrum zwischen dem Prophetischen und dem Symbolischen

Marie Françoise, eine Belgierin aus Brüssel, schlief in einer Märznacht des Jahres 1942 fest im warmen Bett, als sie einen außergewöhnlich lebhaften Traum hatte. Im Traum klingelte das Telefon. Der Anruf kam aus einer kleinen flämischen Stadt, in der sie aufgewachsen war. Ihr Vater sei gerade gestorben, teilte ihr die Stimme ihres Schwagers mit, und sie müsse sofort kommen. Sie war tief betroffen, denn ihr Vater war eigentlich gesund gewesen. Sie packte ihre Siebensachen und machte sich auf den Weg zum Bus. Es begann heftig zu regnen, deshalb stieg sie in der kleinen Stadt Louvain aus und ging in ein Kaufhaus, um einen Schirm zu kaufen, da sie wußte, daß sie noch ein gutes Stück von der Bushaltestelle zum Haus ihres Vaters in der Kleinstadt im Regen zu gehen hatte. Sie wollte einen schwarzen Schirm haben wegen des Trauerfalls, aber es gab keinen schwarzen in diesem Geschäft.

»In meinem Traum habe ich mich über die Maßen darüber aufgeregt«, erinnert sich Marie Françoise. »Eigentlich wollte ich ja nur trocken bleiben, und jede Farbe hätte es getan, aber ich war außer mir, keinen schwarzen Schirm zu bekommen.« Sie kaufte schließlich ärgerlich einen braunen Schirm und nahm den nächsten Bus in ihre Richtung. Als sie an ihrem Ziel angelangt war, stieg sie im Regen aus. »Der Regen war schrecklich; das Wasser ging mir bis zum Knie«, erzählte sie in Erinnerung an ihren Traum.

Sofort wurde sie von ein paar deutschen Soldaten an-

gesprochen. Sie fragten, wer sie sei und was sie dort mache. Sie wollten ihren Ausweis sehen und eine Erklärung
von ihr, warum sie sich in dieser Gegend aufhalte. Sie
stellten ihr immer wieder die gleichen Fragen, forderten
Informationen über Saboteure, die morgens die Telefondrähte durchgeschnitten hatten, und blieben beharrlich
dabei, daß sie etwas von diesem Verbrechen wisse.

Beim Versuch, die Soldaten von ihrer Unschuld zu überzeugen und ihre berechtigten Gründe anzuführen, warum
sie dort war, wachte sie auf.

Sie war höchst beunruhigt von ihrem Traum. Sie brüh-
te sich Kaffee auf und setzte sich an den Frühstückstisch,
um über den Traum nachzudenken. Sie kannte zwar keine systematische Methode zur Deutung von Traumsym-
bolen, wie ich sie in diesem Buch dargelegt habe, aber sie
verstand die Symbole ihres Traums intuitiv richtig, denn
es handelte sich um die wichtigsten emotionalen Fragen
ihres Lebens.

Erstens hatte ihr Vater sie offenbar gehaßt. Von Anfang
an behandelte er sie schlecht und schlug sie sogar; als sie
ein Teenager war, zwang seine Ablehnung sie, von zu
Hause fortzugehen nach Brüssel, wo sie von einer Tante
erzogen wurde. Sie verstand nicht, warum sie zurückgewiesen wurde, und hatte das Gefühl, es müsse etwas
ganz Schlimmes an ihr sein. Das war eine schreckliche
emotionale Last, durch die sie lange Zeit Minderwertig-
keitskomplexe hatte und Strafe verdient zu haben glaubte.
Der Tod des Vaters im Traum bedeutete demnach für
Marie Françoise das Ende seiner emotionalen Tyrannei; er
konnte sie nicht länger seiner Liebe für unwürdig erklären. Kein Wunder, daß ihr Versuch, aus Anlaß der Trauer,
die sie nicht empfand, einen schwarzen Schirm zu kaufen,
scheiterte. Sie konnte einfach nicht richtig trauern. Deshalb mußte sie auf Braun ausweichen, eine annähernd

angemessene Farbe, aber nicht die echte. Ihr Unvermögen, die richtige Farbe zu bekommen, regte sie im Traum
so sehr auf, weil sie sich noch nicht eingestand, daß ihre
Gefühle berechtigt waren; sie hielt sie noch für das, was
angeblich schlimm an ihr war.

Warum deutsche Soldaten Marie Françoise an der Bushaltestelle ansprachen, war leicht zu deuten. Als kleines
Mädchen hatte sie erlebt, wie die Deutschen 1914 Belgien
überfielen, den Bauernhof ihrer Familie niederbrannten
und ihren ältesten Bruder zwangsverpflichteten. Und 1942
waren sie schon wieder da und besetzten ihr Heimatland.
Deutsch hieß für Marie Françoise zweierlei: Grausamkeit
und Organisation. Sie hätte das Organisationstalent der
Deutschen bewundert, wenn sie nicht völlig falschen Gebrauch davon gemacht hätten, wie sie es empfand. Und
so traf sie an der Bushaltestelle auf diese Verkörperungen
systematischer Grausamkeit.

Die Fragen, die ihr die Soldaten im Traum stellten,
waren, wie sie später erfahren hatte, die Fragen über sie,
die ihrem Vater ständig im Kopf herumgegangen waren:
Woher bist du? Was machst du hier?

Aber erst als Marie Françoise erwachsen war, begriff
sie endlich, warum ihr Vater sie haßte. Zum Zeitpunkt
ihrer Geburt hatte ein aufdringlicher, eifersüchtiger Verwandter ihrem Vater erzählt, seine Frau (ihre Mutter) sei
ihm untreu gewesen, und Marie Françoise sei das Kind
eines anderen Mannes. Ihr Vater glaubte diese Geschichte; seitdem haßte er das Baby für das, was es in seinen
Augen war, und dafür, wie es auf die Welt gekommen
war.

Seine Frau wehrte sich bis zu ihrem Ende gegen die
Beschuldigung und beschützte das Kind vor dem erzürn-
ten Vater. Als die Mutter starb, war Marie Françoise erst
fünf und mußte fortan ihre ganze Kindheit hindurch unter

der systematischen Grausamkeit dieses Mannes leiden. Ihr einziger Trost war die Erinnerung an ihre Mutter, ihren Schutzengel.

In ihrem Traum wurde Marie Françoise einer Sache beschuldigt, von der sie nichts wußte: dem Durchschneiden der Telefondrähte. Sie beteuerte ihre Unschuld, aber ihr Protest konnte ihr keine Freiheit erwirken, da sie emotional noch immer nicht über das Gefühl hinweg war, untragbar zu sein. Während Marie Françoise ihren Fragestellern ihre Anwesenheit erklärte, sich auswies und ihre Ankunft rechtfertigte, wachte sie auf.

Der Traum war eine klare symbolische Wiedergabe dessen, was sie in ihrem Leben am meisten beschäftigte. Doch sie hatte das Dilemma in diesem Traum noch nicht gelöst.

Marie Françoise hatte eben ihre Kaffeetasse gespült und ihre kleine Küche saubergemacht, als das Telefon klingelte. Es war ihr Schwager aus ihrer Heimatstadt. »Du mußt kommen«, sagte der Schwager, »dein Vater ist schwer krank; wir glauben nicht, daß er wieder genesen wird.« Marie Françoise packte ihre Sachen und nahm den Bus nach Hause. Sie war nicht allein über die Nachricht verblüfft, sondern auch darüber, die Neuigkeit gleich nach ihrem Traum zu erfahren. Kaum saß sie im Bus, fing es zu gießen an. Sie stieg in der Nähe eines Kaufhauses in Louvain aus, um einen Schirm zu kaufen. Das hatte auch durchaus seinen Sinn und Zweck, aber sie war sich natürlich bewußt, daß ihr Traum diese Handlung vorausgesagt hatte. Sie suchte nach einem schwarzen Schirm, konnte jedoch keinen finden. Sie fragte die Verkäuferin, ob es denn keinen schwarzen Schirm gäbe, da die meisten Schirme damals schwarz waren. Die schwarzen Schirme seien ausverkauft, sagte ihr die Verkäuferin, ob sie nicht einen braunen nehmen wolle. Marie Françoise nahm den braunen. Aber statt sich aufzuregen, fühlte sie jetzt, wie eine große Ruhe sie überkam, ein tiefer Friede, den sie dem Traum zuschrieb. Sie hatte das Empfinden, als wache ihre Mutter über sie und hätte ihr den Traum als Vorbereitung und Trost geschickt.

Wieder im Bus, hielt sie den Kopf stolz erhoben. *Unsere Zeit ist gekommen, Mutter,* dachte sie.

Als der Bus in ihrer kleinen Geburtsstadt hielt und sie ausstieg, trat sie im Rinnstein in eine tiefe Pfütze, und das Wasser spritzte bis zu ihren Knien hinauf. Zwei deutsche Soldaten, die gesehen hatten, wie sie aus dem Bus stieg, eilten herbei. Seit der deutschen Besetzung Belgiens war Marie Françoise an den Anblick von Deutschen gewöhnt, die durch Brüssel marschierten, aber sie hätte nie gedacht, in einem Landstrich auf sie zu treffen, der längst nicht mehr umkämpft wurde. Die Soldaten wollten ihren Ausweis sehen; sie fragten nach den Gründen für ihren Aufenthalt dort; sie wollten die Namen und Verwandtschaftsgrade ihrer sämtlichen Angehörigen wissen: Dann stellten sie die gleichen Fragen noch einmal. Und zum Schluß sollte sie ihnen etwas über die durchgeschnittenen Telefondrähte erzählen. Wer hat das getan? wollten sie wissen. Marie Françoise beantwortete die Fragen zu ihrem eigenen Besten höflich, aber mit wachsendem Zorn, und der Ärger tat ihr gut.

Die Soldaten ließen sie schließlich laufen. Als sie bei ihrem Vater ankam, lebte er noch, konnte jedoch nicht mehr sprechen. Er starb nach wenigen Stunden. Plötzlich überkam sie heftiger Ärger, eine Wut, die sie genauso empfand wie den Zorn auf die Deutschen, eine lange gehegte Wut, die vorhin auf der Straße in ihr aufgelodert war. Ihr wurde auf einmal klar, daß ihr neuer Zorn auf ihren Vater genauso berechtigt war wie ihr Zorn auf die Deutschen, die ihr Vaterhaus niederbrannten, ihren Bruder mitgenommen und ihre Freunde getötet hatten. Ihre selbstquälerischen Gefühle, nicht geliebt zu werden und nicht liebenswert zu sein, verwandelten sich in Zorn auf ihn, und dieser Zorn tat ihr gut. Das war die Auflösung ihres Traums.

In den Jahren nach dem Tod ihres Vaters lernte Marie Françoise allmählich verstehen, wie ihr Selbstbild durch die Ablehnung seitens ihres Vaters geprägt worden und daß dieses Selbstbild falsch war. Der Wechsel von der Selbstverachtung zum Zorn war heilsam. Mit der Zeit verflog dieser Zorn. Heute ist Marie Françoise eine entzückende, selbstbewußte 79jährige Abenteurerin, der Sie vielleicht einmal auf dem Weg in die Stadt in der Brüsseler Straßenbahn begegnen.

Marie Françoises Traum ist – wie auch die Träume vieler Studenten, Patienten und Freunde, denen ich bei ihrer Trauminterpretation geholfen habe – mit einer Symbolik befrachtet, die im Leben der Träumerin eine überragende Bedeutung hat. Einen solchen Traum zu verstehen, ist ein Schritt zum besseren Verständnis und zur Lösung der großen und kleinen Fragen des Lebens. Daß Marie Françoises Traum noch buchstäblich in allen Einzelheiten in Erfüllung ging, hat ihn in seiner inneren Wahrheit bestätigt und eine lebensverändernde Lösung herbeigeführt. Die Botschaft des Traums lautete, daß es Zeit für sie war, sich von der emotionalen Tyrannei ihres Vaters freizumachen, der ihr im Grunde das Recht zu leben absprach. Dadurch, daß der Traum tatsächlich wahr wurde, trat sein Sinn kristallklar zutage, und er brachte Marie Françoise schließlich die verdiente Freiheit.

Die Doppelrolle dieses Traums ist merkwürdig. Die im Traum auftauchenden symbolträchtigen Bilder, mit verschiedensten Gefühlen verknüpft, entstammten nicht etwa der Erinnerung an verhältnismäßig frische Erlebnisse aus der Vergangenheit, sondern aus der unmittelbar bevorstehenden Zukunft. Und warum nicht? Wenn es überhaupt Erinnerungen an die Zukunft gibt, wie prophetische Träume vermuten lassen, können ebensogut Bilder aus der Zukunftserinnerung wie aus der Vergangenheitserinnerung im Traum aufsteigen.

Ein weiteres Beispiel für einen tiefsymbolischen Traum, der buchstäblich wahr wurde, ist der in Kapitel 7 beschriebene Traum der Autorin, die sich große Sorgen um ein Manuskript machte, das sie ihrem Verleger übergeben hatte. Sie befürchtete, ihre Geschichte sei ein Fehlschlag und dadurch seien ihre weiteren Aufträge in Frage gestellt. Dann träumte sie, der Verleger fände sie wunderbar und drücke, während er ihr das sage, ihre Hand lang und warm. Der Traum war eindeutig eine Aufforderung zu mehr Vertrauen, die sich zum einen in Worten ausdrückte und zum anderen durch die anhaltende Wärme des Händedrucks symbolisiert wurde. Er ging im wesentlichen in Erfüllung und unterstrich so die Gültigkeit der in ihm enthaltenen Botschaft.

Beide Träume, obschon fast vollkommene Beispiele für die Präkognition, sind nicht ganz fehlerfrei. In Marie Françoises Traum lautete die telefonische Nachricht, ihr Vater sei tot; in Wirklichkeit starb er erst etwa zehn Stunden später. Aber seine Tyrannei war beendet; der Sterbende konnte nicht mehr sprechen und sie infolgedessen nicht länger in Angst und Schrecken versetzen. Die Nachricht vom bereits eingetretenen Tod und die Nachricht von seinem bevorstehenden Tod waren *emotional gleichwertig*.

Im Traum der Autorin drückte der Verleger, dem sie eine Geschichte vorgelegt hatte, warm ihre Hand, während er ihre Arbeit lobte. In Wirklichkeit hielt ein anderer Verleger in Anwesenheit des Verlegers, der ihre Arbeit gelobt hatte, ihre Hand in der seinen. Die Träumerin hatte ähnliche Erfahrungen mit beiden Verlegern gemacht; damit verbanden sich die **gleichen** Gefühle, sowohl angenehme wie auch **unangenehme**: Sie waren *emotional gleichwertig.*

Unstimmigkeiten zwischen prophetischen Träumen und der Realität, die sie vorwegnehmen, beruhen letztlich auf der Austauschbarkeit emotional gleichwertiger Größen, sind also ein symbolischer Kunstgriff.

Die Einzelheiten der in den vorigen Kapiteln wiedergegebenen prophetischen Träume stimmen immerhin so genau mit den tatsächlichen Ereignissen überein, daß wir sie nicht einfach als reinen Zufall abtun können. Aber nur in wenigen Fällen entsprechen die Traumdetails haargenau den Details des wirklichen Geschehens. Oft sind nur höchst geringfügige Unstimmigkeiten zu bemerken, aber wie kommt es, daß ein Traum, der ein Zukunftsereignis voraussagt oder ein fern vom Träumer geschehendes Ereignis wiedergibt, »fehlerhaft« ist?

Der Mensch neigt dazu, was er nicht klar beobachten kann, von sich aus zu ergänzen, um einen zusammenhängenden und präsentablen Bericht zu bekommen. Unsere Gefühle bei einem Ereignis diktieren uns die Art und Weise, wie wir Fakten wahrnehmen. Wir ersetzen auch unbekümmert Worte oder Bilder durch andere, wenn wir Leuten erzählen, was geschehen ist oder geschehen wird. Haben nicht auch Sie sich schon einmal mit jemandem an einem bestimmten Laden verabredet und sogar den Namen des Geschäftes genannt, dabei aber ein ganz anderes im Sinn gehabt? Ein anderes Wort zu nennen, als man eigentlich wollte, heißt in diesem Fall, daß der Laden, der eigentlich gemeint war, und der genannte in Ihrem Kopf etwas gemeinsam haben – daß es sich um Geschäfte mit ähnlicher Atmosphäre oder ähnlichem Warenangebot handelt, um einen Laden in Ihrer Heimatstadt, der dem gemeinten ähnlich ist, um einen Laden mit einem ähnlich klingenden Namen usw. Wenn wir schon im Wachen solche Fehler machen, ist es kein Wunder, daß auch unsere Traumerinnerungen, ob prophetisch oder symbolisch, Unstimmigkeiten enthalten.

Unsere Traumfehler sind jedoch weniger kleine Gedächtnisschwächen als vielmehr emotionale Umsetzungen. Ausgetauscht werden offenbar Dinge, die im realen Leben nie verwechselt würden, die aber den gleichen emotionalen Stellenwert haben. Ein Mann träumte beispielsweise, ein Flugzeug sei auf sein Nachbarhaus abgestürzt. Zwei Tage später krachte ein Auto in das Nachbarhaus. Die Übereinstimmung zwischen Traum und Wirklichkeit ist kaum rein zufällig, denn es kommt relativ selten vor, daß Autos in Häuser krachen. Andererseits ist der Unterschied zwischen einem Flugzeug und einem Auto so groß, daß er im Wachzustand keinesfalls übersehen würde. Der Traum ist folglich als Wahrtraum nicht ganz korrekt. Wenn der Träumer erzählt hätte: »Ich habe geträumt, daß *etwas* in das Nachbarhaus krachte«, wäre es zwar nicht sehr genau, aber doch korrekt. Vom Standpunkt des Betroffenen aus, der in dem Haus wohnte, geschah ein Unfall, wurde eine zerstörerische Kraft wirksam, und die Folgen waren Angst, Trümmer, Verluste. Gibt es denn gefühlsmäßig einen Unterschied, ob die Verwüstung durch ein Flugzeug oder ein Auto angerichtet wurde? Neugierige Zeitungsleser wollen natürlich am nächsten Tag wissen, was die Ursache war, wer am Steuer saß, was geschehen war. Der Hausbesitzer jedoch wird sich inmitten seiner zertrümmerten Räume nur fragen: »Was mache ich jetzt?«

Haben Sie nicht auch schon einmal in einem normalen Traum an einer Party oder einem Essen mit alten Schulfreunden teilgenommen, die sich dann später im

Traum unmerklich in Ihre Kollegen verwandelten, ohne den Traumablauf zu stören? Sie können sicher sein, daß der Traum nicht von Ihrer jeweiligen Beziehung zu diesen Leuten handelte; vielmehr ging es um Beziehungen im allgemeinen, vielleicht um bestehende Verhältnisse, vielleicht auch um Ihren Wunsch nach Anerkennung oder Unterstützung. Die Schulfreunde, Symbole einer vergangenen Kameradschaft, sind mit Kollegen austauschbar, den Symbolen für eine gegenwärtig bestehende Kameradschaft. Allem Anschein nach ist es in solch einem Traum auch durchaus möglich, bisher unbekannte Freunde zu erleben, Symbole einer zukünftigen Kameradschaft. Alle Symbole, die stark emotional besetzt sind, sind gleich gut für das nächtliche Schauspiel geeignet. Einen solchen Prozeß bezeichnet man auch als »Kondensation« oder Verdichtung. Charakteristika von gleicher emotionaler Wertigkeit werden in eins verdichtet.

Ebenso werden auch in Wahrträumen manchmal Bilder ausgetauscht und in Symbole umgesetzt, die dem betreffenden Gefühl entsprechen und die wir geistig erfassen und erinnern können. Diesen Vorgang können wir »prophetische Verdichtung« nennen. Wo vorausgesagte Details von denen der nachfolgenden Ereignisse abweichen, sind die Details aus dem wirklichen Leben durch Bilder ersetzt worden, die zwar anders, symbolisch jedoch gleichwertig sind, wie in Symbolträumen. Zu diesem Schluß bin ich nicht allein durch meine Feststellung gekommen, daß sich ganze Träume sowohl prophetisch wie auch symbolisch im wörtlichen Sinne als wahrheitsgetreu erweisen, sondern auch durch Bemerkungen der Träumer selbst. Im folgenden Traum geht es um ein Flugzeug, das sich im wirklichen Leben als Auto herausstellte.

Ich hatte diesen Traum in der Nacht von Samstag auf Sonntag zwischen dem 22. und dem 23. März. Ich glaube, es war in den frühen Morgenstunden, möglicherweise kurz vor dem Aufwachen.

In meinem Traum machte mein Mann sich auf, seinem besten Freund zu helfen, der anscheinend versuchte, ein Flugzeug zu lenken. Offenbar kam er nicht über einen Hügel hinweg. Dieser Teil des Traums war mir beim Aufwachen nur undeutlich in Erinnerung. Sehr klar im Gedächtnis geblieben ist mir hingegen, daß ich den guten Freund anschrie: »Du hast ihn umgebracht! Du hast ihn umgebracht!«

Noch am selben Tag, Sonntag, den 23. März, erzählte ich dem Freund, seiner Frau und meinem Mann den Traum. Ich ließ den Teil aus, wo ich schrie: »Du hast ihn umgebracht«, um seine Gefühle nicht zu verletzen.

Am darauffolgenden Sonntag, dem 30. März, waren mein Mann und sein Freund gegen Mitternacht auf der Heimfahrt von Los Angeles. Sie fuhren auf der Autobahn in einer Gegend, die Kellogg Hill heißt. Der Freund saß am Steuer. Sie wurden in einen Unfall verwickelt, bei dem mein Mann auf der Stelle getötet wurde, während der Freund unverletzt blieb. Ich hatte meinen Traum schon vergessen, aber an dem Tag, als mein Mann beerdigt wurde, erinnerte mich die Frau des Freundes daran. Seitdem habe ich ihn natürlich nicht mehr vergessen können.

Natürlich ist der Traum an der genannten Stelle unkorrekt. Aber beim Bild eines Flugzeugs, das unter großen Schwierigkeiten versucht, über einen Hügel hinwegzukommen, erwachen ähnliche Gefühle, was die Geschwindigkeit und die Gefahren betrifft, wie sie eine gefahrvolle Autofahrt über einen Hügel hervorruft. Als sich die Träumerin ihr Traumerlebnis zu erklären versuchte, merkte sie, daß das Bild des Flugzeugs zwar nicht mit der Realität übereinstimmte, in bezug auf Geschwindigkeit und Gefahr jedoch die gleichen Gefühle bei ihr auslöste wie ein Auto. Es war emotional richtig.

Der Schrei: »Du hast ihn umgebracht« drückte hilflose Wut aus, wie sie meistens beim Tod eines geliebten Menschen empfunden wird, insbesondere dann, wenn andere überlebt haben. Diese Frau war so rücksichtsvoll, dem Freund ihres Mannes nie zu sagen: »Du hast ihn umgebracht.« Aber sie wurde doch zweifellos bewußt oder unbewußt von den Fragen gequält: »Warum ausgerechnet *mein* Mann? Wenn er statt des Freundes am Steuer gesessen hätte, ob dann *er* überlebt hätte?«

Die Grundlage für eine Trauminterpretation ist letztlich die, daß Bilder mit gleicher emotionaler Wirkung austauschbar sind. An einen Wahrtraum werden höhere Anforderungen gestellt, weil er per Definition ein zeitlich oder räumlich fernes Ereignis faktisch vorausnimmt. Aber wir haben gesehen, daß sowohl Wahrträume als auch symbolische Träume einen symbolischen und einen im wörtlichen Sinne wahren Kern haben können. Träume spielen sich in einem weiten Spektrum zwischen wortwörtlichem und symbolischem Wahrsein ab. Die meisten Träume liegen irgendwo zwischen diesen beiden Extremen, wo sich die prophetische und die symbolische Bedeutung nicht nur berühren, sondern überschneiden.

Der symbolische Austausch von charakteristischen Traumelementen ist eine der verwirrendsten Abweichungen zwischen dem buchstäblichen und dem symbolischen Sinn. Meist müssen wir *nach* dem Aufwachen herausfinden, wer durch wen ersetzt worden ist. Bei einigen Traumberichten habe ich an Beobachtungen *im* Traum erkennen können, welche Schwierigkeiten anscheinend selbst der träumende Geist hat, die Rollen eindeutig zu besetzen.

Die Träume einer Optikerin aus Colorado beispielsweise hatten den plötzlichen Tod ihres Bruders bei einem Unfall und andere weniger tragische Ereignisse vorweggenommen, für sie Grund genug, den Offenbarungen aus Träumen Beachtung zu schenken. Sie träumte eines Nachts von einem alten Freund, der in einen anderen Bundesstaat gezogen war. Im Traum küßte er sie und sagte daraufhin, sie würde nach China gehen. Sie widersprach und sagte, *sie* ginge nicht nach China, *er* sei derjenige, der nach China ginge. Er pflichtete ihr gleich bei, daß sie recht hätte. Die Frage, wer diese Reise unternehmen würde, hätte im wirklichen Leben eine große Bedeutung gehabt. Im Traum wirkt sie nur wie ein Versprecher.

Nach dem Aufwachen nahm die junge Frau Verbindung zur Mutter des Freundes auf, die ihr die Adresse des jungen Mannes gab. Sie schrieb ihm mehrmals, bis er endlich antwortete – aus Hongkong, wohin ihn die Marine kurz nach ihrem Chinatraum abkommandiert hatte.

Bei einem anderen Traum fragt die Träumerin sich mit noch mehr Nachdruck: »Bist du sicher, daß dies die Person ist, die gemeint ist?« Eine Frau aus Michigan träumte in allen Einzelheiten von ihrer eigenen Beerdigung. Sie sah ganz deutlich den Boden des Grabes und die Sargverzierungen. Obgleich sie im Traum nicht bestürzt war, wußte sie, daß es sich um ihr Grab handelte, und wollte sich damit abfinden: »Ich versuchte zu sterben, konnte es jedoch nicht«, erinnert sie sich. Schließlich sagte sie den Friedhofsbediensteten, sie müßten sich jemand anders holen. Innerhalb einer Woche starb ein Verwandter, und bei der Bestattung stand sie so, daß sie auf den Boden des Grabes schauen und sehen konnte, daß der Sarg genau so verziert war, wie sie geträumt hatte.

Die schwachen Zweifel, die der Träumerin über die Identität der Hauptperson kamen, erscheinen geradezu lächerlich, gemessen an der Wichtigkeit der richtigen Identifizierung dieser Person. Man sieht förmlich, wie der schwache Versuch, die Identität klarzustellen, bei Tageslicht bereits vergessen ist. Warum der träumende Geist der faktischen Identität so wenig Bedeutung beimißt, ist unklar.

Im folgenden, erstaunlich genauen prophetischen Traum hat ein Personenaustausch stattgefunden. Eine Bemerkung, die die Träumerin im Traum fallenließ, wird im wirklichen Leben von jemand anderem gemacht. Die Vertauschung ließ den Traum zu einer um so eindrücklicheren Wahrtraumerfahrung für die Träumerin werden, da sie keine Kontrolle über das hatte, was die andere Person sagte.

Ich pflegte als Schwesternhelferin in einem Kinderkrankenhaus zu arbeiten. Zu meinen Pflichten gehörte es, Patienten von unserem Krankenhaus durch einen langen weißen unterirdischen Verbindungsgang zu einem Kliniktrakt auf der anderen Straßenseite hin- und zurückzubringen. Eines Nachts träumte ich, ich brächte ein kleines Kind von etwa zehn Jahren durch diesen langen, grellweißen Tunnel.

Das Kind sah recht krank aus. Es (ob Junge oder Mädchen, konnte ich nicht sagen) hatte keine Haare mehr und ein rundes aufgedunsenes Gesicht mit dunklen Ringen unter den Augen. Wir wurden im Korridor aufgehalten, nur das Kind und ich. Da konnte ich von Nahem sehen, wie sich das Kind mit den Fingern unter den kleinen schwarzen Augen rieb und dann seine beiden Zeigefinger in die Höhlen unter den Augäpfeln steckte. Es rieb seine Augen, wie man es tut, wenn man müde ist, nur griff es dabei mit den Fingern unter seine Augäpfel. Es war schrecklich anzusehen, aber ich erinnere mich, daß ich dachte, ich müsse einfach berufliche Nüchternheit bewahren, und schließlich wären es ja seine Augen.

Ich vergaß den Traum wieder, tat ihn als schaurigen Alptraum ab. Dann mußte ich eines Tages bei der Arbeit eine kleine Krebspatientin in den anderen Krankenhaustrakt hinüberbringen zur Bestrahlung oder Chemotherapie, ich weiß nicht mehr, was von beidem. Ihre Mutter und ich schoben sie auf einer Krankenliege durch den Tunnel. Wir hatten gerade den langen weißen Gang betreten, als die kleine kahlköpfige, mondgesichtige Krebskranke sich die Augen zu reiben begann. Sie zog die unteren Augenlider herab, steckte die Finger unter die Augäpfel und strich mit den Fingern hin und her, die Augen zur Decke gerichtet. Das war für sich genommen schon ein schrecklicher Anblick, aber davon auch noch vorher geträumt zu haben, machte die Sache fast unerträglich. Ich mußte mitten im Gang stehenbleiben.

Ich erzählte der Mutter, ich hätte von dem Kind geträumt. Es wunderte sie offenbar gar nicht. Ich glaube, sie war so ermüdet von der Pflege ihres sterbenden Töchterchens, daß nichts sie mehr zu schrecken vermochte. Sie erklärte mir, durch die Krebsbehandlung würden die Augen ihrer Tochter austrocknen. Sie könne auch immer schlechter sehen und sei ganz verwirrt darüber. Ihre Augen würde sie so reiben, weil sie so angegriffen und trocken wären. Durch das Reiben verschlimmerte sich natürlich das Leiden noch. Die Mutter erzählte mir, einige Krankenschwestern hätten dem Kind die Arme am Bett festbinden wollen, aber sie hätte sich widersetzt und gesagt, schließlich wären es ja seine Augen, und es könne damit machen, was es wolle. Als ich das hörte, verlor ich innerlich die Fassung; ich schob das kleine Mädchen durch den Gang zur Behandlung.

Dieser Traum ist so absonderlich und so genau, daß ich ihn zweifelsfrei als Erinnerung an die Zukunft einstufe. Der einzige Unterschied zwischen Traum und Realität ist der, daß im Traum die Träumerin sagt: »Es sind ja seine Augen«, während in Wirklichkeit die Mutter diese Bemerkung macht. Die Differenz kam zustande, weil die Mutter im Traum nicht dabei war – der Traum war eine Art Monolog. Mehr war es vielleicht wirklich nicht – ein Stück mit zu wenigen Darstellern. Aber meine fundierte Vermutung ist, daß die Träumerin zwar von ihrer eigenen Bemerkung, »es sind ja seine Augen« entsetzt war, dieser Feststellung aber doch auch zustimmte. Sie fand es schrecklich, sich das sagen zu hören, und doch war es wahr in dem Sinne, daß sie der Versuchung nachgab, etwas von der Verantwortung für die Patientin abzugeben. Schließlich konnte sie diesen armen Kranken nicht helfen; irgendwie mußte sie sich von ihrer eigenen emotionalen Qual freimachen. Der Traum mit seinen bestürzend genauen Details könnte auch das Symbol eines inneren Kampfes gewesen sein. Der »Fehler« im Traum war kein echter Irrtum, sondern Ausdruck eines realen Konfliktes zwischen dem Wunsch der Träumerin, etwas für die leidenden Patienten zu tun, und ihrem Wunsch, sie einfach sich selbst zu überlassen, weil anscheinend doch nichts half.

Häufig besteht der einzige Unterschied zwischen einem prophetischen Traum und dem tatsächlichen Ereignis in der Übertreibung seiner Wichtigkeit. Eine Frau aus Atlanta träumte, Dan, ihr vierjähriger Neffe aus Ohio, hätte einen Unfall gehabt, und sein linker Arm hätte amputiert werden müssen. Als er wieder zu Hause war, fiel er dauernd hin. Wenn er auf die linke Seite fiel, konnte er sich wegen des amputierten Arms nicht mehr aufrichten. Woran sich die Träumerin besonders lebhaft erinnerte, war der bemitleidenswerte Gesichtsausdruck des Jungen nach einem solchen Mißgeschick, als sei ihm unbegreiflich, warum er sich nicht wie vorher wieder aufrichten konnte.

Die Träumerin wachte weinend und bestürzt auf. Noch am gleichen Morgen rief sie ihre Familie in Ohio an und erkundigte sich nach ihrem Neffen. Zu ihrem Erstaunen berichtete ihr seine Mutter, Dan wäre in der Traumnacht aus dem Bett gefallen und habe sich das linke Schlüsselbein gebrochen. Die Ärzte hätten ihm den linken Arm an die Brust gebunden, um die Schulter ruhigzustellen. Die Träumerin erzählte der Mutter ihren Traum. Zwei Tage später wurde sie telefonisch benachrichtigt, Dan sei gestolpert und hingefallen. Da er sich mit dem ruhiggestellten Arm nicht abstützen konnte, war er auf dem Boden liegen geblieben. Sein Gesicht drückte Angst und ungläubiges Erstaunen aus.

Der Traum beziehungsweise die Reaktion der Träumerin darauf hatte die Schwere des Unfalls übertrieben – Dans Schlüsselbein heilte schnell wieder –, aber er hatte genauestens die Angst und Verwirrung des Jungen registriert, nicht auf gewohnte Weise auf die Beine kommen zu können. Was offenbar den Hauptinhalt der Botschaft ausmachte – das zukünftige Gefühl –, stimmte. Ebenso oft, wie ein Traum ein zukünftiges Mißgeschick übertreibt, bagatellisiert er auch wichtige Dinge. Eine junge Frau hatte sich für den Abend mit einem Mann in einem Restaurant verabredet. Da sie nach der Arbeit zu Hause noch ein paar Minuten Zeit hatte bis zu dem vereinbarten Termin, machte sie ein Nickerchen. Bald war sie fest eingeschlafen und träumte, der Mann, mit dem sie verabredet war, säße bereits an der Bar des Restaurants. Dann träumte sie, er fiele vom Barhocker und sei am Kopf verletzt. Wieder wach, machte sie sich eilends zu dem Re-

staurant auf, wo sie erfuhr, daß ihr Freund auf dem Weg
dorthin beim Überqueren der Straße von einem Auto angefahren worden und auf der Stelle an einer Kopfver-
letzung gestorben war.

Die seltsamsten symbolträchtigen Veränderungen sind
oft kleine Wortspiele. Eine Frau schrieb mir, ihr Mann
hätte geträumt, Ed Sullivan auf der Straße zu begegnen.
Ihr Mann hatte sich im Traum darüber gewundert, weil er
wußte, daß Ed Sullivan tot war. Am nächsten Tag meldete
seine Frau sich auf eine Stellenanzeige hin bei einer Firma. Sie ging zu einem Einstellungsgespräch und bekam
den Job. Ihr neuer Chef hieß Ed Sullivan.

Eine Frau hatte ein Traumbild, das nicht als visuelles
Bild Realität wurde, sondern als Wortspiel.

*Einen Traum habe ich so oft geträumt, daß ich ihn meiner
Mutter erzählte, aber sie wußte auch nicht, was er zu bedeuten hatte. Es war immer das gleiche. Ich sah einen
Zug auf eine Wand zufahren, zurücksetzen, wieder vorfahren, wieder zurücksetzen, immer wieder auf die Wand
zufahren und jedesmal wieder zurücksetzen.*

*Als ich das träumte, hätte ich nie gedacht, jemals in
New York City zu wohnen. Ich wußte kaum etwas von
Untergrundbahnen und hatte keine Ahnung, daß ich nicht
in Colorado bei meinem ersten Ehemann bleiben würde.*

Ich vermute, daß dieser Traum bei einer Analyse seiner
Symbolik etwas über die Schwierigkeiten dieser Frau aus
Colorado in ihrer ersten Ehe aussagen würde – immer wieder gegen »eine Wand« anzulaufen ist ein verbreitetes emotionales Dilemma. Doch wie andere bedeutungsvolle
Symbolträume ist auch dieser fast wörtlich in Erfüllung gegangen. Jahre später ließ sich die Frau scheiden, heiratete
erneut und zog nach New York; zu ihrer Arbeitsstelle in der

Innenstadt fuhr sie mit der U-Bahn. Jeden Tag stieg sie an der Haltestelle *Wall* Street (*Wall* = Wand) aus dem Zug.

Eine Künstlerin aus Oregon hatte einen höchst absonderlichen prophetischen Traum, zu dessen Realisierung eine noch absonderlichere Wortverdrehung gehört. Sie träumte, eines Abends mit sieben weiteren Leuten, die sie nicht identifizieren konnte, in einem bestimmten, ihr jedoch unbekannten zweistöckigen Gebäude zu sein. Das Gebäude war umzingelt von Löwen mit Revolvern, und sie hatte furchtbare Angst. Eine achte Person erschien und vertrieb die Löwen. Wenn die Träumerin den Test für mögliche prophetische Träume durchgeführt hätte, den ich in Kapitel 6 beschrieben habe, wäre dieser Traum nicht in die engere Wahl gekommen. Löwen mit Revolvern sind eine zu absurde Vorstellung, um als echte Möglichkeit in Betracht gezogen zu werden. Wie dem auch sei, sie erzählte ihrem Mann, einem Psychologen, den seltsamen Traum.

Ein paar Tage später ging die Künstlerin mit ihrem Mann zu einem Workshop in einer Wohnsiedlung in Seattle. Der Ehemann erkannte gleich das Gebäude aus dem Traum seiner Frau, sagte jedoch nichts, erzählte aber einem dort anwesenden Soziologen den Traum. Stunden später, ihre Arbeit war fast beendet, rief der Soziologe die Frau in sein Büro. Er wollte wissen, ob irgend jemand in ihrem Traum verletzt worden war. Offenbar hatte während des Workshops eine Bande Jugendlicher aus der Nachbarschaft das Gebäude umzingelt und mit gezogenen Waffen gegen irgendeinen politischen Mißstand protestiert. Die Künstlerin schaute aus dem Fenster, und da sah sie, im Gebüsch versteckt, mehrere Jugendliche in weißen T-Shirts mit dem auffälligen Aufdruck »Lions« (»Löwen«). Pistolen glitzerten im Licht der Straßenbeleuchtung. Alle waren erleichtert, als sie erfuhren, daß in ihrem

Traum niemand verletzt wurde, aber dennoch schalteten die sieben Anwesenden das Licht aus, hielten sich von den Fenstern fern und warteten voller Unruhe. Aus Angst vor einer Schießerei riefen sie keine Polizei. Nach einer Weile kam die Frau des Soziologen (die achte Person), sah, was los war, und rief stillschweigend die Polizei an, die der bedrohlichen Situation ein gewaltloses Ende bereitete.

Mich fasziniert es immer wieder, daß zugleich mit den üblichen, ständig wiederholten Traumbildern doch auch so einzigartige Treffer vorkommen wie »Löwen mit Revolvern«, die einem in einer Million Jahren nicht einfallen würden.

Hier ein weiterer überraschender Bericht von einer Frau aus Drexel Hill in Pennsylvania, deren Traum prophetisch anmutete, obwohl fast jedes seiner Bilder eher ein klar verständliches Symbol zu sein schien als ein Teil der Wirklichkeit; doch dann erwies sich zu jedermanns Überraschung eins der Symbole doch als real.

Eines Samstagabends um 22 Uhr rief mich mein Pfarrer an, um mir zu sagen, daß mein Bruder auf dem Delaware River mit dem Boot, das ihn zum Winter von Wildwood heimbrachte, einen Unfall hatte und dabei offenbar ums Leben gekommen war. Meine Mutter, die bei mir lebte, wollte gerade ins Bett gehen, und ich sagte dem Pfarrer, ich wolle ihr noch für eine Nacht einen ruhigen Schlaf gönnen, er möchte doch bitte am Morgen kommen und mir helfen, ihr die Nachricht vom Tod meines Bruders schonend beizubringen.

Am Sonntagmorgen, als wir uns ankleideten und für den Tag fertig machten, erzählte mir Mutter, sie hätte einen seltsamen Traum gehabt. Sie sagte, sie habe mit dem Pfarrer in einem Boot gesessen und ein Bündel im Arm gehabt, das ihr jemand weggenommen hätte. Ich bekam einen gelinden Schrecken, bewahrte aber so viel Ruhe, um sie zu fragen, ob nicht sonst noch etwas in dem Traum vorgefallen sei. Sie sagte, sie wüßte zwar nicht warum, aber das Boot sei voller Blumen gewesen. Mit der Bemerkung, ich sei gleich zurück, ließ ich sie stehen und ging die Treppe hinunter, um den Pfarrer anzurufen. Als ich ihm die Geschichte erzählte, war er ebenfalls überrascht, meinte jedoch auch, daß es viele Dinge gibt, die wir nicht verstehen oder erklären können.

Jeder, der diesen Traum hört, kommt sofort zu dem Schluß, daß es sich bei dem Bündel im Traum um meinen Bruder handelt, wie er noch als Baby in ihrem Arm lag, während die Blumen wie bei einer Beerdigung den Tod symbolisieren. Mein Bruder war sein Leben lang ein Liebhaber von Booten, das Boot paßte also gut ins Bild. Meine Mutter ihrerseits war ihr Leben lang in der Kirchengemeinde aktiv und den Pastoren unserer Kirche eng verbunden, deshalb ist es nur natürlich, daß symbolisch ein Pfarrer in der Stunde des Verlustes bei ihr ist.

Wie dem auch sei, der Sohn meines Bruders rief an der Küste an, um die Nachbarn dort davon in Kenntnis zu setzen, daß mein Bruder auf seiner Heimfahrt von der Küste ums Leben gekommen war. Nach den üblichen Beileidsbezeugungen erzählte eine Nachbarin, meine Schwägerin hätte vergessen, all ihre Pflanzen im Küstengarten auszumachen und in den Wintergarten zu verpflanzen. Sie hätten daraufhin sämtliche Pflanzen ausgegraben und meinem Bruder in das Boot gesetzt, damit er sie mitnähme, und sie fügte hinzu. »Es sah wunderschön aus, als es so voller Blumen aus der Bucht herausglitt.« Es braucht wohl nicht erwähnt zu werden, daß diese Nachricht uns alle völlig aus der Fassung brachte, denn niemand außer der Nachbarin in Wildwood wußte etwas von den Blumen.

Die Überschneidung von symbolischen und prophetischen Elementen bei diesem Traum ist äußerst kompliziert. Der Traum war in erster Linie ein Symboltraum, da er den Tod nicht wirklich wiedergab; und doch war er zugleich prophetisch, weil er für die Träumerin offenbar klar ein Ereignis symbolisierte, von dem sie auf andere Weise nichts erfahren konnte. Anscheinend war es eine friedvolle Szene, als ob die Blumen eher die Schönheit als den Tod ins Bild gerückt hätten. Und dieser Gedanke war auch ganz richtig, wie sich zeigen sollte; die Blumen waren ein Sinnbild der Schönheit und eine nette Geste der freundlichen Nachbarn kurz vor dem Tod des Mannes. Es muß ein Trost für die Mutter gewesen sein, an eine so schöne Abschiedsszene von den Freunden denken zu können statt an ein Unglück auf See; ich glaube, das war der Zweck dieses Traums.

Als nächstes ein wundervolles Beispiel für ein prophetisches Traumdrama mit symbolischem Schauplatz und symbolischen Akteuren sowie echten Requisiten und einer tiefbewegenden emotionalen Wirklichkeit.

Ich träumte, ich befände mich auf einer Nachlaßversteigerung und stünde hinten im Raum. Vielerlei war schon versteigert worden, während ich so dastand, aber nichts von wirklichem Interesse für mich. Dann bot der Auktionator ein kleines weißes Kästchen mit sieben Ringen darin an. Sie waren wunderschön. Als er zu steigern begann, geriet ich allmählich außer mich. Ich wollte mehr als alles in der Welt einen jener Ringe haben, hatte jedoch kein Geld. Ich spürte einen dicken Kloß im Hals und schaute mich nach einem Bekannten um, von dem ich mir Geld leihen konnte. Ich suchte und suchte nach jemandem, und zwischendurch blickte ich immer wieder hilflos zum Auktionator hin. Dann wachte ich auf.

*Drei Tage später rief mich eine Tante an und sagte mir, sie
wolle eine Familienzusammenkunft arrangieren, da meine
Großeltern von weither zu Besuch kämen. Ich erfuhr später, daß mein Großvater unter Krebs im Endstadium litt und
alle noch einmal sehen wollte, solange er noch lebte. Das
Familientreffen fand sieben Tage nach meinem Traum
statt.*

*Nachdem wir den Nachmittag lang im Freien gespielt,
gegessen und fotografiert hatten, versammelten wir uns
im Wohnzimmer. Mein Großvater kam mit einem großen
Kasten herein. Er rief uns mit Namen auf und händigte
uns Erinnerungsstücke aus – Münzen, alte Lederbörsen,
Bücher usw. Er holte ein kleines weißes Kästchen heraus
und gab meiner Cousine einen Ring, dann meiner Großmutter einen Ring und meiner Stiefmutter einen Ring,
um dann mit anderen Dingen fortzufahren. Ein Kloß stieg
mir in die Kehle, als ich merkte, daß er für mich keinen
Ring hatte, mich also offenbar nicht so liebte wie die anderen. Ich war grenzenlos enttäuscht, aber zugleich ha-
derte ich mit mir, weil ich mir so ungezogen vorkam.*

*Er rief mich später namentlich auf und bat mich, zu
ihm in die Küche zu kommen. Dort gab er mir einen wun-
derschönen Opalring. Unsere Umarmung danach werde
ich nie vergessen, denn es war die letzte. Als sein kleines
weißes Kästchen leer war, hatte er sieben Ringe verteilt.*

Ein Familientreffen und ein Traum von einer Auktion,
und doch habe ich nicht den mindesten Zweifel, daß es
sich um ein und dasselbe handelt. Warum ist die Träumerin mit der Erinnerung an eine Versteigerung aufgewacht? In der Symbolik des Traums geht es um Liebe, die
die Träumerin ihrem Empfinden nach entbehren mußte,
um dann herauszufinden, daß sie doch geliebt wurde.
Der Traum entsprach der Wahrheit. Wie die Träumerin

selbst hinzufügt: »Das kleine weiße Kästchen mit den sieben Ringen war sicher ein sehr interessantes Element, aber daß die *Gefühle,* die ich sowohl im Traum als auch in der Wirklichkeit hatte, identisch waren – das hat mir eine Gänsehaut verursacht.«

Inwieweit können wir nun einen Traum prophetisch nennen, der bedeutende faktische Fehler enthält, wenn er auch symbolisch korrekt ist? Zu Beginn meiner Forschungsarbeit, als ich herausfinden wollte, wie viele Menschen eigentlich prophetische Träume haben, durften nach meinen Kriterien nur geringfügige Abweichungen zwischen Traum und Wirklichkeit bestehen. Bei den Traumberichten, die ich später erhielt, bin ich schließlich dazu übergegangen, Träume dann als prophetisch zu bezeichnen, wenn sie in vielen Einzelheiten und in der Gesamtstimmung wahr wurden, auch wenn solche großen Diskrepanzen wie oben auftraten, wo das echte Familientreffen durch die Erinnerung an die Zukunft im Traum zur Versteigerung wurde. Bei anderen Traumberichten stand wiederum der symbolische Gehalt im Vergleich zur Wahrheitstreue zu stark im Vordergrund, als daß ich sie hätte prophetisch nennen können. Die Person allerdings, die mir den Traum mitteilte, war doch überzeugt, er sei in Erfüllung gegangen. Die Probe aufs Exempel für eine Prophezeiung in symbolischer Form wäre letztlich die, ob eine entsprechende Reaktion sich als nützlich erweist, wie es in der folgenden biblischen Geschichte der Fall war.

Der bekannte Bericht im 1. Buch Mose 41, nach dem sich ein ägyptischer Pharao seine Träume von Joseph, dem hebräischen Sklaven, deuten ließ, ist ein Beispiel für prophetische Träume, die einer eingehenden Deutung ihrer Symbolik bedürfen. In einem der Träume kamen sieben magere Kühe vor, die aus dem Fluß stiegen und sieben fette Kühe fraßen. Ferner ist von sieben vollen Ähren die Rede, die von sieben dünnen Ähren verschlungen wurden. Der Pharao konnte nichts mit seinem Traum anfangen. Als er erfuhr, daß der hebräische Knecht Joseph Träume zu deuten verstand, ließ er ihn sogleich rufen. Der zukünftige königliche Berater sagte dem Pharao, daß die sieben schönen Kühe sieben reiche Jahre symbolisierten und die sieben mageren Kühe sieben Jahre darauffolgender Teuerung. Die sieben Hungerjahre würden den ganzen Überschuß der sieben fetten Jahre aufzehren. Im zweiten Teil des Traums würde die gleiche Warnung noch einmal wiederholt.

Joseph riet dem Pharao dann, in folgender Weise positiv auf den Traum zu reagieren: Er solle von allen Bauern ein Fünftel der Ernte für die nächsten sieben Jahre einbehalten, das dann in der Hungerszeit zur Verfügung stünde. Der Pharao nahm Josephs Rat an und richtete seine Agrarpolitik für die nächsten 14 Jahre nach seinem Traum und Josephs Deutung aus. So bewahrte er sein Volk vor Leid und Tod. Andere biblische Träume, die für prophetisch gehalten wurden, waren nicht so sehr im eigentlichen Sinne Weissagungsträume, sondern eher symbolisch zu verstehen. Während ich zögere, alle Träume, die in einem symbolischen Sinne wahr werden, als prophetisch zu bezeichnen, sehe ich durchaus die Vorteile einer flexiblen Interpretation.

Im folgenden ein moderner Bericht darüber, wie parapsychisches Wissen in symbolischer Form Träumern helfen kann, schwierige Entscheidungen zu treffen. In diesem Fall half ein echter prophetischer Traum einem Chemieforscher, der Botschaft eines späteren symbolischen Traums zu vertrauen. Der Chemiker hatte eines Nachts geträumt, ein weiser alter Mann mit Bart habe ihm erzählt, daß die große, im Wachstum befindliche

Firma, bei der er beschäftigt war, einen Lohn- und Preis-stop einführen wolle. Diese Nachricht setzte den Chemi-ker in Erstaunen, da er erst kürzlich in der Hauptver-waltung gewesen war und nichts von einer solchen unerwarteten Maßnahme gehört hatte. Einige Wochen später gab die Firma den Lohn- und Preisstop bekannt. Nach diesem Erlebnis traute der Chemiker dem weisen alten Mann aus seinem Traum.

Etwa ein Jahr später geriet die Firma überraschend in Schwierigkeiten und beschloß, Personal einzusparen. Dem Chemiker und Dutzenden anderen wurde das Angebot gemacht, mit einer guten Abfindung aus dem Dienst aus-zuscheiden. Er hielt den Vorschlag für fair, aber der Ge-danke, nach über 30 Jahren Festanstellung in der gleichen Firma eine neue Karriere zu beginnen, versetzte ihn in Angst und Schrecken. Es erschien ihm sicherer, zu blei-ben und weiterzuarbeiten wie immer. In den Wochen, in denen der Entscheidungsprozeß im Gange war, träumte er von Zügen, Flugzeugen und Autos, die irgendwohin un-terwegs waren. Entweder war er selbst auf dem Weg ir-gendwohin und ließ andere zurück, oder andere nahmen Abschied und ließen ihn zurück, aber einer befriedigen-den Lösung kam er nicht näher.

Dann träumte er eines Nachts, er würde im Morgen-grauen Zeitungen austragen. In der Straße vor ihm war ein Handgemenge. Er trat zurück, und Leute rannten an ihm vorbei. Er rettete sich in eine Schenke, deren Wirt wieder der weise alte Mann mit Bart war. Um die Schen-ke herum tobte der aufgebrachte Mob, und die Sache schien nicht gut auszugehen. Da sagte der weise alte Mann zu dem Chemiker: »Geh jetzt. Es wird nur noch schlimmer. Ich zeige dir einen Weg hinaus.« Er führte ihn zu einer Seitentür, die vom Pöbel noch nicht bemerkt worden war, und entließ ihn in die Sicherheit.

Der Chemiker erwachte mit dem Gefühl, daß die Entscheidung gefallen war. Der weise alte Mann war ihm schon einmal erschienen; er wollte ihm nochmals vertrauen. Er willigte in die Entlassung ein und trat eine neue, interessante Stelle an. Nach seinem Fortgang beschloß die Geschäftsführung seiner alten Firma, für unbestimmte Zeit keine neuen Projekte mehr zu entwickeln, woraufhin die Arbeit in der Forschungsabteilung langweilig und schleppend wurde. Der Chemiker war froh, daß er gut davongekommen war und eine interessante neue Laufbahn in einer anderen Stadt eingeschlagen hatte. Seine Reaktion auf den Symboltraum erwies sich am Ende als vorteilhaft.

Katie ist ebenfalls eine Träumerin, die oft symbolträchtige Szenen träumt, deren prophetische Bedeutung, davon ist sie überzeugt, für sie besonders wichtig ist. Katie war mit einem Priester der Episkopalkirche verheiratet, der vor kurzem die Leitung einer Kirche in einer Stadt im Nordosten der Vereinigten Staaten übernommen hatte. Die Gemeindemitglieder waren äußerst zuvorkommend. Sie halfen den Eheleuten beim Einzug in das Pfarrhaus, füllten ihnen die Speisekammer und versorgten sie vorsorglich mit Eingemachtem. Alles ließ sich gut an.

Kurz darauf jedoch träumte Katie von dem Kirchengebäude. Aus Rissen im Stuck schwärmten riesige schwarze Spinnen heraus und umringten sie. Katie, die schon viele ihrer Träume hatte wahr werden sehen, wachte auf, wie sie gerade vor sich hin sagte: »Das geht nicht gut.«

Bald danach hatte Katie einen weiteren Traum über einen orangefarbenen Streifen im Wasser eines Badeteiches, in dem Jugendliche herumschwammen. An die Oberfläche getrieben, stellte sich der orangefarbene Streifen als marmeladenfarbige Katze heraus. Die Träumerin fand es höchst unnatürlich, eine orangefarbene Katze zusammen mit den jungen Leuten im Wasser zu sehen. Später war Katie in demselben Traum auf einmal in der Kirche, und eine altmodische Badewanne war auf dem Mittelgang aufgestellt worden. *»Das muß das Taufbecken sein«,* dachte sie. Dann sah sie auf dem Grund der Wanne einen orangefarbenen Schmutzstreifen. Sie empfand Abscheu. *»Das muß saubergemacht werden«,* dachte sie, *»aber ich möchte nicht davon beschmutzt werden.«*

Als Katie aufwachte, kam sie sofort auf eine Gedankenverbindung zwischen der orangefarbenen Katze und dem orangefarbenen Schmutzstreifen im Wasser. Diese Assoziation ist der Wortassoziation bei meiner Traumdeutungsmethode vergleichbar; nur verfiel Katie augenblicklich und spontan darauf. »Es ist das gefärbte Haar von Mrs. Walker«, sagte sie mit Bestimmtheit. Die rothaarige Mrs. Walker war die Frau eines sehr wichtigen Gemeindemitgliedes, das seit einiger Zeit die Gemeindejugend leitete.

Als nächstes träumte Katie, Mr. Walker stehe mit der Mafia in Verbindung. In diesem Traum standen Katie und ihr Mann Everett zum Tanken an einer Tankstelle und unterhielten sich darüber, wie gut Mr. Walker mit den jungen Leuten umgehen könne, aber daß er durch seine kriminellen Verbindungen als Jugendleiter eigentlich untragbar sei. Gerade da bog ein großes schwarzes Mafia-Auto in die Tankstelle ein. Mr. Walker, der mit anderen in dem Auto saß, fing an, Kugeln auf sie abzufeuern. Katie hatte Angst, Everett könnte davon getroffen werden.

Nach diesem dritten Traum fragte Katie Everett nach Beendigung einer jeden Versammlung: »Nun; wie läuft es?« Everett schwor jedesmal, es sei alles wunderbar.

Katie bemerkte, daß ihr Mann offenbar sehr beliebt war in der Gemeinde, und die vormals schlecht besuchte Kirche zog allmählich neue Mitglieder an. Trotzdem wußte sie, daß etwas nicht stimmte und daß es mit den Walkers zu tun hatte, die nicht so waren, wie sie zu sein vorgaben. Als sie Everett erzählte, daß sie aufgrund ihrer Träume vermutete, es sei etwas Ungutes an dem netten Mr. Walker, schalt Everett sie töricht. Ihre ständige Sorge entfremdete sie sogar einander. Ihr Pessimismus war geradezu lästig für ihn. Dann träumte Katie davon, mit schwarzem Zeug wie Isolierbandstreifen bedeckt zu sein und rief: »Das sind Lügen, die erzählt werden, und ich kann sie nicht losbekommen.« Je schneller sie das schwarze Zeug abzog, um so schneller klebte es an ihr fest. Everett blieb unbeeindruckt.

Wenig später erfuhren Katie und Everett, daß Mr. Walker und seine rothaarige Frau gehässige, unwahre Gerüchte über sie verbreiteten, sich jedoch andererseits bei jeder Begegnung mit ihnen sehr höflich verhielten. Mr. Walker, Leiter des Kirchenvorstandes, hatte die Gemeinde vor der Ankunft von Katie und Everett recht selbstherrlich angeführt. Katie nahm an, daß Mr. Walker verärgert war über einige Meinungsverschiedenheiten zwischen ihm und Everett und daß er eifersüchtig war wegen der begeisterten Anhänger des neuen Priesters.

Everett reagierte in aller Öffentlichkeit – nach Katies Meinung zu offen – denn er war zuversichtlich, alles im Griff zu haben. Katie wünschte sich, er möge die Krise ernster nehmen.

Wieder träumte sie. Diesmal fuhr sie mit einem Auto auf einer schwarzen Asphaltstraße im Dunkeln über Berggipfel. Große Löcher in der Straße fielen ihr auf und Stellen, an denen die Asphaltdecke im Abrutschen begriffen war. Voller Unruhe fuhr sie weiter, bis die Straße vor einem jähen Abgrund endete. Sie hatte keine andere Wahl, als im Dunkeln rückwärts durch die Schlaglöcher zu setzen. Sie wußte, daß sie es nie schaffen würde, aber sie versuchte es trotzdem. Irgendwann fing das Auto zu rutschen an. Sie versuchte, wieder Boden unter die Räder zu bekommen, doch vergeblich. Sie wußte, daß sie ums Leben kommen würde. Dann schoß ihr ein klarer Gedanke durch den Kopf: »Es gibt nichts, was ich *nach außen hin* tun könnte, um mich zu retten. Die einzige Möglichkeit, am Leben zu bleiben, ist, die *richtige Einstellung* zu haben.« Beim Aufwachen hatte Katie die unerklärliche *Gewißheit,* daß der Feind ihres Mannes ihn mit Erfolg zugrunde gerichtet hatte.

In der gleichen Nacht hatte auch Everett einen Traum. Darin hörte er ein Schlurfen hinter der Tür. Voller Angst stieß er die Tür auf. Da sah er eine Tafel, unter der eine Reihe von Füßen hervorbaumelten. Er schaute hinter die Tafel und entdeckte, daß der gesamte neunköpfige Kirchenvorstand aufgehängt war. Das war der Traum, an den Everett sich erinnerte, als seine Frau ihn aufweckte, weil er im Schlaf gekeucht hatte, wie sie sagte.

In der darauffolgenden Woche berief Mr. Walker eine Versammlung mit dem Bischof ein, um Anschuldigungen gegen Everett vorzubringen. Der Kirchenvorstand äußerte sich weder positiv noch negativ zu den Vorwürfen. Er war wie gelähmt. Als sich der Bischof und Mr. Walker berieten, hielten die Anhänger vor der Kirche bei Kerzenlicht und Kaffee Wache. Der Bischof nahm die Vorwürfe zur Kenntnis und entband Everett kurzerhand von seinen Pflichten. Danach traten viele Mitglieder aus der Kirche aus; die Gemeinde schrumpfte völlig zusammen, sagte Katie.

Ihr kamen sofort die Worte wieder in den Sinn: »Es gibt nichts, was ich nach außen hin tun könnte, um mich zu retten. Die einzige Möglichkeit ist, die richtige Einstellung zu haben.« Sie gaben ihr die Kraft, sich über die Demütigungen und echten Entbehrungen hinwegzusetzen, die sie acht Monate lang, in denen Everett keine feste Einstellung hatte, ertragen mußten.

Wie Katie meint, haben die vielen Träume sie über längere Zeit auf die Katastrophe vorbereitet, von der sie sonst überwältigt worden wäre. Sie stärkten ihre emotionalen Reserven und halfen ihr, damit fertigzuwerden. »Jedesmal, wenn etwas wirklich Schlimmes in meinem Leben passiert ist, habe ich solche Träume gehabt. Gutes stellt sich eher heimlich, still und leise ein und überrascht mich. Auf schlechte Zeiten *muß* ich mich vorbereiten können. Ich hatte die Träume, weil ich mich darauf einstellen mußte. Bei Everett ist es genau umgekehrt.

Er hat geträumt, weil es ihn so umgeworfen hat; es war höchste Zeit für ihn, die Schwierigkeiten ernst zu nehmen.«

Sie fuhr fort: »Ich erzähle anderen selten und nur widerstrebend, daß meine Träume prophetisch sind, denn sie können sich keinen Begriff davon machen, welchen Bezug die Traumsymbole tatsächlich auf spätere Ereignisse haben. Aber *ich* kann das. Ich *weiß* es.

Ich kann Katie nachfühlen, wie ihr zumute ist, besonders, nachdem ich, der frühere Skeptiker, meinen eigenen Traum hatte. Mein Traum ging nicht in Erfüllung, aber durch seine emotionale Verbindung zu einem wirklichen Ereignis hatte er doch etwas Prophetisches an sich. Ich erinnere mich nicht oft an meine Träume, deshalb wunderte es mich auch, eines Morgens mit gestochen scharfen Traumbildern aufzuwachen, die sich meinem Wachbewußtsein einprägten. Ich hatte geträumt, wieder ein Junge zu sein und mit meinen Eltern und Geschwistern einen Film angesehen zu haben. Wir kamen völlig ausgelassen aus dem Kino heraus. Mein Vater war guter Dinge und freute sich offenbar an unserer Ungezwungenheit. Beim Nachsinnen über diese Szene erfüllte mich plötzlich eine tiefe Traurigkeit, und ich hatte ein flaues Gefühl im Magen.

Es kam mir sonderbar vor, daß ein Traum so starke Gefühle bei mir auslösen konnte. Ich nahm an, solche Trauer empfunden zu haben, weil mein Vater meines Wissens nie guter Dinge war und wir Kinder uns nie den Luxus solcher Ausgelassenheit hätten erlauben dürfen. Aber die Auseinandersetzungen, die ich mit meinem Vater gehabt hatte, und mein Groll waren allmählich vergangen, seit ich erwachsen war. Mein Vater ging nach Israel, und ich dachte kaum an ihn. Dennoch beunruhigten mich die Lebhaftigkeit des Traums und die tiefempfundene Trauer.

Ich war immerhin so aufgestört, daß ich noch am selben Morgen einem Freund, ebenfalls einem klinischen Psychologen, von meinem Traum erzählte. Beim Erzählen füllten sich meine Augen mit Tränen, meine Stimme zitterte, und ich war tieftraurig. Ich träume wenig, und ich weine noch weniger. Ich halte mich für ziemlich reserviert, was meine Gefühle anbelangt. Was war bloß los mit mir? Ich beruhigte mich wieder und ging meinen Pflichten nach; ich verließ die Stadt und trat eine viertägige Reise an. Nach meiner Rückkehr rief mich mein Bruder an und sagte mir, unser Vater sei vor vier Tagen in Israel gestorben. Diese Nachricht verursachte mir ein flaues Gefühl im Magen und bereitete mir einen Kummer von der gleichen Intensität wie das Gefühl des Verlustes, das ich am Ende meines fröhlichen Traums empfunden hatte, und ebenso schmerzlich wie das Gefühl beim Erzählen des Traums.

Ich fragte nach der Todesursache und der Todeszeit. Er war unerwartet in den frühen Morgenstunden des Tages gestorben, als ich von ihm geträumt hatte.

Zum ersten Mal fühlte ich mich persönlich den Menschen verbunden, deren Traumerlebnisse ich untersucht hatte. Ich hörte später von Träumen, die meinem glichen und die ich jetzt *Abschiedsträume* nenne, angenehme Träume mit Menschen, die im gleichen Augenblick gerade sterben. Ich bin froh, daß ich zu Anfang noch starke Einschränkungen bei Wahrträumen gemacht und sie den strengen Kriterien der faktischen Wirklichkeitstreue unterworfen habe, um dem Wissenschaftler in mir eine unleugbare Existenz zu beweisen. Ebenso froh bin ich darüber, nun den weiten Spielraum der Wahrträume zu kennen, die Tupfer einer emotional als real empfundenen Symbolik vor dem Hintergrund der tatsächlichen Realität.

9 Jenseitsträume

Ich war sechzehn, als meine Großmutter in meinen Armen starb«, erinnert sich Dana. »Ich hatte das Empfinden, daß ich eigentlich mehr hätte tun sollen, um sie zu retten.« Danas Großmutter lebte bei der Familie und war Dana eine zweite Mutter gewesen. Das junge Mädchen geriet nach dem Tod der Großmutter in eine emotionale Krise.

»Meine Trauer nahm solche Formen an, daß vor meinem geistigen Auge alles Schlechte erschien, was ich je getan hatte, alles Häßliche, was ich je gesagt hatte. Das waren Banalitäten, da ich im Grunde ein artiges Kind war, aber ich quälte mich selbst mit diesen kleinen Gemeinheiten, bis ich kurz vor einem Nervenzusammenbruch stand.«

Eines Nachts sah Dana im Traum ihre Großmutter so wirklich im Bogengang des Hausflurs stehen wie zu ihren Lebzeiten. Ihr afghanischer Hirtenhund blieb allerdings so ruhig auf dem Boden liegen, als sei niemand da. Trauer überkam Dana, denn sie wußte, daß ihre Großmutter nicht lange bleiben konnte. Als sie hineilte, um sie festzuhalten, warnte die Großmutter sie: »Faß mich nicht an«, aber es war schon zu spät. Dana berührte die Großmutter mit der Hand, und ein Funkenregen hüllte sie ein und warf sie nach hinten. Auf einmal saß sie wieder auf der Kante ihres Bettes, und ihre Großmutter war fort.

Dana machte sich Vorwürfe. Dadurch, daß sie die Großmutter berührt hatte, hatte sie wieder etwas Verbotenes getan und den Geist der Großmutter für immer verbannt.

Nach wenigen Augenblicken erschien die Großmutter jedoch erneut neben dem Bett und sagte: »Unsinn. Ich bin gekommen, um dir zu sagen, daß ich dich liebe und weiß, daß du mich liebst. Nun hör auf, dich mit diesem Unsinn zu quälen, und finde dich endlich mit deinem Leben zurecht.«

Danas selbstzerstörerische Gedanken verloren durch diesen Rat offenbar ihren Stachel, und sie gab sich nicht länger die Schuld am Verlust der geliebten Großmutter.

Danas Traum, lebensechter als die meisten anderen, ist charakteristisch für eine ganz erhebliche Zahl von Träumen, wie ich bei meiner Forschungsarbeit feststellen konnte. Er zeichnete sich durch den Besuch einer Person aus, die in Wirklichkeit bereits tot war. Obwohl es Nacht war, hatte er eine solche Lebendigkeit, daß die Träumerin nicht das Gefühl hatte, einen Traum zu erleben. Die Person aus dem Jenseits wirkte selbstsicher und liebevoll und war offenbar mit dem Zustand des Todes zufrieden. Derartige Besuche von Toten lassen sich auch mit normalen psychologischen Prinzipien leicht erklären. Der mentale und emotionale Schock, den ein Todesfall hervorruft, verlangt nach einem Ausgleich für die verlorene emotionale Bindung und nach einer Lösung für die Schuldgefühle, die bei jeder engen Beziehung entstehen können. Ebenso wie sich der Körper nach einem Trauma neu orientiert und regeneriert, so auch Geist und Gemüt nach einem Todesfall. Träume sind ein natürlicher Heilungsprozeß. Darum stellen Träume wie Danas nicht unbedingt eine eigene Kategorie dar.

Tote erscheinen in allen Arten von Träumen, vom prophetischen über den rein symbolischen Traum bis hin zu gemeinsamen Träumen. Der schlummernde Geist vermag das Bild eines Toten ebenso leicht aus der Erinnerung heraufzubeschwören wie andere Bilder. Insofern macht das Erscheinen eines Toten keine ausgefallene Erklärung erforderlich. Doch einige der Träume von Toten sind so eindringlich, daß ich sie hier zusammengefaßt habe, damit wir dieses Phänomen einmal genauer unter die Lupe nehmen können.

Erinnern Sie sich noch an die Frau, die trotz ihrer Ehe mit einem anderen Mann von der schweren Erkrankung ihres alten Freundes träumte, mit dem sie sonst nichts mehr zu tun hatte? Wie sich später herausstellte, liefen ihre Träume simultan zu seinem allmählichen Verfall ab, bis er schließlich für eine lange Zeit in Bewußtlosigkeit versank. Die Familie des Mannes überlegte zwar, ob die Träumerin um einen Besuch bei ihm gebeten werden sollte, verwarf den Gedanken jedoch wieder. Schließlich stattete der Mann selbst der Träumerin einen parapsychischen Besuch ab, er nahm genau im Augenblick seines Todes Abschied von ihr. Er erschien ihr während der Nacht im Traum, wirkte jedoch vollkommen real. Er berührte sie deutlich spürbar am Arm und führte sie in die Küche, wo er ihr, nachdem er ihr seine Leiche im Sarg gezeigt hatte, weil sie ihn nicht für tot hielt, einen Abschiedskuß gab. Der Traum stimmte im wesentlichen mit der Wirklichkeit überein, wie die Träumerin erfuhr, als sie Verbindung zur Familie ihres früheren Freundes aufnahm.

Mein eigener Traum von einem schönen Kinobesuch mit der Familie, nach dem ich tieftraurig war, war ebenfalls ein parapsychischer Abschied, wie ich merkte, als ich die Nachricht vom plötzlichen Tod meines Vaters erhielt.

Ich habe festgestellt, daß die Abschiedsträume anderer Leute auch mit sehr angenehmen Szenen verbunden waren. Zum Beispiel träumte eine Frau namens Ann Boon R. frühmorgens im Jahre 1962 von ihren Eltern, die selbigen Tages noch aus Paris nach Atlanta zurückkehren sollten, nachdem sie in Paris mit einer großen Gruppe von

Kunstmäzenen aus Atlanta die Museen besichtigt hatten. Ann erinnert sich nicht mehr im einzelnen an das, was in ihrem Traum geschah oder gesagt wurde, nur daran, wie glücklich ihre Eltern wirkten. Besonders gut in Erinnerung geblieben ist ihr die Deutlichkeit, mit der sie ihre Eltern im Traum sah, von der Farbe ihrer Kleidung bis hin zu ihren Lachfältchen. Normalerweise wären die Figuren aus ihren Träumen viel ferner und blasser, bemerkt sie. Es war diese Lebensechtheit, von der Ann plötzlich hellwach wurde. Als sie auf die Uhr sah, war es fünf nach sechs. Sie wunderte sich allerdings nicht darüber, im Schlaf an ihre Eltern gedacht zu haben, da sie sie später vom Flughafen abholen wollte.

Aber sie kamen nie dort an. Gegen sechs Uhr der amerikanischen Ortszeit, genau als Ann Boon R. träumte, stürzte in Paris ein Charterflugzeug nach einem Fehlstart ab, wobei 106 Passagiere ums Leben kamen, darunter Anns Eltern.

Anns Traum sagte nicht die Zukunft voraus; es war auch keine Rede von Tod. Aber das Gefühl der Lebensechtheit war einzigartig. Der Traum entsprach der Wahrheit: ein greifbar deutliches Bild der Menschen, die sie liebte, signalisierte das physische Ende der engen Beziehung. Dieser Abschied ist Ann ein besonderer Trost geblieben.

Ich halte diese Art von Traum für parapsychisch, obgleich die darin enthaltene Botschaft unter Umständen erst im nachhinein verständlich wird. Im folgenden, sehr detailreichen Abschiedstraum zeichnet sich ganz klar ein parapsychisches Element ab, denn die Träumerin wußte vorher nichts von der Sterbenden. Der Abschied ist insofern einzigartig, als die betreffende Person nicht etwa einem liebenden Angehörigen erschien, wie in den zuvor beschriebenen Träumen, sondern ein letztes Mal den *Ort* aufsuchte, wo das wichtigste und schrecklichste Ereignis ihres Lebens geschehen war.

1980 ging ich in Banner Elk, North Carolina, zum Lees-McRae College, das am Fuß des Beech Mountain liegt. Ich wohnte in einem alten steinernen Internatsgebäude für Mädchen, auf dem zweiten Stock gegenüber der Treppe. Ich hatte ein winziges Zimmer und keine Zimmergenossin. Anfang Dezember, mitten in der Prüfungszeit, beschloß ich gegen drei Uhr nachmittags, mich ein wenig auszuruhen. Ich schlief ein und hatte einen furchtbar bedrückenden, entsetzlichen Traum, der mich noch immer verfolgt. Der Traum, an den ich mich genau erinnere, ging so:

Ich lag auf meinem Bett, und eine Krankenschwester kam in mein Zimmer und versuchte, mich zum Aufstehen zu bewegen. Sie rief immer wieder meinen Namen und zerrte mich am Arm. Ich wollte jedoch bleiben, wo ich war, und wehrte mich, um im Bett bleiben zu können. Sie rief mich während unseres Gerangels beim Namen und sagte: »Bitte komm mit. Ich muß dir etwas zeigen; ich muß dir etwas zeigen.«

Die Krankenschwester wirkte lebensecht. Sie war mit einem knöchellangen Rock einer Bluse und einer Haube bekleidet. Sie hatte braunes Haar, ein nettes Gesicht und große braune Augen. Sie war verhältnismäßig klein, und ich dachte fortwährend: Wie stark sie doch für jemanden dieser Größe ist!

Inmitten dieses Kampfes und ihrer flehentlichen Bitten blitzten immer wieder Bilder des Internatstraktes auf in dem ich wohnte; nur fiel mir auf, daß es vielleicht vierzig Jahre früher gewesen sein muß und unsere Unterkunft ein Krankenhaus war. Ich sah die Gänge mit weißen Rohren an der Decke entlang, schwarzweiße Fliesenböden, Rollstühle an den Wänden, aber keine Menschenseele. Ich sah einen Eßsaal mit Tischtüchern auf den Tischen, fertig gedeckt zum Essen, einen großen Kandelaber mit brennenden Kerzen, gefüllte Wassergläser. Alles war so farbig und so unglaublich wirklich, als hätte ich dort gestanden und mir alles angeschaut. All diese blitzartigen Bilder tauchten während meines Kampfes mit der Krankenschwester auf. Dann blitzte eine andere Szene auf. Ich sah die Krankenschwester die Treppe gegenüber meinem Schlafraum hinunterfallen und bewußtlos am Fuß der Treppe aufschlagen.

Ich wachte zitternd und schweißgebadet auf, so erschöpft, als hätte ich wirklich das Handgemenge mit der Krankenschwester gehabt. Ich ging den Gang hinab zum Zimmer einer Freundin und erzählte ihr und ein paar anderen meinen Traum, weil ich ihn so eigenartig fand. Wir lachten darüber.

Später in der gleichen Woche saß ich mit diesen Freundinnen im Aufenthaltsraum und lernte für eine Prüfung, als Mrs. K, unsere Internatsmutter, hereinkam. Aus irgendeinem Grund kam eine Freundin auf meinen Traum zu sprechen und bat mich, ihn doch der Internatsmutter zu erzählen. Als ich ihr den Traum erzählte, wurde sie immer unruhiger, und ihren Augen war Erstaunen und ein bißchen Angst anzusehen. Sie unterbrach mich öfters und stellte mir eingehende Fragen über Einzelheiten des »Krankenhauses« und der Schwester aus meinem Traum.

Dann erzählte uns Mrs. K, unser Internat sei vor langer Zeit das Banner-Elk-Krankenhaus gewesen, und jedes Detail, das ich von der Einrichtung beschrieben hatte, stimmte. Mrs. K. sagte weiter, sie erinnere sich, von einer Krankenschwester gehört zu haben, die im Krankenhaus die Treppe hinuntergefallen und danach gelähmt gewesen sei. Ich fuhr für die Weihnachtsferien nach Hause und vergaß die ganze Sache bald.

Als ich zum College zurückkam, erzählte mir Mrs. K,

sie habe mit Leuten gesprochen, die das Krankenhaus noch kannten, und herausgefunden, daß meine Beschreibung genau auf die Krankenschwester zuträfe, die gestürzt war. Und eine Freundin hatte ihr berichtet, diese Krankenschwester sei an dem Tag, an dem ich meinen Traum hatte, gestorben ...Ich werde diesen Traum immer in Erinnerung behalten, als sei er gestern gewesen; er war so wirklich.

Fast alle parapsychischen Träume werden von den Träumern als außergewöhnlich klar geschildert. Die Abschiedsträume werden als besonders lebhaft beschrieben. Die Menschen, die gerade sterben, sind oft wie im vorigen Traum *greifbar*. Ich hatte nicht vor, mich bei meiner Forschungsarbeit mit dem Thema »Gespenster« zu befassen, aber hier geht es um das Erscheinen von Toten oder Sterbenden an dem Ort, an dem die betreffende Person einen großen Schock erlitten hat: Wenn es kein Geist ist, was ist es dann?

Ein dem Abschiedstraum ähnliches Phänomen ist der Traumbesuch eines Toten zu irgendeiner Jahresfeier, eine Art *Memento mori*, ein Gemahnen an die Vergänglichkeit. Es wird meist einfach als Erinnerung an die betreffende Person abgetan, außer, wenn es eine bestimmte Information für den Träumer enthält, die ihm sonst nicht bekannt gewesen wäre, wie im folgenden Traum:

Mein Onkel Al, der schon seit langem tot ist, war einer meiner Lieblingsverwandten, aber ich hatte ihn nicht oft gesehen. Er lebte in einer anderen Stadt und kam nur bei besonderen Anlässen, wie zum Erntedankfest und zu Hochzeiten, auf Familienbesuch. Er war ein jovialer Mensch, doch in mancher Hinsicht etwas steif. Zum Beispiel hatte ich ihn nie ohne Jackett und Krawatte gesehen.

Deshalb war ich sehr überrascht, eines Nachts von ihm zu träumen, er käme in Schlafanzug und Bademantel meine Treppe herunter. Ich fragte Onkel Al, ob ich ihm etwas anbieten könnte, eine Tasse Kaffee oder ein Häppchen zu essen. Er sagte ja, und was er wirklich gerne hätte, sei ein cremegefüllter Windbeutel. Ich holte ihm einen Windbeutel (in Traum-Speisekammern finden sich manchmal Leckereien wie in keinem echten Kühlschrank), und wir machten es uns gemütlich, während er ihn verspeiste.

Am nächsten Tag war ich so mitgenommen von diesem Traumbesuch, daß ich meine Tante in Texas anrief Ich fragte sie, ob Onkel Al je einen kastanienbraun und grau karierten Bademantel besessen hätte. Sie sagte ja, er hätte einen sehr feinen wollenen mit kastanienbraunen und grauen Karos gehabt und viele Jahre getragen. Ich fragte sie auch noch, ob er eine Lieblingssüßigkeit gehabt hätte. »Um genau zu sein«, sagte sie, »er hatte eine Schwäche für cremegefüllte Windbeutel«

Daraufhin erzählte ich ihr meinen Traum. Sie sagte, das sei seltsam, denn die Nacht, in der ich geträumt hatte, sei sein zwanzigster Todestag, ein Datum, an das ich mich nicht erinnern konnte, da ich noch sehr klein war, als er starb.

Dieses schöne Erlebnis mit Onkel Al, der scheinbar Verlangen danach hatte, zur Feier seines Todestages in Gesellschaft seiner Nichte sein Lieblingsgebäck zu genießen, könnte leicht als mit ein paar symbolischen Ausschmückungen versehene Traumerinnerung an einen geliebten Onkel abgetan werden. Nur durch das Weitererzählen des Traums merkte die Träumerin, daß er mehr war als eine Erinnerung; es war auch eine parapsychische Erfahrung. Wenn der Traum von einem Toten irgendein wissenswertes Element enthält, von dem der Träumer andernfalls nichts ahnen konnte, kann er zusammen mit anderen Träumen als parapsychisch eingestuft werden. Ich habe die Träume über Tote jedoch eigens gesammelt, um zu sehen, ob man davon ausgehen kann, daß die Toten in den Träumen in einer Weise eine Rolle spielen, an der sich ein Unterschied zu anderen paranormalen Träumen zeigt. Es wäre zum Beispiel möglich, daß die folgenden Träume einer Träumerin aus Broken Arrow in Oklahoma normale Erinnerungen an zur Vorsicht mahnende Großmütter sind. Es könnten aber auch parapsychische Träume oder irgendeine andere Art von Geistererscheinung sein, in der die wirklichen Großmütter für ihre Enkelin tätig werden.

Die Träume kamen in zwei verschiedenen Nächten. In der ersten Nacht erschien mir meine Lieblingsgroßmutter, die vor etwa drei Jahren gestorben ist, als ob sie ein gerahmtes Bild wäre. Sie war tiefbesorgt und wiederholte zweimal: »Nancy, sei vorsichtig. Nancy, sei vorsichtig.« In der zweiten Nacht erschien mir meine zweite Großmutter, die vor zwei Jahren starb, in genau der gleichen Weise und sagte genau das gleiche. Ich erwachte jedes Mal und fand es seltsam, daß ich von ihnen träumte, da ich jeweils nur einmal, als sie gerade gestorben waren, von ihnen geträumt hatte. (In jenen Träumen ließen sie mich wissen, daß es ihnen gutginge und sie glücklich wären.) Was diese Warnträume bedeuten sollten, wußte ich nicht.

Am 5. Oktober hatte ich einen schrecklichen Autounfall, bei dem ich beinahe ums Leben gekommen wäre. In der ersten Woche nach dem Unfall schätzten die Ärzte die Chance, daß ich durchkommen würde, sehr gering. Soweit ich mich erinnere, war mein erster Gedanke eine Woche nach dem Unglück an die Träume.

Das war es also, wovor mich meine Großmütter gewarnt haben, dachte ich.

Wenn ein Verstorbener in einem Traum präzise Informationen weitergibt, die dem Träumer zuvor unbekannt waren, ist man versucht, ihn eher als eine Art Gespenst zu charakterisieren denn als Produkt des träumenden Geistes. Im folgenden *Simultantraum* ist der abgeschiedene Gatte offenbar nach Hause zurückgekehrt, um Ordnung zu schaffen.

Mein Mann ist am 26. Juli dieses Jahres verstorben. Vor etwa drei Wochen hatte ich einen Traum, in dem ich ihn in seinem Sarg sah, und er spitzte die Lippen, als wollte er mich küssen. Ich küßte ihn auf die Stirn, und dann sah ich sein Grab. (Wir hatten vor einer Woche Begonien als Grabeinfassung gepflanzt, und es hatte sehr hübsch ausgesehen.) Nun, das Grab war in einem schlimmen Zustand, und die Blumen, die ich gepflanzt hatte, waren nicht an Ort und Stelle, deshalb rief ich ein paar Männer vom Friedhofsgelände und bat sie, alles in Ordnung zu bringen, wozu sie sich auch anschickten. Dann war mein Traum zu Ende.

Am nächsten Tag fuhr meine Tochter zufällig mit ihrem Freund am Friedhof vorbei und hielt an, um das Grab ihres Vaters zu besuchen. Ein großes Loch war entstanden, und die Pflanzen waren nicht an ihrem Platz.

Sie erzählte mir, wie es ausgesehen hätte; ich hatte den Traum schon einer anderen Tochter erzählt, und so waren wir natürlich wirklich erstaunt, wie zutreffend mein Traum war. Ich ging am folgenden Tag zum Friedhof und brachte das Grab meines Mannes in Ordnung, so gut ich konnte. Jetzt frage ich mich, ob mein Mann mir wohl seine Besorgnis durch einen Traum mitgeteilt hat.

Da er sehr genau war, glaube ich fast, er könnte es getan haben.

Im nächsten Erlebnis hat ein verstorbener Vater anscheinend seiner Sorge um seine jüngste Tochter Ausdruck verliehen. Die Frage ist nur, ob die Erscheinung des Vaters in den Träumen eine parapsychische *Heimsuchung* war oder nur eine Symbolvorstellung der Tochter. Irgendeine parapsychische Kraft scheint doch am Werk gewesen zu sein, denn beide Töchter hatten, Tausende von Meilen voneinander entfernt, den gleichen sonderbaren Besuch in derselben Nacht.

Ellen, eine junge Frau aus Atlanta, hatte zwei Schwestern. Marilyn, ihre Zwillingsschwester, lebte mit ihrem Mann in Deutschland; Della, die Jüngste, hatte eine Menge Drogenprobleme gehabt und besaß offenbar kein Verantwortungsgefühl. Einmal schwor Della, ein neues Leben zu beginnen, woraufhin Ellen die Schwester einlud, bei ihr zu bleiben, bis sie alleine klarkäme. Aber Della war nach kurzer Zeit wieder im alten Geleise und vermochte sogar Ellen einzuwickeln. Eines Abends hatte Ellen mehr als genug. Sie warf sich mit der Bemerkung aufs Bett, sie wolle keinen Strich mehr für Della tun. Plötzlich sah sie das Gesicht ihres Vaters – er war schon einige Monate tot –, und obgleich sich seine Lippen nicht bewegten, »wußte« sie, was er ihr sagen wollte. Er fragte ärgerlich: »Was machst Du bloß?« und schalt sie aus, ihre Schwester so schnell aufzugeben. Sie fühlte sich in die Enge getrieben und schämte sich ihrer Schwäche. Der Vater fragte immer wieder: »Was machst du bloß?«, bis Ellen versprach, nicht aufzugeben, ehe sie nicht Della auf die rechte Bahn zurückgebracht hätte. In den darauffolgenden Tagen plagte Ellen sich weiter mit ihrer Schwester ab.

Ungefähr anderthalb Wochen später trat Ellen eine seit

langem geplante Reise nach Deutschland an, um Marilyn zu besuchen. Auf der Autofahrt vom Flughafen fing Ellen an, Marilyn den Traum mit dem Erscheinen ihres Vaters zu erzählen, den sie nach eigenen Angaben eher realistisch als traumhaft erlebt hatte.

Marilyn stieß ihren Mann an: »Das kennen wir doch!«

Als Ellen ihren Traumbericht beendet hatte, sagte Marilyn, auch ihr habe der Vater einen Besuch abgestattet. In Marilyns Traum hatte der Vater genauer gefragt: »Was gedenkst du mit Della zu tun?«

Im Gegensatz zu ihrer leicht einzuschüchternden Schwester hatte Marilyn erwidert, sie gedenke überhaupt nichts im Fall Della zu tun; Ellen nehme sich ja ihrer an. Sie hielt ihm sogar entgegen: »Du selbst hast zu Lebzeiten auch nichts bei Della erreicht, warum machst du *mich* also damit verrückt?«

Ihr Vater fragte sie dreimal: »Was gedenkst du mit Della zu tun?«

Und jedesmal sagte Marilyn: »Du mußt mit Ellen reden.« Das hat er offensichtlich getan.

Ellen, die schon mehrere parapsychische Träume hatte, schließt ihren Bericht mit den Worten: »Ich brauche eine Erklärung.« Ich kann Ellen keine Erklärung für diesen *gemeinsamen Traum* geben; ich kann nur ein paar Möglichkeiten aufzeigen. Eine Möglichkeit ist die, daß Marilyn in ihrer Sorge um die Schwester träumte, was der verstorbene Vater hätte sagen können. Sie lehnte jedoch die Botschaft ab, die sie mit ihm assoziierte. Etwa um die gleiche Zeit erschien er ihrer Zwillingsschwester in den Staaten im Traum, die sich ebenfalls fragte, was sie mit ihrer Schwester Della anfangen sollte. Ellen hatte zwar die gleiche Erscheinung, akzeptierte jedoch in ihrer Fügsamkeit die Botschaft, auch weiterhin für ihre Schwester zu sorgen.

Eine zweite Möglichkeit wäre die, daß zuerst Marilyn

den Traum hatte, die Verpflichtung zurückwies, die er beinhaltete, und ihn telepathisch ihrer Zwillingsschwester übermittelte, um die Erscheinung des Vaters loszuwerden. Hier eine andere ergreifende Geschichte von einer Toten, die erst einem, dann einem zweiten Familienmitglied im Traum erschien, um sie für Notzeiten zusammenzubringen.

Meine Mutter hatte oft Streit mit ihrem Vater, und dann herrschte stets längere Zeit Schweigen zwischen ihnen. In einer solchen Zeit hatte meine Mutter einen Traum. Damals wohnte sie mit meinem kleinen Bruder und mir in einer Parterrewohnung in Chicago. Wir waren alle sehr krank, und Mutter war von ihrem Arzt nachdrücklich geraten worden, dem Klima dort noch vor Einbruch des Winters den Rücken zu kehren. Ich hatte Bronchialasthma und sollte angeblich einen weiteren harten Winter nicht überstehen. Deshalb plante Mutter, mit uns an die Westküste zu ziehen, aber wir waren zu krank und zudem in extremen Geldnöten.

Eines Nachts, als Mutter schlief, träumte sie, jemand klopfe an unsere Wohnungstür. Mutter stand auf und öffnete. Da stand ihre verstorbene Großmutter und fing an, sie flehentlich zu bitten, doch mit ihrem Vater ins reine zu kommen. Soweit sich meine Mutter erinnert, waren ihre Worte: »Bill wird dir entgegenkommen, wenn du ihm nur Bescheid gibst.«

Mutter entgegnete: »Er muß den ersten Schritt tun. Ich tu's nicht.«

Als sie aufwachte, dachte sie, das sei sehr merkwürdig, da sie ihre Großmutter ihren Vater nie hatte Bill rufen hören, wie ihn alle anderen nannten. Sie hatte ihn immer bei seinem richtigen Namen Wilbur gerufen.

Zwei Tage danach erhielt meine Mutter einen Eilbrief

von ihrem Vater mit der dringenden Bitte, ihn anzurufen. Sie rief an, und sie söhnten sich miteinander aus. Ihre Eltern kamen nach Chicago, um uns beim Umzug zu helfen. Ihr Vater transportierte unsere Habseligkeiten auf einem Anhänger bis nach Houston, und wir fuhren mit ihrer Mutter im Auto. Unterwegs im Auto fragte meine Mutter ihre Mutter, ob die Großmutter den Vater jemals Bill genannt hätte. »Ja, etwa drei Monate vor ihrem Tod nannte sie ihn auf einmal Bill«, erwiderte die Mutter.

Nach dieser Bestätigung erzählte meine Mutter ihrer Mutter den Traum. Daraufhin berichtete ihre Mutter ihr, in derselben Nacht sei die Großmutter auch Bill im Traum erschienen und habe ihn bedrängt, doch seine Tochter anzurufen, die ohne sein Wissen mit ihren Kindern umziehen wolle. Im Traum erzählte sie ihm, wie verzweifelt wir waren. Sie sagte auch, er müsse den ersten Schritt tun, weil meine Mutter es nicht täte. Meine Großmutter sagte, er sei dann vor Tagesanbruch aufgestanden, habe den Brief geschrieben und sei extra in die Stadt zur Post gefahren, um ihn dort aufzugeben, damit er uns noch vor unserem Umzug erreichte.

Wir wissen nicht, ob die Notlage dieser Familie und die Abneigung der jungen Mutter, um Hilfe zu bitten, ihrem Vater telepathisch durch die Erscheinung der Großmutter übermittelt wurde, ob diese ein Phantasieprodukt des Unterbewußtseins und ein Symbol des grundsätzlich vorhandenen Familiensinns war oder ob die Großmutter selbst als Geist eingriff. Die Tatsache, daß die Großmutter beiden im Traum erschien, deutet auf jeden Fall auf irgendeine Art von paranormaler Kommunikation hin. Auch der ihr ungewohnte Kosename, den die Großmutter erst kurze Zeit benutzte, ist ein parapsychisches Detail. Ich bin kein besonders religiöser Mensch; ich habe meine

Zweifel, ob es ein Leben nach dem Tod gibt. Aber nachdem ich Träume wie diesen erzählt bekommen habe, frage ich mich: Ist es nicht mindestens ebenso berechtigt, anzunehmen, daß die Versöhnungsbotschaft wirklich von einem Geistwesen der Großmutter ausging, wie zu behaupten, daß Botschaft und Bild der Großmutter zufällig gleichzeitig in der Vorstellung von zwei Leuten zusammengebraut wurden? Wenn die Grenzen von Raum und Zeit auf eine Weise aufgehoben werden können, die wir nicht begreifen, warum nicht auch die Grenzen des Lebens?

Die eindringliche Erscheinung der Großmutter als Fürsprecherin könnte durchaus von der Wirklichkeit eines Geistwesens überzeugen. So gesehen sind Träume ein deutliches Anzeichen für ein Weiterleben des Geistes nach dem Tod. Jedenfalls ist es tröstlich zu wissen, daß der Besuch von Toten im Traum meistens hilfreich ist und einen guten Eindruck vom Leben nach dem Tod hinterläßt.

Bemerkenswert ist, daß die Träume durchweg keineswegs automatisch von Nutzen waren; vielmehr hing ihr Nutzen letztlich vollkommen von der positiven Reaktion mindestens eines Träumers ab. Man denke nur an die junge Mutter, die sich in ihrem Stolz weigerte, entsprechend zu reagieren. Ihr Vater hingegen überwand barmherzigerweise seinen Groll und kam seiner Tochter entgegen. Was wäre wohl geschehen, wenn auch er versäumt hätte, auf den Traum zu reagieren? Die Tochter und ihre kranken Kinder hätten in ihrer Notlage keinen Beistand gehabt; außerdem hätte keiner der Träumenden je erfahren, daß ihnen ein derart wichtiger Traum gemeinsam war.

Auch der folgende Traum, ob paranormal oder nicht, war ausschlaggebend für eine Versöhnung; wieder hing die Erfüllung der Traumbotschaft von der verantwortungsbewußten Reaktion des Träumers ab.

Mein Großvater ist schon fast 17 Jahre tot. Im Oktober letzten Jahres, nachdem mein Onkel gestorben war, erschien mir mein Großvater im Traum und sagte mir, meine Tante und ihre Familie brauchten mich. Nachdem ich diesen Traum mehrere Male hatte, nahm ich Verbindung zu meiner Tante auf. Ich nahm sie immer häufiger mit in die Kirche und half ihr aus finanziellen Schwierigkeiten heraus. Dann kontaktierte ich ihre Kinder, die sich überhaupt nicht um sie gekümmert hatten, und schaffte es, sie alle wieder als Familie zusammenzubringen. Es war ungemein schwer, ja nervenaufreibend. Jede Nacht träumte ich, ich sähe meinen Großvater in einem Plastikkäfig. Dann drang er in mich, »noch ein wenig länger durchzuhalten, nur noch ein wenig länger«. Im März dieses Jahres starb meine Tante. Ich habe das Empfinden, der Bitte meines Großvaters entsprochen und das Meine getan zu haben, damit meine Tante in Frieden sterben konnte.

Hier ein weiteres eindringliches Beispiel für einen nützlichen Rat, den allem Anschein nach ein verstorbener Angehöriger gab.

Eine Frau erinnert sich noch, wie sehr ihr Bruder Philip, das Nesthäkchen der Familie, verzogen wurde und an Mutters Schürzenzipfel hing, so daß er sich selbst als Erwachsener emotional nicht loszulösen vermochte. Philip heiratete eine nette junge Frau, aber in den Jahren nach der Hochzeit führte er ein Leben, als zöge er alles andere seiner Frau vor. Er wurde nicht handgreiflich, aber er beachtete sie gar nicht, es sei denn, seine Geschäfte, seine Vergnügungen und seine Mutter ließen ihm etwas Zeit. Seine Frau war natürlich recht unglücklich darüber, und die Familie begann sich schließlich zu fragen, wie lange sie es wohl noch bei dem rücksichtslosen Mann aushalten würde. Verschiedene Familienmitglieder redeten Philip ins Gewissen und wiesen ihn auf das Elend seiner Frau hin. Die Schwester schleppte ihn sogar zu einem Therapeuten mit, der mit Philip dessen Prioritäten durchging, ohne eine Verhaltensänderung oder wenigstens einen Veränderungswillen hervorzurufen.

Dann hatte Philip eines Nachts einen Traum, in dem ihm sein Vater erschien. Sein Vater war gestorben, als Philip noch ein kleines Kind war, so daß er sich nicht an den väterlichen Einfluß in seiner frühen Kindheit erinnern konnte. Im Traum jedoch ließ sein Vater nichts an Deutlichkeit zu wünschen übrig und sagte ihm, es sei höchste Zeit, daß er ein anderes Verhalten an den Tag lege und seiner Frau die nötige Beachtung schenke. Er war streng und gebieterisch. Philip hörte zu und nahm sich die Worte des Vaters zu Herzen. Eine erstaunliche Verwandlung fand statt. Philip wurde, wie seine Schwester bemerkte, vielleicht nicht gerade ein Mustergatte, aber doch »ein so guter Ehemann, wie es emotional in ihm angelegt war.«

Philips Traum gleicht einem normalen Symboltraum, in dem sich im Geiste des Träumers die Lösung eines Problems vollzieht. Es besteht keine Notwendigkeit, ihn als parapsychisch zu bezeichnen, aber läßt sich das mit Sicherheit sagen?

Das Beste, was der Traumbesuch eines Toten ausrichten kann, ist, die Hinterbliebenen zu trösten. Dafür ist der Kommentar dieser Mutter aus Canyon Lake in Texas typisch, deren 27jähriger Sohn bei einem Absturz mit einem F4-Kampfflugzeug ums Leben kam: »Seit seinem Tod ist er mir im Traum erschienen, hat mir versichert, er sei glücklich und mich zu trösten versucht.« Eine solche Beruhigung in einem Traum kann unglaublich viel bei einem

Hinterbliebenen in seinem Schmerz bewirken. Eine Mutter, deren einzige Tochter bei einem Autounfall ums Leben kam, konnte einfach nicht über den Verlust hinwegkommen. Ein Jahr nach dem Tod des jungen Mädchens vermochte die Mutter noch immer keinen Fuß vor die Haustür zu setzen. Das Zimmer des Mädchens hatte sie zu einer Art Heiligtum gemacht, in dem sie täglich weinte. Der Vater hingegen wurde entschieden besser mit dem Verlust fertig. Auf die Frage hin, was ihn denn so in seinem Leid aufrichte, antwortete er, er hätte zwei Wochen nach dem Tod seiner Tochter einen Traum gehabt, in dem ihm das Mädchen erschienen sei und gesagt hätte: »Ich bin vollkommen glücklich hier und will gar nicht zurück.« Aufgrund dieses Traums hatte der Vater nach eigenen Angaben den Tod seiner Tochter hingenommen, was seine Frau nicht konnte.

Die tröstliche Botschaft eines Toten hat eine besonders tiefgreifende Wirkung, wenn der Tod des geliebten Menschen auch schon im Traum vorausgesagt worden war. Hat sich die übersinnliche Kraft der Träume dergestalt für den Betreffenden auf dramatische Weise bestätigt, fällt die anschließende Trostbotschaft auf fruchtbaren Boden, wie im Fall einer Frau aus Canton in Ohio:

Mein Mann und ich hatten uns frühzeitig zur Ruhe gesetzt, denn er war abgespannt. Ich hatte einen guten Schlaf, bis ich träumte, mein Mann sei gestorben. Ich fuhr aus dem Schlaf hoch und sah ihn an; er schlief fest. Ich schlief wieder ein, dankbar, daß es nur ein Traum gewesen war. Ich träumte das gleiche noch einmal. Diesmal wählte ich die Sargträger aus. Der Traum verging, und ich schlief bis zum Morgen durch. Mein Mann wirkte völlig unverändert, als ich aufstand, und so fuhr ich zu einem Kosmetikladen. Ich erzählte ihm nichts von meinen

Träumen ... Ich kehrte heim und machte Pläne für Ostern, das auf den nächsten Tag fiel. Mein Mann kam herein, sagte, er fühle sich nicht wohl, und wollte ins Bett gehen, erlitt jedoch einen schweren Herzinfarkt und war fast auf der Stelle tot. Er hatte keinerlei Beschwerden gehabt, im Gegenteil, am Samstag vorher hatte er sich noch ärztlich untersuchen lassen, und der Befund war gut gewesen. Er war erst 50 Jahre alt, hatte nie in seinem Leben geraucht und weder Kaffee noch Alkohol in irgendeiner Form angerührt. Mir fiel sofort mein Traum aus der vergangenen Nacht ein. Ich habe keinen der Sargträger genommen, die ich im Traum ausgewählt hatte. Ich fragte einen, aber er wollte gerade wegfahren. Die anderen wollte ich nicht. Ich habe Träumen vordem nie Bedeutung geschenkt; eigentlich träume ich sogar sehr selten. Seit seinem Tod habe ich jedoch öfter von ihm geträumt, und unsere Begegnungen waren sehr realistisch. Er wirkt so glücklich; er hat mir auch gesagt, er sei glücklich, nur vermisse er mich und unseren Sohn.

Wunderbar ist, daß bei meinen weitläufigen Forschungen niemand dabei war, der nach seinem Tod in einem Traum erschienen wäre und von Feuer und Schwefel gesprochen oder sein Schicksal beklagt hätte. Wie Sie gesehen haben, verwenden die Verstorbenen auf einhellige und beruhigende, wenn auch nicht sehr anschauliche Weise das Wort *glücklich,* wenn sie überhaupt darüber sprechen, wie es ihnen geht.

Ein Mann allerdings schlug gegenüber einer Hinterbliebenen einen ziemlich rauhen Ton an:

1974 starb mein Bruder. Er hatte sechs Tage im Krankenhaus gelegen. Ich kam erst einige Stunden nach seinem Tod im Krankenhaus an. Aus unerfindlichen Gründen hatten meine Schwägerin und mein Neffe mich nicht benachrichtigt. Ich war tiefverletzt und wütend. Mein Bruder und ich hatten einander sehr nahe gestanden.

Etwa eine Woche später erschien er mir im Traum und sagte: »Weine nicht um mich, Ellen, ich bin nicht tot. Ich weiß nicht, wer der alte Bock ist, den sie da begraben haben.« Seitdem hatte ich meinen Frieden.

Gern mag ich auch die sehr nüchterne Art und Weise, in der Tante Emily ihrer Nichte Angela, einer Hausfrau aus Atlanta, begreiflich machte, daß alles dort, wo sie jetzt weilte, in Ordnung sei. Tante Emily hatte Angela von Zeit zu Zeit erzählt, daß die Toten den Menschen im Traum erschienen. Als Tante Emily starb, wachte Angela mehrere Nächte lang und wartete auf ihren Besuch. Nach einer Weile, als sich keine Erscheinung eingestellt hatte, vergaß Angela die ganze Sache. Ein Jahr später jedoch träumte sie, das Telefon klingele, und sie hob den Hörer ab. Tante Emily war am Apparat.

»Aber du bist doch tot«, wandte Angela ein.

»Man kann ja schließlich an einem Ort tot und am anderen Ort lebendig sein«, erklärte die Tante. »Ich bin sehr glücklich. Das wollte ich dir nur sagen.«

Der Anruf war »außerordentlich lebensecht und sehr tröstlich«, sagt Angela, die natürlich seit ihrem Traum ein ganz anderes Verhältnis zum Tod hat.

Entspringen alle diese Träume einem Wunschdenken? Sie sind, logisch gesehen, kein Beweis für ein Leben nach dem Tod. Wenn andererseits durch das Erscheinen eines Toten sonst unzugängliche Informationen übermittelt werden, könnten diese Offenbarungen tatsächlich auf »einen weiteren parapsychischen Traum« schließen lassen. Für das Gefühlsleben aber sind die Besuche von Toten im Traum oft ein wahrer Segen.

10 Leitmotivträume
I: Eddy

Wie wir gesehen haben, können einzelne Träume, denen eine Einstellungsveränderung oder eine andere konstruktive Reaktion folgt, positive Auswirkungen auf das Leben der Träumer haben. Aufeinanderfolgende Träume haben Menschen in den Zeiten der Unschlüssigkeit oder des Konflikts geholfen, indem sie ihnen schrittweise Lösungen aufzeigten. In ganz ähnlicher Weise haben Träume, die leitmotivisch miteinander verbunden waren, schon ganze Leben erhellt und eine Weiterentwicklung angezeigt, bekräftigt oder gar eingeleitet.

Oftmals erinnern sich Leute an eine Traumfolge, und zwar insbesondere Personen, die durch einen Schicksalsschlag aus dem emotionalen Gleichgewicht geworfen wurden. Uns allen liegt das eine oder andere auf der Seele, über das wir gerne hinwegkämen – Schüchternheit, schlechte Zeugnisse, Eifersucht auf erfolgreichere Geschwister, ein übergroßes Bedürfnis nach finanzieller Sicherheit und dergleichen mehr. Menschen mit außergewöhnlichen Bedürfnissen oder einem ungemein heftigen Drang, etwas zu verändern, haben besonders starke Leitmotive in ihrem Leben. Bei ihnen arten Träume häufig entweder zum bühnenreifen Drama aus oder kehren hartnäckig wieder.

Marie Françoise, die Belgierin, die von ihrem Vater abgelehnt wurde, ist ein Beispiel dafür. Sie brauchte über 40 Jahre, um für ihr Problem, die gestörte Selbstachtung, endlich eine Lösung zu finden. Auslöser dafür war schließlich ein einziges höchst dramatisches Traumerlebnis. Andere Menschen kommen schrittweise weiter durch viele aufeinanderfolgende Traumoffenbarungen und eine entsprechende Verhaltensanpassung oder aktive Reaktion.

Wenn ein Problem besonders schwierig ist, spiegeln viele Träume über einen gewissen Zeitraum immer das gleiche Thema wider. Immer wieder wird der Konflikt ins Bild gerückt; nur die Symbole wechseln. Bisweilen kommen aber in wiederkehrenden Träumen jahrelang auch die gleichen Symbole mit ihren Variationen vor. Wenn der Träumer die Elemente eines solchen Traums wiedererkennt, sagt er: »Da ist er ja wieder.« Manchmal geht er ihm unter die Haut, manchmal umschmeichelt er ihn, auf jeden Fall werden stets die gleichen Gefühle ausgelöst. Gelegentlich bricht ein neues Element in die vertraute Szene ein; dann endlich, im Augenblick eines neuen Wachstums, macht das alte Thema Platz für neue Gefühle. Es ist wichtig, aus wiederkehrenden Träumen und Träumen mit immer gleicher Thematik die richtigen Schlüsse zu ziehen. In ihnen zeigt sich nämlich die wachsende Bedeutung eines inneren Anliegens.

Eddy, inzwischen 33 Jahre alt und ein erfolgreicher Verleger, hatte jedesmal, wenn sein Leben eine schlimme Wendung nahm – oder er vor einem neuen Lebensabschnitt stand –, einen Traum gleichbleibenden Inhalts. Dieser Traum bewirkte, daß er mit Schicksalsschlägen fertigwurde, und zeigte ihm, daß er selbst die nötige Kraft dazu besaß. Die wiederkehrende Thematik, die ihn immer wieder auf seine Einmaligkeit hinwies, im Gegensatz zu seinem Verlangen, irgendwohin zu gehören, stärkte ihn allmählich. Da er diesen Konflikt in greifbaren Bildern sah und sich im Traum darüber erhob, ließ er sich auch im wirklichen Leben nicht unterkriegen.

Eddy war im Winter seines ersten Traums vier Jahre

alt. Die graue Monotonie der Kohlehalden kroch in jeden Winkel der hohen Räume des alten Hauses, das seine Familie gemietet hatte. Seine Mutter, die kurz nach seiner Geburt von seinem Vater verlassen worden war, hatte nichts zu lachen; der ständige Kampf, sich selbst, Eddy und seinen älteren Bruder zu ernähren, rieb sie auf.

Eines Nachts, als er sich fest unter der Decke zusammengerollt hatte, die er sich mit seinem Bruder teilen mußte, fiel er in einen tiefen Schlaf. Er träumte, er stünde auf einem Berggipfel unter einem seltsam tintenschwarzen Himmel. Er war wie gebannt von dessen beunruhigend flüssig wirkender Weite. Als er schließlich hinabblickte, sah er zwei rote Monde unten am Horizont. Im Tal darunter kräuselten sich leuchtende Wellen wie Weizen im Wind. Zuerst fand er die Wellenmuster interessant; dann kamen ihm Bedenken. Er merkte, daß die Wellen Wogen von Menschen waren, die zu ihm aufblickten und ihn anstarrten. Sie summten ein Wort, das er später als *Mantra* einstufte. Das Summen wurde zum ohrenbetäubenden Gebrüll. Dann wurde es schwächer und schwächer, bis er die Stimmen der Leute nicht mehr hören konnte. Er strengte sich an, sie zu hören, aber es ging nicht.

Eddy war tief beeindruckt von der Kraft dieses Traums und von den Traumbildern, aber im Alter von vier Jahren konnte er sein Erlebnis natürlich noch nicht interpretieren. Eine Woche später erkrankte er, sein Hals schmerzte, und in seinen Schläfen hämmerte es. Da die Familie arm war, wurde erst ein Arzt geholt, als alle Hausmittel versagten. Eines Nachts, erinnert sich Eddy, lag er fiebernd im Bett. Er wandte den Kopf und sah nach seinem Bruder, aber der Bruder war nicht an seinem gewohnten Platz neben ihm; nur die vertrauten stilisierten Blattkränze an der Stuckdecke fielen ihm ins Auge. Er schwebte. Beim Hinunterschauen sah er sein Bett, briefmarkenklein, und die Umrisse der dunklen Locken seines Bruders auf dem Kissen. Dort neben dem älteren Bruder lag er selbst, blond, knochig, die Gliedmaßen der nächtlichen Kühle entgegengestreckt. Er fühlte sich leicht und frei.

Das Empfinden, von einem Punkt außerhalb seiner selbst in die Welt zu blicken, wird im allgemeinen eine außerkörperliche Erfahrung genannt. Dieses Phänomen tritt meistens in Nahtod-Situationen auf, und in einer solchen Lage befand sich Eddy wahrscheinlich auch. Die Vorstellung, der Geist schwebe losgelöst vom Körper herum, ist der Traumerfahrung des *Beobachters in Simultanträumen* sehr ähnlich. Unter Umständen war Eddys Traum tatsächlich ein Simultantraum und die beobachtete Szene er selbst.

Woran Eddy sich als nächstes erinnert, waren die Entsetzensschreie seiner Mutter bei seinem Erwachen. Dann hüllte ihn wieder Nacht ein, bis er in der blendenden Weiße eines Krankenhauses erwachte. Diesmal hörte er kein Schreien, keine Stimmen. Lippen bewegten sich, aber die Stimmen blieben unhörbar. Eddy war taub. Selbst als kleines Kind hatte Eddy ein Gespür für die Bedeutung der Thematik seines ersten Himmel-Berg-und-Tal-Traums. Aber erst später, als er die gleichen Traumbilder noch einmal erlebte, wurde ihm klar, daß das Verklingen der Stimmen in seinem ersten Traum dieser Art vorausgesagt worden war.

Eddy wurde sehr bald bewußt, daß er anders sein würde als die meisten. Er wollte jedoch nicht anders sein. Er wußte, was das bedeutete. Er hatte sich ohnehin schon im Abseits gefühlt. In den abgelegten Kleidern seines Bruders war er immer das schäbigste Kind im Umkreis gewesen, und seine Mutter hatte die Schande ertragen müssen, verlassen worden zu sein und sich mit dem fragwürdigen

Status einer Geschiedenen abzufinden. Und nun dies.

Kinder sagten Dinge zu ihm, die er nicht hören konnte; deshalb versuchte er, irgendwie hinter den Sinn ihrer Worte zu kommen und entsprechend zu reagieren. Seine Antworten waren meist falsch, und die Kinder lachten ihn aus. Nach einiger Zeit verstanden die anderen Kinder offenbar überhaupt nicht mehr, was er sagte. Sie machten sich über ihn lustig, und er wehrte sich dagegen mit der Faust.

Jede Nacht träumte er, in der Falle zu sitzen – in einem Zimmer, einem Käfig, einer Kiste ... Er nahm allmählich eine Verteidigungshaltung ein und zog sich mit seinem Gefangensein in die Stille seines mit Büchern angefüllten Zimmers zurück. Er las jeden Tag stundenlang. Er lernte Worte, die seine Mutter gar nicht kannte; er entdeckte Räume, die das Vorstellungsvermögen seiner Freunde bei weitem überstiegen. Als er herausfand, daß er Worte kannte, die nicht einmal seine Lehrer kannten, und sich mit Themen beschäftigte, die ihnen zu hoch waren, kam er auf den Gedanken, seine Welt sei der ihren überlegen und er selbst etwas Besonderes, ein Auserwählter, ein Herrscher in seinem eigenen Reich.

Seine Lehrer hielten ihn manchmal für zurückgeblieben, weil er Fragen nicht beantworten konnte. Eddy erschien ihre Behandlung sadistisch. Trotz allem bewahrte er sich die feste Überzeugung, intelligent zu sein. Irgendwie schien seine überlegene Welt seine Taubheit wettzumachen. Und doch erfüllte ihn Wut darüber, anders zu sein.

Als er elf war, kehrte der Traum wieder. Er war wieder auf dem Berg. Er erkannte den tiefschwarzen Himmel wieder. Auch die beiden roten Monde sah er wieder. Und die wogende Menschenmenge. Diesmal summten sie zu ihm hoch: »Was sollen wir für dich tun?«

Voller Wut stieß er hervor: »Brennen!«

Die Menschen gerieten in Bewegung. Sie waren bestürzt. Ein Machtgefühl überkam ihn plötzlich, weil er in den Lebensrhythmus dieser Leute eingegriffen hatte. Dann schämte er sich und bekam Angst, sie vor den Kopf gestoßen zu haben. Er hätte gerne ihre Beachtung gewonnen, fürchtete jedoch ihre Reaktion.

Er versuchte, sich ihnen anzuschließen, aber irgend etwas hielt ihn zurück. Er konnte jetzt noch nicht zu ihnen gehören. Er wußte, daß sein Zorn wieder aufflammen würde, und hatte das Gefühl, sie schützen zu müssen. Er zog sich zurück – seinetwegen und ihretwegen.

In den Wochen danach sann Eddy über den Sinn seines Traums nach. Er hatte inzwischen eine ziemlich klare Vorstellung davon, was einige der Symbole bedeuteten. Wie er sich erinnert, wußte er damals sogar, daß der Himmel in seinem wiederkehrenden Traum ein »Sinnbild für seinen Lebenshintergrund war, eine Art Bezugsrahmen«. Die Schwärze stellte »eine Leere dar – mein Lebensgefühl. Aus der Leere heraus erschuf ich mir meine eigene Welt, aber meine Träume wurden immer von dem schwarzen Himmel eingegrenzt.« Die beiden brennenden Monde symbolisierten seine fieberheißen Ohren, sein ausbrennendes Gehör. Das »Tal war das Gefäß für meine Sehnsucht, die Sammelgrube meines Verlangens nach einem normalen Leben«. Die Wellen waren Energiemuster, spürbare Bewegungen, Dinge, die ineinandergriffen, Menschen, »die klarkamen«. Der Gipfel, auf dem Eddy in seinem Traum stand, war sein Ausgangspunkt. »Ich hatte immer eine überlegene Position inne und schaute von oben herab, aber nie nach oben. Ich will nicht von meinem Gipfel ins Tal hinab, und doch sehne ich mich danach, zu den Leuten unten im Tal zu gehören.«

Die Gefühle von höchster Gefahr, Furcht und Macht

(und der Angst, von der Macht Gebrauch zu machen) beunruhigten ihn zutiefst; ihm wurde bewußt, daß er ein Vulkan war, der nur darauf wartete, auszubrechen, wenn er es nicht schaffte, vernünftig mit sich ins reine zu kommen. Mit der für ihn charakteristischen Frühreife setzte er sich das Ziel, seine Wut durch Lernen unter Kontrolle zu halten, um sich eines Tages unter die Leute im Tal mischen zu können. Das war seine positive Reaktion.

Als er etwa vierzehn war, besorgte ihm seine Mutter ein Hörgerät. Die Geräusche, die jetzt sein Gehör überfluteten, waren nicht so rein wie vor Beginn seiner Taubheit, aber er konnte immerhin Gespräche führen. Er probierte es zu Hause mit seiner Mutter aus. Schließlich überwand er sich, das Gerät auch in der Schule zu tragen, obwohl die anderen Kinder mit dem Finger darauf zeigten und darüber redeten. Die neue Erfahrung, mit »eingeschaltet« zu sein, war die Verlegenheit wert. Wenn Eddy lernen konnte, sich einzugliedern, konnte er die verlorene Zeit aufholen. Aber nach nur wenigen Wochen des Mithörenund Kommunizierenkönnens verschwand das Hörgerät, ging es im achtlosen Durcheinander der Schultage verloren. Es war kein Geld da, um es zu ersetzen. Eddy war wieder in seiner Welt der Stille.

Der kurze Vorgeschmack dessen, was möglich war, übte jedoch einen unwiderstehlichen Reiz auf Eddy aus. Er drehte das Radio auf größte Lautstärke, stellte sich in eine Ecke seines Zimmers, wo die zusammenstoßenden Wände den Klang auffingen und nach beiden Seiten hin verstärkten, und bemühte sich, das dumpfe Gerede der Rundfunksprecher nachzuahmen. Er strengte sich furchtbar an, die stimmlosen Silben mitzubekommen, die fehlenden Konsonanten einzusetzen und die Worte mit der Überzeugung und Deutlichkeit eines Sportberichterstatters oder Nachrichtensprechers auszusprechen.

Stunden und Tage verbrachte er mit Zuhören und Sprech-übungen.

Im Lauf der Jahre wurde Eddy von seiner Mutter darauf hingewiesen, daß er als normal heranwachsender Junge Sport treiben müsse. Sie meldete ihn an und trieb ihn hinaus. Er versuchte es mit Baseball und Basketball. Er hatte eine gute körperliche Koordination, einen scharfen Blick und war groß genug. Obwohl er Vorletzter auf der Liste war, kam er im Basketball in die B-Mannschaft. Doch wie vorauszusehen war, hatten die Jahre, in denen er auf sich selbst gestellt war und sich nicht an Gruppenaktivitäten beteiligte, ihn zwar gelehrt, gut Mann gegen Mann zu kämpfen, aber seine Fähigkeit zum Teamwork war gleich Null. Er nahm an den Spielen teil, saß aber meistens auf der Reservebank. Dort mit einer Reihe anderer Jungs auszuharren war immerhin schon näher am »Dazugehören«, als er je erlebt hatte. Freitagabends bei den Spielen war er mit dabei, beklatschen ihn die Anhängerscharen, fühlte er freundliche Hände auf seiner Schulter, wurde er genauso behandelt wie die anderen, fiel er wegen seiner Vorzüge auf und nicht wegen seiner Behinderung. Eddy gewann ein neues Selbstvertrauen, nicht so sehr wegen des Basketballs, sondern wegen seiner Gruppenzugehörigkeit, die ihn stolz darauf machte, *er selbst* zu sein. Basketball bedeutete Eddy viel, aber das Spiel bereitete ihm auch viel Mühe. Nicht nur, daß er den nicht besonders hoch angesehenen Status eines Reservespielers innehatte, er verstauchte sich mehrmals das Fußgelenk und versäumte dann ganze Spiele. Er wußte nicht, ob sein Fußgelenk je wieder vollkommen in Ordnung kommen würde. Das Basketballspielen hatte ihm zwar Einlaß in die Welt normaler Jungen verschafft, aber er war sich nicht sicher, ob es den Preis lohnte. Eines Abends, nachdem er mitten in der Saison ein ganzes Spiel lang die

Bank gewärmt hatte, stieg er aus dem Team aus. Er hatte eine Entscheidung getroffen, aber er fühlte sich auf einmal kreuzelnd. Er ging heim und schlüpfte trübsinnig in sein Zimmer, ohne jemandem zu erzählen, was er gemacht hatte. Er warf sich aufs Bett, um die Leere durch Schlaf zu vertreiben.

Da träumte er, ihm wären gewaltige Flügel gewachsen, und er könne fliegen. Aber obgleich die Flügel anmutig geformt waren, konnte er nur unter schrecklichen Mühen abheben. Nach mehreren vergeblichen Versuchen, sich in die Luft zu schwingen, flog er endlich in den dunklen Nachthimmel hinaus und bis zur hellerleuchteten Turnhalle seiner Schule, wo gerade ein Basketballspiel stattfand. Er schwebte über dem Spiel und spornte sein Team an.

»Ich fühlte mich leicht und frei«, erinnerte er sich. »Niemand schien mich zu bemerken. Es tat mir gut, so als ob ich das nicht mehr nötig hätte.«

Wie in seinem Himmel-Berg-und-Tal-Träumen schwebte Eddy auch wieder hoch über den anderen Menschen. Die Flügel stellten das Mittel dar, sich erfolgreich aufzuschwingen, und der unbeholfene Start seine schwierige Ausgangsposition; aber die wogende Menschenmenge im Tal, bisher immer abstrakt und fern, war jetzt durch sein Basketballteam ersetzt. Er war einer der ihren gewesen; er hatte zu etwas dazugehört. Das Basketballteam hatte nun ausgedient. Er hatte sich weiterentwickelt und konnte zu etwas anderem übergehen. Er brauchte das Basketballspiel nicht mehr als Arena, in der er sich beweisen oder die Aufmerksamkeit auf sich lenken konnte, er war nur noch anspornender Zuschauer.

Als Eddy erwachte und über den Traum nachdachte, merkte er, daß ihm nun wohler war, was seinen Entschluß betraf, aus dem Team auszuscheiden. Die Verlegenheit, als letzter auf der Bank zu sitzen, die Scham über den Ausstieg und die qualvolle Aussicht, seinen Teamkameraden gegenübertreten zu müssen, war wie weggeblasen. Er fühlte sich dem Leben gewachsen und war offen für neue Aktivitäten, die seinen Begabungen mehr entsprachen.

Etwa um diese Zeit kratzte Eddys Mutter erneut ein paar Hundert Dollar zusammen und kaufte ihm ein neues Hörgerät. Diesmal trug Eddy es ohne Befangenheit; er hatte inzwischen ein Selbstwertgefühl, das stärker war als sein Gefühl des Behindertseins. Es fiel ihm zwar weiterhin schwer, Gruppendiskussionen zu verfolgen, aber Gespräche von Mensch zu Mensch bereiteten ihm keine Schwierigkeiten. Spezielle Sprachkurse und sein Hörgerät halfen ihm, die Mechanik des Sprechens so zu meistern, daß nur noch die Spur eines Lispeins auf seine bisherige Behinderung hindeutete. Er hatte seine Taubheit weitgehend überwunden. Doch da er in den prägenden Jahren keine normalen sozialen Kontakte gehabt hatte, hielt das Gefühl des Isoliertseins an. Mit Hilfe staatlicher Mittel zur Rehabilitation von Sprachgestörten und des Geldes, das er nebenbei verdiente, schaffte er den Eintritt in eine staatliche Universität, wo er endlich seine intellektuellen Fähigkeiten unter Beweis stellen und sich Menschen mit ähnlichen Geistesgaben zugehörig fühlen konnte. Er genoß alles aus vollen Zügen und schöpfte seine Talente nach Kräften aus. Besonderen Gefallen fand er an solchen Fertigkeiten, die ihm früher vorenthalten geblieben waren. So unterhielt er seine Freunde regelmäßig mit lustigen Kabarettstückchen aus dem Stegreif, war Mitglied des Debattierclubs und gehörte zur Redaktion der Studentenzeitung. Für den Ärger, den er vielleicht noch immer gegen jene Menschenwogen aus seiner Vergangenheit hegte, fand er ein gutes Ventil, zumindest in den Augen seiner Freunde: Er schloß sich der Studentenbewegung an, nahm an Protestveranstaltungen gegen die bestehende Politik teil. Außerdem hatte er eine Freundin.

Dann hatte er eines Nachts wieder seinen alten Traum. Der gleiche Berggipfel, der gleiche unheimlich schwarze Himmel, die gleichen zwei roten Monde, das gleiche Tal. Auf dem Gipfel stehend erkannte er im Traum die Konstellation, die seine Isolation symbolisierte, die Traumsituation, die stets Katastrophen vorausgegangen war. Von den Menschenwogen im Tal kam plötzlich ein Aufschrei, als würden sie gespalten und der Strom zweigeteilt wie das Rote Meer. Er empfand Trennungsangst.

Eddy wurde durch seinen Zimmergenossen geweckt, der mit leeren Farbspraydosen hereingestürmt kam und sich damit brüstete, das Universitätsgebäude mit Anti-Vietnam-Parolen eingesprüht zu haben. Morgens erschienen der Dekan und der Polizeichef im Studentenwohnheim. Sie nahmen Eddy im Auto mit und verhörten ihn stundenlang. Eddy bestritt, an den Ausschreitungen beteiligt gewesen zu sein, aber er hielt sich an die Spielregeln; er verteidigte sich nicht dadurch, daß er seinen Zimmergenossen verpfiff. Die beiden jungen Männer wurden von der Universität gewiesen. Vorbei war es mit der Zeitungsarbeit, dem Diskussionsforum, der Kameradschaftlichkeit unter den Aktivisten, der Freundin und der Zugehörigkeit. Seine Welt war ebenso gespalten worden, wie die Menschenmenge in seinem Traum geteilt worden war.

Eddy schaffte später die Rückkehr zum Studentenleben, aber diese späteren Jahre waren nicht so wie die ersten, in denen er mit anderen zusammen die intensiven Erfahrungen des begeisterten Neuanfängers und leichtsinnigen Studenten machte. Er wollte nur noch die nötigen Prüfungen ablegen. Er bestand sein Examen in Psychologie und trat ins Berufsleben ein.

Eines Januartages ging er eine neue Beziehung ein, die mit einem neuen Tätigkeitsfeld gekoppelt war. Er lernte eine Video-Produzentin namens Michelle kennen, mit der er gemeinsam eine Fernsehproduktion mit dem Titel »Die Lebenskraft« entwickeln wollte, eine Multimedia-Kampagne für einen gesünderen Lebensstil in einem ärmeren Teil des Landes, der für seine unvernünftigen Ernährungsgewohnheiten, einen besonders hohen Prozentsatz an Alkoholikern, einen schlechten Bildungsstand und einen bedenklichen Mangel an Selbstachtung bekannt war, alles charakteristisch für Randgruppen der Bevölkerung.

Die Arbeit sollte Eddys und Michelles beiderseitiges Interesse an Menschen widerspiegeln, die ihre physischen, mentalen und spirituellen Möglichkeiten nicht ausschöpften. Das Projekt wurde von verschiedenen Behörden und landesweit bekannten Fitneß-Experten unterstützt. Michelle und Eddy hatten vor, viel herumzureisen, die Lage zu dokumentieren und ihre Beobachtungen auf eine Weise in Bild und Ton umzusetzen, die veränderungswillige Menschen gefühlsmäßig ansprechen würde. Michelle wollte die Menschen und Szenen aussuchen, durch die sie ihr Anliegen am besten ins Bild setzen konnten. Eddy war dafür zuständig, die richtigen Worte für die Probleme dieser Menschen zu finden. Das Video-Projekt sollte später im Rahmen einer größeren Kampagne mit in Seminare aufgenommen werden.

Eddy und Michelle diskutierten stundenlang über Ernährung und Philosophie, über frühere Beziehungen und Ziele. Sie reisten und arbeiteten zusammen. Sie gingen spazieren, hatten ihren Spaß miteinander. Zuerst war es nur Freundschaft, aber daraus wurde bald Liebe.

Im Laufe der Monate kam es zu Meinungsverschiedenheiten und Zweifeln bezüglich ihres Projekts; die viele Arbeit sowie Geldschwierigkeiten nagten an ihrer Bezie-

hung. Er meinte, kommen zu sehen, daß zuviel Nähe entweder ihr Projekt oder ihr Verhältnis ruinieren würde. Sie
erwog, allein herumzureisen und mit seiner Einwilligung
einen neuen Texter zu finden. Auch er hatte sich überlegt,
nicht Tag für Tag mit Michelle zusammenarbeiten zu wollen; er glaubte, mehr Abstand könnte ihrer Beziehung
nur guttun. Sie wartete auf eine Entscheidung seinerseits;
er zögerte. »Ich war irgendwie benommen«, sagt er. »Ich
wollte nicht mit ihr losziehen, konnte mich aber nicht zu
einer Entscheidung durchringen.« Er bat sie, ihm noch ein
paar Tage Zeit zu geben, bevor sie sich einen neuen Texter suchte. Bei Anbruch des Sommers zeigte Eddys ag-
gressive Kampagne erste Früchte. Verschiedene gute
Sponsoren großer Firmen versprachen ihre Unterstützung;
Schulbehörden und staatliche Stellen wollten das Programm übernehmen; es wurde über die Details verhan-
delt. Zum ersten Mal waren beide überzeugt, daß ihr Projekt ein Erfolg werden würde. Erleichterung und Freude
führten auch in ihrer Beziehung zu einer Entspannung;
sie kamen wieder gut miteinander aus. Bei diesen guten
Aussichten war die Frage des gemeinsamen Reisens nur
noch etwas, über das es sich irgendwann zu einigen galt.
Eines Abends setzte er sie nach den Aufnahmen zu Hause ab. »Also dann bis morgen«, sagte er locker. In dieser
Nacht hatte Eddy den folgenden Traum:

1. In einem großen Raum waren Scharen von Leuten, die
mit unserem Projekt zu tun hatten – Politiker, Sponsoren.
Es war alles so lebendig. Ein großer Tisch mit Glasplatte
war mit geräuchertem Lachs, gebratenem Puter und Sala-
ten angefüllt. Alle prosteten sich mit Korbel-Champagner
zu. Sie gratulierten einander, daß alles so gut liefe, und
priesen sich glücklich, daß wir so weit gekommen waren.

2. Ich hatte ein komisches Gefühl, weil die Feier verfrüht war. Wir besaßen zwar wohlwollende Briefe, in denen Einverständnis bekundet wurde, aber keine unterzeichneten Zusagen. Mich machte das nervös. Der Bankettraum hatte ein Panoramafenster, das sich direkt auf den Strand öffnete. Mir war unbehaglich zumute. Michelle saß zu meiner Rechten. Ich drehte mich um, denn ich hörte die Wellen. Der Himmel war tintenschwarz; die Meereswogen brausten vor Energie.

Michelle starrte ausdruckslos vor sich hin. Es war ein unheimliches Starren, und ich bekam keinerlei Reaktion von ihrer Seite. Alle anderen Leute feierten mit übertriebener Begeisterung, nur Michelle war wie in Trance.

Einer unserer Sponsoren erhob sich und brachte einen Toast aus: »Auf Michelle und Eddy, die wissen, wann ein anständiger Sturm losbricht.« In diesem Augenblick braute sich ein gewaltiger Sturm über dem Meer zusammen, als wolle eine Flutwelle uns alle fortschwemmen. Vor dem schwarzen Himmel näherte sich ein noch schwärzerer Trichter.

3. Michelle sah mich mit einem unglaublich starren Blick an, dann zog sie all ihre Kleider aus. Sie sagte: »Ich muß meine Augen holen« (sie bezeichnete ihre Videokamera als ihre Augen) und rannte splitternackt fort den Strand hinunter zu ihrem Auto. Ich rannte hinter ihr her. Der Haufen Leute sagte: »Laß sie doch; Künstler sind nun mal so.« Aber ich rannte mitten in den Sturm hinein. Sie hatte keine Schwierigkeiten, am Strand weiterzulaufen, während ich bei jedem Schritt vom Sturmwind zurückgeworfen wurde. Auf einmal sog der Trichter sie ein. O mein Gott! Sie ist tot. Fort. Ich hatte ein unglaubliches Gefühl von Verlust. Mein Gesicht brannte von Tränen.

4. Dann wurde mir auf einmal überall warm; ich spürte, daß ich wieder in meinem Tal war. Das rhythmische Wogen, das Gesumme. Ich spürte, daß ich alles unter Kontrolle hatte. Ich brauchte nur noch meine Arme zu heben und den Klang zu erzeugen, den ich seit meiner Kindheit kannte. Ich hob die Arme, und der Himmel hellte sich auf. Michelle schwebte herab. Ich nahm sie in die Arme und trug sie fort von dem Raum, fort von ihrem Auto, fort von dem Projekt. Ich fühlte mich wohl.

Eddy hatte seine Träume zwar immer intuitiv richtig verstanden, durch meine Methode der Traumanalyse jedoch ein tieferes Verständnis der Schritte gewonnen, die er getan hatte und die ihn darauf vertrauen ließen, daß auch zukünftige Mißgeschicke ihm Gelegenheit böten, sich weiterzuentwickeln. Hier seine Wortassoziationen, nach den vier dramatischen Szenen seines Traums unterteilt:

1. *Großer Raum* – Viele Leute, eine Herausforderung: Ich konnte immer gut von Mensch zu Mensch kommunizieren, aber in einem großen Saal voller Leute hindern mich die Hintergrundgeräusche in meinem Hörgerät daran, einem Gespräch zu folgen.
Unser Projekt – Projekt und Beziehung haben beide zur gleichen Zeit angefangen. Damit ist die Symbiose unserer politischen Überzeugungen, unserer Kunst, in der wir uns ergänzten, und unseres Gespürs für Menschen ausgedrückt. In dem Projekt lief das alles zusammen.
Politiker – Entscheidungsträger, Sprachrohre.
Sponsoren – Förderer, Partner.
Tisch mit Glasplatte – Transparenz, totale Durchlässigkeit.
Lachs, Puter, Salate – Essen war immer ein Hauptthema in meinem Leben, dabei bin ich immer noch ein »brotloser Künstler«.

Korbel-Champagner – Unbehagen, erinnert mich an eine Frau, mit der ich einmal verlobt war; wir pflegten auf dem Anlegesteg zu sitzen und diesen guten, billigen Champagner zu trinken. Sie hat Selbstmord begangen.

2. *Wohlwollende Briefe* – Hilfsbereitschaft, aber leere Versprechungen.

Panoramafenster – Ich konnte deutlich sehen, wie sich der Sturm zusammenbraute.

Strand – Ein sowohl angsteinflößender als auch schöner Ort. Im Alter von 12 Jahren wäre ich zweimal beinahe ertrunken. Er bedeutet Erneuerung und Angst.

Michelle zu meiner Rechten – Meine Partnerin, ganz anders als ich, nicht so emotional, eher distanziert, abwehrend; jemand, den ich brauchte, um mich selbst verstehen zu können. Da ist auch eine Taubheit in mir, die ich durch Kameraderie überdeckt habe, mit Debatten und Auftritten, etwas, an das ich rühren mußte.

Wellen – Kräfte im Tal, Menschen, zu denen ich nie gehören konnte.

Unheimliches Starren – Ich weiß nicht, wer ich bin, was ich hier mache oder warum wir bis hier gekommen sind.

Toast ausbringen – Es war äußerst merkwürdig, denn der Typ, der Michelle und mir zuprostete, war ihr gegenüber einmal zudringlich geworden. Ich war von ihm enttäuscht. Enttäuschung, Täuschung.

Anständiger Sturm – Kulmination der Wellen.

Trichter – Geballte Energie.

3. *Zog all ihre Kleider aus* – Sie ist normalerweise so abwehrend. Hier hat sie sich geöffnet, aber es war eine überflüssige Geste, als ob sie sagen wollte: »Auch wenn ich mich öffne, kannst du mich nicht sehen« oder: »Verletzlichkeit war im Grunde gar nicht so wichtig.«

Ihre Augen – Ihre Kamera. Sie benutzt sie als Schild. Sie sieht ihre Objekte, aber die sehen sie nicht.

Sie rannte fort – Preisgegebensein, wie bei meinem Vater.

Der Trichter sog sie ein – Wegen der Riesigkeit der Aufgabe.

4. *Überall warm* – Stimme aus dem Tal.

Im Tal – Aber nicht als dessen Teil, nur mit Kraft von da.

Gesumme – Energie.

Arme heben – Geste der Macht, Kontrolle.

Trug sie fort – Ich konnte sie haben, aber nur fern vom Projekt.

In der ersten Szene ist die *Situation* klar. Die große Herausforderung in Eddys Leben, »klarzukommen« mit allen Problemen, wird durch das Projekt symbolisiert, das in sich die Möglichkeiten des künstlerischen Erfolgs, der Liebe und des guten Essens vereint.

Das *Problem* aus Szene 2 ist Eddys Unbehagen darüber, den Erfolg des Projekts zu feiern, denn im Feiern selbst sieht er nur den Keim zu Enttäuschung, Verlust und Schmerz. (Einen ersten Hinweis auf dieses Problem gibt bereits Szene 1, wo Eddy den Korbel-Champagner mit dem Verlust seiner Verlobten durch Selbstmord assoziiert.) Eddy erkennt in Michelle nicht den Gegenstand seiner Liebe, wie man eigentlich erwarten sollte; vielmehr deutet er an, daß sie seine Suche nach sich selbst repräsentiert. Man beachte, daß *ihr* unheimliches Starren von ihm mit *seinem* Unvermögen assoziiert wird, zu sich selbst zu finden. »Michelle zu meiner Rechten« bedeutet für ihn »jemand, *den ich brauchte, um mich selbst verstehen zu können. Da ist auch eine Taubheit in mir.«* Michelle als Traumelement ist eine Art *Alter ego,* das seine Bemühungen personifiziert, hinter die eigene Fassade zu schauen.

In Teil 3 halten wir nach dem Dilemma Ausschau und seiner *Steigerung bis zur Klimax.* Michelle zieht sich aus, rennt weg und wird eingesogen – ein deutlicher Höhepunkt.

Die Selbsterkenntnis war letztlich doch nicht so großartig, wie er gedacht hatte. Die Selbstfindung liegt immer noch vor ihm, und er ist überwältigt von der *Riesigkeit der Aufgabe.*

Er fühlt den gleichen Schmerz, den er zu anderen Zeiten so stechend empfunden hat, wenn ihm seine Identität durch einen Schicksalsschlag entrissen wurde. Die *Auflösung* kommt rasch und deutlich. Die Bilder des Grundthemas seines Lebens kehren wieder. Er ist zum ersten Mal *im* Tal, wenn auch nicht *als dessen Teil.* Er fühlt die Stimme aus dem All. Er entscheidet sich für die Kontrolle. Auf seinen Befehl hin hellt sich der Himmel auf. Er geht von neuem voller Vertrauen auf die Identitätssuche, aber es ist klar, daß seine Suche nach sich selbst nicht vom Erfolg oder Mißerfolg des »Lebenskraft-Projekts« abhängt; er trennt sein Verlangen nach Identität von dem Projekt.

Der Traum selbst hat Eddy wahrscheinlich nicht die Macht *verliehen,* sein Leben in den Griff zu bekommen, aber er hat ihm seine neue starke Position *bewußt gemacht.* Er hat ihn daran erinnert, daß er die Kontrolle haben kann, hat ihn in seiner Entscheidung bestätigt, sich von Michelle zu distanzieren und eine zwar reduzierte, aber doch wichtige Rolle für das Gelingen des Projekts zu spielen. Er spürte die wachsende Kraft und reagierte positiv, das heißt, er beschloß, die Initiative zu ergreifen, indem er seinen Status im »Lebenskraft-Projekt« veränderte. Aber bevor er nach seinem Traum Michelle anrufen konnte, rief sie ihn an. Sie habe an seiner Stelle eine Entscheidung getroffen, sagte sie. Er würde nicht mehr mit ihr herumreisen. Sie war fest entschlossen, sich einen anderen Texter zu suchen. Er sollte natürlich wie bisher voll am Projekt beteiligt bleiben und weiterhin für das Marketing verantwortlich sein. Und, fügte sie hinzu, mit ihrer privaten Beziehung sei es auch vorbei; sie liebe ihn nicht mehr, vielleicht hätte sie *ihn* nie so geliebt wie die *Idee,* mit einem Geliebten zusammenzuarbeiten.

Eddy war tief getroffen. Gerade als er dachte, die Dinge würden sich besser denn je entwickeln, war die Liebesbeziehung zu Ende. Er empfand grenzenlose Enttäuschung. Aber statt wie früher bei ähnlichen Enttäuschungen, empfand er diese Zurückweisung nicht als Weltuntergang. Er kannte seinen Traum. Er akzeptierte die Kraft aus dem Tal. Sein neugewonnenes Stehvermögen war ihm ebenso fremd und überraschend wie Michelles Bekenntnis, und er hüllte sich damit ein wie in einen neuen, magischen Umhang.

Einige Nächte später hatte Eddy wieder einen Traum. Er war in dem Tal; die vertrauten Wogen brandeten rhythmisch um ihn herum. Auf einer Seite des Tals war eine Wand. Etwas war verschlossen, aber die Wand wirkte nicht unbedingt bedrohlich. Er ging zu ihr hinüber und fand in einem Mauerriß steckend einen Brief. Irgendwie wußte er, daß die Nachricht für ihn bestimmt war, und er öffnete den Brief. Obgleich er sich im Traum nicht bewußt war, den Inhalt wirklich wahrzunehmen, wußte er, daß es ein Schreiben von Michelle war. Der Traum endete damit, daß Eddy den Brief hielt, ohne Freude oder Trauer zu empfinden, aber mit einem starken Gefühl, daß in bezug auf den Inhalt des Briefes alles in Ordnung kommen würde.

Als symbolisches Schauspiel ist der Traum ziemlich deutlich. Eddy bestätigt, daß das Tal wieder das gleiche Tal war. Die Wand, sagt er, ist eine Barriere; irgend etwas ist verschlossen. Der Brief bedeutet Kommunikation, aber keine unmittelbare. Der Riß ist ein Spalt in der Barriere, eine Möglichkeit zur eingeschränkten Kommunikation. Eddy war sich klar darüber geworden, daß er in Michelle die Chance gesehen hatte, seine Karriere, sein Verlangen nach einer intimen Beziehung und seine Suche nach sich selbst auf einen Nenner zu bringen – das »Lebenskraft-Projekt«. Das lag nun außerhalb seiner Reichweite, aber das Gefühl der Befriedigung war eher »geschäftlich« und weckte den Gedanken in ihm, es sei an der Zeit, sich etwas anderem zu widmen.

Das Traumproblem zeigt wie das wirkliche Problem auf, daß eine Barriere entstanden ist zwischen ihm und der Verwirklichung seines Ziels – Harmonie in sein Leben zu bringen. Dann nimmt Michelle wegen des Projektes Verbindung zu ihm auf, aber aus der Ferne, nicht hautnah. Das Projekt ist jetzt reines Geschäft, ein Karriereschritt, und nicht die Synthese all dessen, was er sich von seinem Leben erhofft hat. Im Traum wird die Lösung angeboten, diese Situation zu akzeptieren und zufrieden und optimistisch zu sein.

Der Traum hat Eddy geholfen, das Projekt und die Ereignisse der jüngsten Vergangenheit in der richtigen Perspektive zu sehen und auch in einem enger gesteckten Projektbereich das Seine tun zu können. Eddy fand die Symbolik seines Traums klassisch und kaum verschleiert.

Um so überraschter war er am nächsten Tag über einen Brief, eine Verbindung zu Michelle, diese allerdings indirekt, über ihren Rechtsanwalt. Darin hieß es, das Projekt müsse auf eine klare vertragliche Grundlage gestellt werden, durch die ihre jeweiligen Urheberrechte fixiert würden. Der Brief wirkte auf Eddy sehr ernüchternd. Er war an eine Rollenverteilung entsprechend ihrer persönlichen Beziehung und der jeweiligen Begabungen und Erwartungen gewöhnt. Jetzt mußte er die Auswirkungen in Betracht ziehen, die die Barriere zwischen ihnen auf seine berufliche Laufbahn hatte. Er stellte sich vor, wie er Hunderte von Dollar an einen Rechtsanwalt bezahlen müßte, nur um sich die Früchte seiner bis dahin geleisteten Arbeit zu sichern. Es kam ihm alles wie ein schlechter Traum vor. Dann fiel ihm ein, daß der Traum in der vergangenen Nacht, der diesen Brief genauer vorausgesagt hatte, als er je vermutet hätte, ein guter Traum gewesen war, nicht unbedingt fröhlich, aber doch befriedigend. Seine Botschaft lautete eindeutig, daß sich alles fügen würde. Eddy beschloß, den Traum zu akzeptieren. Er besorgte sich zwar einen Anwalt, maß aber der Angelegenheit keine übermäßige Bedeutung mehr bei.

Alles ging gut. Das Projekt wurde finanziert und abgeschlossen, obgleich es sich nie zu dem breitangelegten Programm entwickelte, das ursprünglich geplant war. Eddy ist zur Zeit mit einer anderen interessanten Aufgabe größeren Umfangs beschäftigt. »Manchmal zerreißt es mich noch, wenn ich daran denke, was hätte sein können«, sagt er, »aber im großen und ganzen bin ich darüber hinweg. Ich bin auch endlich wieder zuversichtlich in bezug auf irgendeine zukünftige Beziehung. Natürlich bin ich immer noch verletzlich, aber ich weiß, daß es kein Weltuntergang ist, wenn ich mich jemandem öffne, etwas riskiere und verliere. Ich habe *mich* in der Kontrolle; ich bleibe *ich* bis ans Ende des Sturms.«

Das Leitmotiv seiner Träume – das Auf und Ab seines Versuchs, dazuzugehören und gleichzeitig seine eigenen überlegenen Fähigkeiten zu entwickeln – hat durch seine tiefe Symbolik Eddys Entwicklung geprägt. Außerdem läßt die prophetische Kraft einiger seiner Träume, die Schicksalsschlägen vorausgingen, von denen Eddy keine Ahnung hatte, auf parapsychisches Wissen schließen, das in Form von Symbolen übermittelt wurde. Diese parapsychische Qualität seiner Träume gibt Eddy das Vertrauen, das er in sie setzt: Er ist zuversichtlich, daß er seinen erhabenen Aussichtspunkt auf dem Berg behält, der sich vor einem immer heller werdenden Himmel erhebt, daß er die Reste seiner brennenden Monde erträgt und sich immer mehr einstimmt auf den Rhythmus des Tals.

11 Leitmotivträume II: Adele

Wie Eddy hatte auch Adele jahrelang aufwühlende Träume, die die Hauptkonflikte ihres Lebens widerspiegelten. Im Gegensatz zu Eddy war sie sich der parapsychischen Komponente ihrer Träume nicht bewußt, meinte jedoch, daß sie Einsichten symbolisierten, die sie nie in ihrer ganzen Tiefe erfaßt hatte.

Ich machte Adeles Bekanntschaft bei einem meiner Workshops, wo sie meine Methode der Trauminterpretation kennenlernte. Später vereinbarte sie einen Termin für eine private Sprechstunde mit mir. Sie vermittelte mir einen allgemeinen Eindruck von ihrer Kindheit in den 40er und 50er Jahren und legte mir ihre gegenwärtigen Probleme im wesentlichen dar; dann redeten wir eine Zeitlang über ihre Träume. Ich merkte bald, daß sie ihre eigenen Träume sehr genau zu interpretieren verstand. Sie wechselte zwar später zu einem anderen Therapeuten über, der sie nichts kostete, besuchte mich aber trotzdem ab und zu, um mir von ihren »Fortschritten« zu berichten und mir besonders wichtige Träume mitzuteilen. Sie gestattete mir, ihre Geschichte zu veröffentlichen, denn wir hatten beide den Eindruck, daß die Trauminterpretation über einige Jahre hinweg ihrer Entwicklung förderlich sei, und hofften, ein detaillierter Bericht könne auch für andere lehrreich sein, denen die wiederkehrende, aber verschleierte Botschaft ihrer Symbolträume Kopfzerbrechen machte.

Nach der Art und Weise zu schließen, wie Adele mir ihre Kindheit schilderte, fühlte sie sich als »Junge« der Familie. Als Älteste von vier Mädchen hatte sie das Empfinden, anders zu sein als die Schwestern. Sie war ernster, zurückhaltender und verantwortungsbewußter als ihre umgänglichen jüngeren Schwestern. Sie war der leistungsorientierte Typ; die anderen waren ihres Erachtens abhängiger, unbekümmerter und liebenswerter. Die charakteristischen Eigenschaften ihrer Schwestern hielt sie für feminin, ihre hingegen eher für maskulin. Irgendwie war sie auf den Gedanken gebracht worden, maskulin sei besser, und deshalb schätzte sie die entsprechenden Qualitäten. Wenn jemand, der ihre logische Denkweise bewunderte, ihr sagte, sie dächte wie ein Junge, faßte sie das als Kompliment auf. Doch obgleich sie ihren Eltern fast schon so etwas wie ein Sohn war, war sie doch weniger als ein Junge. Ihre Eltern hatten anscheinend nur etwas für ihre Leistungen übrig. Über ihre Zeugnisse und Preise hinaus, die ihr verliehen wurden, reichte das Interesse der Eltern an ihr offenbar nicht. Ihre Schwestern hingegen waren anhängliche, gewinnende, kichernde Mädchen, ein Paradebeispiel dafür, wie Mädchen sein sollten. Sie waren alle drei die besonderen Lieblinge ihrer Eltern, mit denen gern Zeit verbracht wurde. Adeles Unabhängigkeit wirkte nicht nur so, als brauche sie die Zuwendung ihrer Eltern nicht im gleichen Maße wie ihre Schwestern, sondern gab den Eltern auch das Gefühl, nicht gebraucht zu werden. Es kam keine rechte Wärme auf zwischen ihr und ihren Eltern. All dies nahm sie von Anfang an als gegeben hin, denn sie lernte erst in den letzten Jahren, ihre Überzeugungen zu artikulieren und in einem größeren Zusammenhang zu sehen.

Adele erklärte mir ferner, daß sie von frühester Kindheit an Vertrauen in ihre Fähigkeiten hatte und Großes zu vollbringen hoffte. Sie war davon ausgegangen, die Erfolgsfrau der Familie zu sein und Karriere zu machen, während ihre Schwestern ihrer Meinung nach nur Durchschnittliches leisten, früh heiraten und eine Familie haben würden. Ihre Familie war stolz auf ihre akademischen Leistungen und ihre Begabungen, aber rein menschlich schien sie nicht viel Freude zu verbreiten. Sie konnte es kaum erwarten, von zu Hause fortzugehen und ein unabhängiges, tatkräftiges Leben zu führen. Der Werdegang, den sie sich ausmalte, gehörte eigentlich in die Männerwelt.

Doch als sie endlich die Wahl hatte, zum Beispiel, welches College sie besuchen wollte, schrieb sie sich an einem ausgesprochen langweiligen, nüchternen Institut ein. Drei größere Colleges fern von ihrem Heimatort, darunter sogar eins in einer Tausende von Kilometern entfernten Großstadt, hatten sie angenommen. Außerdem stand ihr noch ein kleines Institut in der Nähe, das nur Mädchen besuchten, offen. Sie wählte die kleine, wohlbehütete Mädchenschule nahebei. Sie hatte mit dem Gedanken gespielt, eine Schule zu besuchen, die ihren Träumen mehr entsprach, sich die Möglichkeit eine Weile durch den Kopf gehen lassen und sie dann verworfen. Sie war schließlich eins der selbstsichersten Mädchen unter den Neuanfängern an ihrer Schule; das war ihr vielleicht auch lieber, als in einer Schule mit höheren Anforderungen klein anfangen zu müssen. Sie erzielte erwartungsgemäß hervorragende Leistungen.

Die nächste wichtige Entscheidung, die sie traf, war ihre Heirat sofort nach dem Schulabschluß, sie folgte ihrem Mann nach, wo immer ihn sein Beruf hinführte. Rick war ein intelligenter Mensch mit College-Abschluß und in einer sehr konservativen, traditionsgebundenen Arbeiterfamilie aufgewachsen. Er suchte das erste gemeinsame Auto, die erste gemeinsame Wohnung und die ersten Möbel aus. Sie war zwar immer dabei, aber er gab den Kurs an, und sie beschränkte sich darauf, ihm beizupflichten. Ihr gefiel alles, wofür er sich entschied. Sie lernte Kochen und war fest entschlossen, als Hausfrau ebenso zu glänzen wie einst als Studentin.

Es dauerte nicht lange, und ihr wurde von einer großen Firma eine Stellung angeboten; man hatte sich an das College gewandt, und einer ihrer Professoren hatte sie empfohlen. Sie überlegte sich die Sache mit geheimer Sehnsucht; ihr wurde bewußt, daß die Arbeit im Grunde genau ihren früheren Berufsvorstellungen entsprach, aber als sie sich einmal realistisch ausmalte, wie ihr Eintritt in die Berufswelt aussehen würde, kamen ihr große Bedenken. Sie lehnte die Stellung ab mit der Begründung, erst ein Kind haben zu wollen. Dadurch hielt sie sich Stellenangebote sicher vom Leibe.

Sie war glücklich mit ihrem Mann, ihrem ersten Kind, einem Mädchen, und den zwei darauffolgenden Söhnen, aber irgend etwas fehlte ihr zum vollkommenen Glücklichsein. Sie kam nicht darauf, daß es an ihrer emotionalen Situation liegen könnte, denn sie hatte sich schon lange mit dem Gefühl abgefunden, auf mehr zu warten. Doch dann überkamen sie zeitweilig Depressionen und Gefühle, die ihr neu waren: extreme Müdigkeit, lange Stunden des Schlafs, Augenblicke der Verzweiflung, in denen sie bis zur Erschöpfung schluchzte, ohne eine einzige bestimmte Klage über ihr Leben formulieren zu können. Bei all dem Schlafen und Schluchzen vernachlässigte sie die Hausarbeiten, die ihr ohnehin stets etwas lästig gewesen waren. Aber Rick legte Wert auf einen gut geführten Haushalt. Je mehr er sich darüber beschwerte, wie ungenügend sie ihren Hausfrauenpflichten nachkam, um so mehr haßte sie die Hausarbeit und um so trübsinniger wurde sie. Das alles behielt sie für sich, und wenn ihr Mann nach Hause kam, zeigte sie ihm ein fröhliches Gesicht. Sie servierte das Essen und hörte sich an, was er

von seiner Arbeit erzählte, von den beruflichen Heraus-
forderungen, den Leuten, die er kennenlernte, und den
Verkaufsseminaren, an denen er teilnahm.

Sie unternahm nichts gegen ihr wachsendes Unbehagen, weil sie gar nicht genau zu sagen vermochte, was sie
bedrückte, und mit Rick sprach sie nie über solche Dinge.
Sie hatte ihn einmal gefragt, warum sie keine langen Gespräche über ihre Gefühle führten, wie sie es früher mit
ihren engen Freundinnen getan hatte. Darauf hatte er erwidert: »Ich bin einfach nicht der Typ dafür.« Sie hatte ihn
auch einmal ruhig und freundlich auf etwas in seinem
Verhalten hingewiesen, das ihr Kummer machte, aber er
hatte nicht darüber reden wollen. Er ging zur Tagesord-
nung über, als hätte er gar nicht gehört, was sie vorbrach-
te. Sie kam später mit leiser Klage erneut darauf zu sprechen, und er schalt sie selbstsüchtig. Als sie das bestritt,
geriet er in Wut. Jetzt war sie mutlos und frustriert, und
sie hatte Angst, dieses Thema noch einmal anzuschneiden
oder überhaupt irgendwelche Klagen zu äußern. Mit den
Jahren stellten sich feindselige Gefühle bei ihr ein, wuchs
ihr Empfinden, ohnmächtig zu sein.

Allerdings bemerkte sie, daß gewisse Erfahrungen sie
glücklich machten. Sie unterhielt sich auf Partys viel lieber mit erfolgreichen Männern und Frauen statt mit dem
üblichen Pulk von Hausfrauen aus dem Freundeskreis.
Ihr fiel auf, daß sie richtig in Schwung kam, wenn sie
etwa darüber diskutieren konnte, wie gewisse Theorien
in der »wirklichen« Welt in die Praxis umgesetzt werden
konnten. Ihr Mann pflegte merklich gereizt zu sein, sobald
sie sich angeregt unterhielt und eine eigene gesellschaftliche Rolle spielte. Sie bekam Schuldgefühle, weil sie sich
an etwas freute, was ihn ärgerte. Er übte Kritik an dem,
was sie sagte, und befand, sie solle sich gefälligst zurück-
halten. Allmählich lehnte sie sich innerlich gegen sein

Mißfallen auf, aber gleichzeitig wuchs auch ihre Angst. Sie hielt Abstand von ihm, wenn sie im gleichen Zimmer waren. Sie merkte, daß ihre Beziehung zu ihm ihrem Verhältnis zu ihrem Vater sehr ähnlich war. Sie konnte ihn nicht lieben, weil alles – seine Spendierfreudigkeit, sein Beifall, der Hausfrieden – von seiner Zufriedenheit abhing. Und er war so schwer zufriedenzustellen!

Um diese Zeit herum begann Adele, Zeitschriftenartikel über Frauenfragen zu lesen. Schon bald wurde ihr klar, daß sie unter einem weitverbreiteten Frauensyndrom litt – die hochqualifizierte Frau wird Hausfrau. Punkt, aus. Sie las und las; sie sprach mit anderen Frauen, zuerst nur zögernd, dann begierig. Zorn erfaßte sie, heiliger Zorn, daß den Männern alle Möglichkeiten offenstanden, ihre Fähigkeiten voll auszuschöpfen, während die Frauen ihnen ein warmes Nest bereiteten, das sie bei ihrer Heimkehr vorfanden. Besonders wütend war sie auf ihren Mann, der sie ihrer Auffassung nach dafür strafte, nicht das nötige Interesse an der ihr zugewiesenen Rolle zu zeigen. Sie war wütend auf ihren Schwiegervater, der ihren Mann zu dem erzogen hatte, was er war. Sie war wütend auf alle Männer, die keinen Finger rührten, um daran etwas zu ändern. Sie hatte Alpträume gehabt, die ihr ihre Angst vor Männern und deren Macht vor Augen führten und ihr ihren Zorn verständlich machten, den sie über die Bedrohung durch Männer empfand.

Diese Alpträume hatte sie in Wahrheit schon seit ihrer Kindheit, aber in den letzten Monaten waren sie immer häufiger aufgetreten und immer schreckerregender und eindringlicher geworden. Sie fand die zunehmende Intensität ihrer Träume so bedeutungsvoll und richtungweisend, daß sie sich genötigt sah, der Sache gleich auf den Grund zu gehen. Der Ausdruck »schöne Träume« war Adele unbekannt, denn in ihren Träumen war angeblich nie etwas Schönes geschehen. Vielmehr erinnerte sie sich, als Kind zitternd und angsterfüllt aus ihren Träumen aufgeschreckt zu sein. Stets wurde sie im Traum von einem Mann gejagt, der ihr auflauerte und sie dann verfolgte. Der Mann, der ihr schaden konnte, hatte kein Gesicht, er war kein bestimmter Mann und besaß keine bestimmte Waffe. Sie rannte und rannte. Er lauerte in den Räumen fremder dunkler Häuser auf sie und trat ihr plötzlich entgegen. Sie flüchtete sich Treppen hinauf, aus Fenstern, über Dächer. Er wartete hinter dem Gebüsch im Wald auf sie, um ihr nachzusetzen. Sie stolperte Pfade entlang, sprang über Flüsse, erkletterte gigantische Felswände. Am schwersten fiel ihr im Traum immer die Entscheidung, ob sie sich in einem Schrank oder Gebüsch verstecken oder weiterrennen und Abstand zwischen sich und ihn bringen sollte.

Sie erzählte mir, der Mann in ihren Träumen käme allmählich näher und bliebe länger als je zuvor. Neuerdings war er sogar oft noch da, wenn sie erwachte. Er pflegte ihr zum Beispiel im Wald den Weg zu versperren; wenn sie dann aufwachte, stand er in ihrem Schlafzimmer. Wie ihr schien, blieb er noch sekundenlang, bis ihr Wachbewußtsein sein Bild verdrängte. Während sie früher wenigstens entkommen konnte, weil sie im entsetzlichsten Augenblick aufwachte, war sie jetzt vollkommen hilflos. Selbst das Aufwachen verschaffte ihr keine unmittelbare Erleichterung mehr.

Ich sagte: »Erzählen Sie mir von diesem Mann. Wie sieht er aus?«

Sie gab an, er hätte kein bestimmtes Aussehen. »Er hat Macht, und er ist selbstsicher. Er ergreift die Initiative. Er droht mir nicht mit etwas Bestimmtem, aber ich weiß, daß er stark ist, und ich habe Todesangst vor dem, was geschehen könnte.«

Ich sagte: »Dieser Mann ist *Ihr* männlicher Persönlichkeitsanteil. Ein Teil von Ihnen hat Macht, ist selbstsicher und geltungsbewußt. Sie wissen nicht, welche Gefahren dieser Teil Ihrer selbst heraufbeschwört. Sie wissen nur, daß Sie stark sind, und haben Todesangst vor dem, was geschehen könnte.«

Adele war zuerst hocherstaunt und dann wie erlöst, um anschließend in Tränen auszubrechen. Erst später erfuhr ich, wie wichtig diese Enthüllung für sie war.

Sie gab sofort zu, daß sie Charakteristika wie Macht, Selbstvertrauen, Geltungswillen und Stärke als männlich bezeichnen würde. Wenn sie diese Merkmale, die sie als Kind so hochgeschätzt hatte, im Traum personifizieren müßte, wäre das Bild ein Mann, pflichtete sie mir bei.

Bei Adele hatte ich die in Kapitel 7 beschriebene Methode der Traumdeutung angewandt. Meine Eingangsbitte »erzählen Sie mir von diesem Mann« entsprach im Grunde der Bitte, sich mit dem Traumbild zu identifizieren. Schritt für Schritt interpretiert, ergab sich als szenischer Hintergrund oder *Situation* ihrer wiederkehrenden Träume einfach das »wo ich bin«, während sich das *Problem* der Angst vor dem Mann abzeichnete, der die sogenannten männlichen Züge der Macht, des Selbstvertrauens und des Unternehmungsgeistes oder Geltungswillens verkörperte. Zu rennen und zu rennen, bis ihr Verfolger ihr den Weg versperrte, war die *Steigerung bis zur Klimax.* Wie bei den meisten wiederkehrenden Träumen gab es keine *Auflösung.* Der Traum wiederholte sich einfach und drängte immer wieder auf eine Lösung.

Diese Interpretation bewirkte eine sofortige Einstellungsänderung bei Adele. Sie war davon ausgegangen, daß der Mann im Traum alle Männer personifizierte – ihren Vater, ihren Mann und alle Männer, die den Frauen ein intellektuelles Eigenleben absprechen. Als ich ihr sagte, der Mann im Traum sei ein *Teil von ihr* und sie habe Angst vor ihrer eigenen Macht und Entschlußkraft, wurde ihr jäh bewußt, daß sie wirklich Angst hatte, nicht vor Männern, sondern davor, das Männliche bei sich selbst hervorzukehren. Männer, darunter auch ihr eigener Mann, *hätten* natürlich negativ auf ihre ehrgeizigen Ziele reagieren können, aber letztlich warfen ihre eigenen Hemmungen sie ebenso stark oder noch stärker zurück als negative Reaktionen von Seiten der Männer. Auch durch die Wahl ihrer Schule und ihres Partners schob sie ihren ehrgeizigen Wünschen, ihrer Risikobereitschaft selbst einen Riegel vor. Solange sie Stellenangebote ablehnte, Kinder bekam und mit ihrem Mann verheiratet blieb, brauchte sie sich nicht mit dem maskulinen Teil ihrer selbst auseinanderzusetzen, den sie früher einmal so geschätzt hatte.

Aber warum hatte das Kind, das einst so stolz war auf seine Fähigkeiten und sich darauf verließ, auf einmal solch eine Angst vor Charakterzügen, die seiner Entwicklung zum erwachsenen Menschen dienlich gewesen wären? »Ich weiß es nicht«, sagte Adele, »ich hatte einfach Angst, etwas falsch zu machen.«

Es stellte sich heraus, daß Adeles Angst vor dem männlichen Teil ihrer selbst dadurch begründet war, daß sie durch dieses Männliche früher ihre Beziehung zu ihrem Vater und später die Beziehung zu ihrem Mann gefährdet sah. Ihre Unabhängigkeit hatte sie die Zuneigung des Vaters gekostet; wenn sie so weitermachte, mußten sich nach ihrer Auffassung unweigerlich auch die Gefühle ihres Gatten ihr gegenüber verändern. Kein Wunder, daß sie vor ihrem eigenen Versuch, endlich außerhalb der Familie ihre geheimen Sehnsüchte zu stillen, innerlich zurückschreckte. Nun jedoch, da sie wußte, wovor sie Angst hatte, fiel ihre generelle Feindseligkeit gegenüber

Männern, die ihr angeblich keine Chance ließen, von ihr ab. Es war überwiegend ihr eigener Entschluß gewesen, ihre »maskulinen« Qualitäten zu verleugnen; jetzt konnte sie sich *dafür* entscheiden. Sie mußte nur die eigenen Wünsche gelten lassen und mit ihrem Mann besprechen, wie sie offen, konstruktiv und vorurteilsfrei zu verwirklichen waren.

Kurz nach ihrer Entscheidung, Männer nicht länger als Feinde zu betrachten, sondern sich endlich bewußt zu machen, daß sie selbst die Wahl getroffen hatte, einen wichtigen Teil ihrer Persönlichkeit zu verleugnen, hatte Adele wieder einen Traum. Im Gegensatz zu ihren anderen Träumen mit den einfachen Verfolgungsszenen war dieser viel detaillierter und komplexer. Die zusätzlichen Einzelheiten verstärken offenbar nur das Leitmotiv, mit dem sich Adele in ihren anderen Träumen immer wieder beschäftigte, bis sie es schließlich verstand. Wie in dem von Joseph gedeuteten Traum des Pharao, gab es zwei Teile. Der zweite war lediglich eine Wiederholung des ersten und zur Verdeutlichung der Thematik mit anderen Symbolen besetzt.

1. Ich träumte, ich wohnte allein in einem Haus auf einer Art College-Campus. Es gab eine Party mit einigen meiner Mitschülerinnen von der High-School.

2. Nach der Party versuchte ich ein Zimmer in dem Haus für Geld zu vermieten. Ein seltsamer älterer Mann meldete sich, mit dem mich nichts verband. Ich wollte ihm das Zimmer nicht vermieten, aber er ging einfach nicht weg.

3. Schließlich drängte ich ihn aus der Tür, aber er versuchte dauernd, wieder hereinzukommen. Dann versuchte ich, die Tür zu schließen, da nahm er Nagel und Schraubenzieher, um das Schloß damit aufzumachen. Ich wollte ihn mit irgend etwas schlagen, aber das machte ihm nichts aus.

4. Ich wußte, daß keine Hoffnung bestand, ihn herauszuhalten. Ich hatte große Angst.

1. Ich schaute Kindern zu, die auf dem Hügel spielten, und ein Pferd kam den Hügel heruntergaloppiert. Das gefiel mir.

2. Aber das Pferd kam an meine Tür und streckte seinen Kopf herein.

3. Ich versuchte, den Pferdekopf in aller Freundlichkeit hinauszudrücken, doch dann mußte ich etwas holen, um es dem Pferd über die Nase zu schlagen, was jedoch nichts nützte. Es war die gleiche Szene wie mit dem Mann.

4. Ich wußte, daß ich das Pferd nicht mehr viel länger draußen halten konnte. Ich hatte Angst, aber weniger Angst mit dem Pferd, weil es nicht so unheimlich war. Es war einfach kraftvoll und nicht so hinterlistig.

Adele erkannte sofort, daß der seltsame, aufdringliche Mann der gleiche Mann war, der sie ein Leben lang im Traum verfolgt hatte, denn sie empfand bei seinem Anblick das gleiche. Mit Leichtigkeit assoziierte sie die folgenden Worte mit den anderen Elementen ihres Traumes:

1. *Allein* – Selbständig sein.
Haus – Schutz.
College-Campus – Geschlossene Einheit.
Party – Nicht von mir arrangiert; ich hatte sie nicht eingeladen.

Mitschülerinnen von der High-School – Ich fühlte mich nicht zugehörig und nicht wohl bei ihnen.

2. *Ein Zimmer vermieten* – Von alters her ein Broterwerb alleinstehender Frauen ohne Beruf.
Geld – Zur Unabhängigkeit notwendig.
Seltsam – Ich kannte ihn nicht.
Älterer – Zu alt, um noch attraktiv zu sein.
Mann – Meine »maskuline Seite«.
Nichts verband – Nichts Verbindendes.
Ich wollte ihm das Zimmer nicht vermieten – Er war mir unangenehm, und ich wollte ihn nicht um mich haben.
Er ging nicht weg – Hartnäckig.

3. *Drängte ihn hinaus* – Ich war fest entschlossen.
Versuchte, wieder hereinzukommen – Finster entschlossen, unhöflich, unnormal.
Tür ins Schloß schnappen lassen – Eine Vorsichtsmaßnahme (als Kind versuchte ich, einem lästigen Kerl die Tür vor der Nase zuzuschlagen, aber er war stärker).
Er nahm Nagel – Männer verstehen sich auf Technik.
Und Schraubenzieher – Wie der Nagel.
Wollte ihn schlagen – Maß meine Kraft an ihm.
Es machte ihm nichts aus – Meine Kraft reichte nicht aus.

4. *Keine Hoffnung, ihn herauszuhalten* – Das gleiche.

1. *Kinder spielten* – Spaß, Geselligkeit.
Auf einem Hügel – Lieblich, ich mag Hügel.
Pferd – Schön, stark.
Galopp – Anmutig, frei.
Den Hügel herunter – Leicht, wunderbares Gefühl.
Das gefiel mir – Vergnügen.

2. *An meine Tür* – Drohende Gefahr.
Streckte seinen Kopf herein – Aufdringlich.

3. *Versuchte ihn hinauszudrücken* – Kampf.
In aller Freundlichkeit – Ich bemühe mich, freundlich zu sein.
Pferd schlagen – Ich mußte andere Saiten aufziehen.
Nützte nichts – Ich war machtlos.

4. *Wußte, daß ich es nicht mehr viel länger draußen halten konnte* – Es war nur eine Frage der Zeit.
Nicht so unheimlich – Natürlich, nicht hinterhältig.
Einfach kraftvoll – Offener Widerstand.
Nicht so hinterlistig – Offener.

Nach der Interpretation der *Situation* in der ersten Szene verstand Adele, daß sie zwar auf eigenen Füßen stand, aber nur in einer schützenden Atmosphäre wie etwa der des Colleges. Das *Problem* bestand darin, daß sich in ihre Bemühungen, sich ohne eine berufliche Tätigkeit durchzuschlagen, ein unerwünschter Mann, fremd und reifer als sie, hineinzudrängen versuchte. Als sich das Problem *steigerte,* gelang es ihr vorübergehend, ihn am Eindringen zu hindern, aber er setzte seine männlichen Fähigkeiten ein und bahnte sich einen Weg. Die zunächst noch beängstigende *Auflösung* hieß, daß der Störenfried sich Einlaß verschaffen und sie ihm gegenüberstehen würde.

Da sie durch die Deutung ihrer wiederkehrenden Träume gelernt hatte, daß der aufdringliche Mann der männliche Teil ihrer selbst war, den sie fürchtete, begriff sie auch die neue Traumbotschaft: Sie mußte diesen Teil ihrer selbst akzeptieren und lernen, ihn zu nutzen, statt sich vergeblich anzustrengen, »ihn« auszusperren.

Die zweite Version ihres Traumes deutete sie in gleicher Weise. *Situation, Problem, Steigerung bis zur Klimax* und *Auflösung* blieben unverändert. Aber sie merkte, daß sie in der zweiten Version mit dem Pferd als ungebetenem Gast alles in allem weniger eingeschüchtert wurde und besser zurechtkam. Sie fand zu den Kindern leichter Zugang als zu ihren Mitschülerinnen, und das Pferd war im Gegensatz zu dem älteren Mann schön. Die charakteristischen Merkmale des Pferdes – Kraft und Unternehmungsgeist – sah sie nun als bewundernswert, frei und anmutig an. Das Pferd erschien ihr »offener« und freimütiger in seinem Bemühen, hineinzugelangen; sie wußte inzwischen recht gut, woran sie mit dem Pferd war. Die Symbolik der zweiten Traumversion akzeptierte Adele bereitwilliger. Diese Version präsentierte die Botschaft so, daß sie mit mehr Selbstvertrauen darauf reagieren konnte. So sind Träume nun einmal beschaffen: Sie zeichnen ein Bild, um den Träumenden dem Grad ihrer emotionalen Aufnahmefähigkeit entsprechend bei der Lösung eines Problems zu helfen.

Adele wurde klar, daß die Zeit vorüber war, sich zu fragen, ob sie den bedrohlichen männlichen Teil ihrer selbst zulassen wolle oder nicht. Die Sache war entschieden. Sie wußte, daß ihr Leben dadurch gründlich verändert werden würde, daß sie zu einem neuen Konfrontationskurs gezwungen sein und Schuldgefühle bekommen würde. Sie wußte, daß auch Rick aus der Fassung gebracht werden würde, denn seine Lebensweise würde ebenfalls in Mitleidenschaft gezogen werden. Sie glaubte nicht, daß ihre Kinder dadurch aus dem Gleichgewicht kommen könnten, da sie noch flexibel waren, aber Rick würde sicher Schäden für die Kinder befürchten oder zumindest ihre Bedürfnisse als Vorwand benützen, um den Status quo zu bewahren. Sie war auf Widerstand seinerseits gefaßt, des

Menschen, dem von ihrer neuen Seite sich zu zeigen, sie sich am meisten fürchtete.

In Reaktion auf den Traum faßte sie dennoch den Entschluß, allen Ängsten zum Trotz die maskuline Seite ihrer selbst aufzuwerten, die sie schon als Kind geschätzt und von der sie als Erwachsene geleitet zu werden erwartet hatte. Sie entschloß sich, diesem unterdrückten Teil ihrer selbst eine Chance zu geben. Und sie war fest entschlossen, ihren Kindern mit gutem Beispiel voranzugehen als aktive, selbstsichere Frau, die ihr Schicksal in die eigenen Hände nahm und die sich nicht aus Angst vor unbequemen Veränderungen mit etwas Unbefriedigendem abfand. Sie wollte mutig sein und die Konsequenzen auf sich nehmen, so gut sie konnte.

Adele probierte im kleinen aus, Dinge zu tun, die »Männer tun«: Sie gab in eigener Regie Geld aus, ging allein aus, sprach mit dem Mechaniker über ihr Auto, informierte sich vor größeren Anschaffungen selbst in verschiedenen Geschäften, statt Rick zu fragen. Sie nahm Karatestunden und gewann ein neues Körperbewußtsein sowie Vertrauen in die eigene Kraft. Sie jubelte innerlich über das Gefühl ihrer neuen Unabhängigkeit, um dann auch wieder Angst vor der Reaktion ihres Mannes zu bekommen. Wie sie aus ihren Traumeinsichten wußte, waren die Ängste zum Teil durch die eigenen Hemmungen bedingt, die sich allerdings verstärkten, wenn er jede ihrer Bemühungen heruntermachte, im nachhinein ihre Entscheidungen kritisierte und etwas noch einmal tat, damit es »richtig« gemacht war. Da sie oft seine Reaktion schon voraussah – ob richtig oder falsch –, ging sie in vielen Dingen nur noch heimlich vor. Das weckte bei ihm natürlich Argwohn und Mißfallen.

Als sich der Konflikt zwischen ihrem Wunsch, selbständiger zu leben, und seinem Widerstand verschärfte, hatte sie eine neue Art von Alpträumen, aus denen sie zitternd und schweißgebadet erwachte. Sie träumte allnächtlich, wieder und wieder, in ihrem Keller würde sich ein Rüstungskonzern einrichten. Riesenraketen wurden da zusammengesetzt und mit gewaltigen Greiffahrzeugen zu Gestellen an der Wand transportiert, wo sie für irgendeine nahe bevorstehende Krise lagerten. Was dort vor sich ging, war einerseits aufgrund seiner kraftvollen und hochentwickelten Technik spannend, andererseits jedoch schreckenerregend wegen der Ungeheuerlichkeit der herannahenden Ereignisse. Das Entsetzlichste war, daß Adele im Traum wußte, daß sie selbst für diese Aktivität verantwortlich war. Sie konnte allerdings nicht herausbekommen, ob die bevorstehende Attacke, auf die sie sich vorbereitete, zu einem Verteidigungsprogramm gehörte oder ob sie als Angriffsoperation diente und eine feindselige Haltung einleiten sollte. Solange sie nicht wußte, worum genau es sich handelte, wollte sie ihrem Mann nichts davon erzählen. Jedesmal, wenn sie aus einem solchen Traum aufwachte, hatte sie in erster Linie Angst, daß ihr Mann etwas von der nächtlichen Aktivität im Keller merken könnte.

Eine Analyse dieses Traums enthüllte schnell, daß die heimliche Aufrüstung Adeles neues selbständiges Handeln darstellte. Die Frage war, ob sie sich durch die Fortsetzung dieser Aktivitäten heldenmütig darauf vorbereitete, es mit dem Feind aufzunehmen, oder ob sie selbst der Feind war. Sie schwankte hin und her zwischen der Überzeugung, das Richtige, Konstruktive zu tun, und der Angst, das Falsche, Destruktive zu tun. Lange Zeit vermochte sie diese Frage nicht selbst zu klären.

Adele begann, Selbsthilfebücher zu lesen, insbesondere darüber, wie man selbstsicherer wird. Sie probierte einige der empfohlenen Methoden aus und fand sie phantastisch. Allmählich gewann sie immer mehr Selbstvertrauen im Umgang mit Vertretern, Handwerkern, Ärzten und Freunden. Die Leute, mit denen sie zu tun hatte, reagierten positiver denn je auf sie. Sie fühlte sich langsam als neuer Mensch – der Mensch, den sie schon immer in ihrem Innern verborgen wußte und der sie hatte werden wollen. Sie wurde ihren Kindern eine vertrauensvollere, offenere, sensiblere Mutter. Die Kinder waren davon angetan, und sie merkte, daß sie mehr Freude an ihnen hatte. Sie ermutigte sie dazu, aus sich herauszugehen, ganz sie selbst zu sein und selbständiger zu werden.

Wieder hatte sie einen Traum:

1. Ich war auf einer Lichtung im Wald, auf der Kinder spielten.

2. Plötzlich spaltete sich der krumme Stamm eines kleinen Baumes in der Nähe. Ein Arm kam heraus, dann ein Bein, ein Kopf usw. Ich war entsetzt. Schließlich stand dieses vollkommen mißgestaltete Kind da, eben aus dem Baumstamm befreit. Es war dünn und gekrümmt wie der Stamm, dem es entschlüpft war, und ich fühlte mich abgestoßen von ihm.

3. Aber als es sich bewegte, rundeten sich seine Glieder, es richtete sich auf und sah allmählich normal, ja schön aus.

4. Dann ging es davon und spielte mit den anderen Kindern.

Adele wachte aus diesem Traum mit einem Gefühl tiefen Friedens auf, das in scharfem Kontrast zu ihrer Angst nach den Träumen von der Aufrüstung in ihrem Keller stand.

Sie führte mit Leichtigkeit die folgenden Assoziationen an:

1. *Lichtung* – Ein geheimer Ort.
Wald – Wo ich als Kind gerne gespielt habe.
Kinder – Spaß, Liebreiz, keine Verantwortung.
Spielten – Unbekümmert, Jugend.

2. *Spaltete sich* – Zeigte etwas im Innern.
Krumm – Verzerrt.
Stamm – Natürliche Form.
Kleiner Baum – Natur.
Arm – Aktiver Teil, der etwas tut.
Bein – Teil, der überall hingeht.
Kopf – Teil, der denkt.
Mißgestaltetes Kind – Dauernde schwere Behinderung.
Dünn – Wegen der Einschränkungen.
Gekrümmt – In seiner Form entstellt.

3. *Als es sich bewegte* – Lebendig.
Rundeten sich – Gesund
Glieder – Von Bäumen, von Jungen.
Richtete sich auf – Stolz.
Sah normal aus – Natürlich, akzeptiert.
Schön – Schön.

4. *Spielte* – Glücklich.
Mit den anderen Kindern – Akzeptiertsein

Adele stellte fest, daß die Traum-Situation durch unbe-kümmerte, kindliche Verantwortungslosigkeit gekenn-zeichnet war. Das *Dilemma* bestand darin, wie sie auf das schreckenerregende Hervorkommen eines aktiven, be-weglichen, denkenden Körpers reagieren sollte, der infolge langanhaltender Einschränkungen verkrümmt war. Die *Klimax* ist erreicht, als sich der jungenhafte Körper in Wahrheit gesund, normal und schön darstellt. Die *Auflösung* lautet, daß das Kind von anderen mühelos als normal akzeptiert wird.

Kein Wunder, daß Adele einen tiefen Frieden empfand. Dieser Traum war eine Art Antwort auf das Problem, das der Rüstungstraum aufwarf. Die hervordrängende männliche Persönlichkeit – aktiv, beweglich, denkend – ist gesund, schön und akzeptabel: eine positive Entwicklung.

Adele widmete sich mit verstärkter Zuversicht ihren neuen Methoden zur Stärkung ihrer Selbstsicherheit und ihres Unabhängigkeitswillens. Sie versuchte, in der gleichen offenen, einfühlsamen Art wie bei anderen auch, zu Hause zu Rick einen neuen Zugang zu gewinnen, aber alte Feindseligkeiten erschwerten oder verhinderten eine konstruktive Einstellungsänderung. Rick mißverstand ihre neue Persönlichkeit und reagierte gereizt. Als er bemerkte, daß sie selbstsicherer war und im Freundeskreis mehr aus sich herausging, sagte er ihr, sie rede zuviel. Genau die Merkmale, die sie an sich selbst zu schätzen begann, verstimmten ihn. Sie fühlte sich allmählich wohler, wenn er nicht zu Hause war.

Adele malte sich aus, wie es wäre, einen Beruf auszuüben. Sie stellte sich eine Karriere im Unternehmensbereich vor, denn dort schien sich etwas zu bewegen. Sie wußte, daß sie eine besondere Begabung für Kommunikation und den Umgang mit Menschen hatte. Sie informierte sich über Fortbildungsprogramme und fand einen Kurs für beratende Berufe im Unternehmensbereich. Es gab verschiedene Möglichkeiten, wie sie feststellte, zum Beispiel als Beraterin, die Angestellten in persönlichen Schwierigkeiten half – etwa, wenn sie ihre Kräfte überschätzten, unter Spannungen litten, verfeindet waren oder einen Mangel an Selbstvertrauen zeigten – oder ihnen positive Verhaltensmaßregeln für den Bereich Management und Verkauf vermittelte. Mit der nötigen Ausbildung konnte sie eine sachkundige Beraterin werden, die von Geschäftsleuten respektiert wurde.

Sie schrieb sich an der Universität für einen Grundkurs in beratenden Berufen ein. Heimlich. Rick erzählte sie nichts davon. Ihre neuen ehrgeizigen Ziele würden vor seinen Einwänden nicht bestehen, fürchtete sie.

Dreimal pro Woche, wenn ihre Söhne in der Schule waren, nahm sie den Bus in die Stadt zu ihrem Kurs. (Ihre Tochter Stephanie war inzwischen erwachsen und aus dem Haus.) Manchmal rief Rick an und stellte fest, daß sie nicht zu Hause war, und dann erzählte sie ihm später dies und das, wo sie gewesen war.

Sie lernte mit Begeisterung. Die Arbeit in ihrem Kurs übte einen eigenen Reiz auf sie aus. Sie setzte sich mit Vergnügen ehrgeizige Ziele und ging mit Freude aus sich heraus. Nur zu gern diskutierte sie mit anderen bestimmte Ideen oder hörte sich an, was sie über Bücher zu sagen wußten, die sie gelesen hatten. Ihre jetzigen Kommilitonen waren mit ihren früheren Schulfreundinnen nicht zu vergleichen, die nur gelesen hatten, was ihnen aufgetragen worden war. Jetzt traf sie Studenten, die alles mögliche lasen, das ihnen im Leben weiterhelfen konnte.

Nicht, daß Rick keine guten Anlagen gehabt hätte – im Gegenteil, er war ein interessanter, intelligenter Mensch. Er steckte immer voller Ideen, was seine Arbeit, seine Kollegen, die Politik, die Philosophie oder das Weltgeschehen betraf. Nur hatte er offenbar nie so viel Interesse an ihren Ideen, wie sie an den seinen gehabt hatte. Jetzt, in ihrer neuen, größeren Welt, hatte Adele eine Menge spannender Vorstellungen zu neuen Themen, die sie gern mit Rick geteilt hätte. Sie verheimlichte ihm zwar weiterhin, woher ihre neugewonnenen Interessen stammten, aber sie brachte die betreffenden Themen ihm gegenüber zur Sprache. Er teilte ihre Begeisterung nicht. Ihre Meinung beurteilte er generell negativ, und so behielt sie sie bald wieder für sich.

Rick spürte natürlich, wie sie sich ihm entfremdete. Er hatte schon lange eine gewisse Sexmüdigkeit bei ihr beobachtet, und er wußte, daß es sich dabei um die Anzeichen einer allgemeinen Unzufriedenheit handelte. Er wurde noch wütender über ihre häufige Abwesenheit, über die Fertiggerichte, die sie mitbrachte, statt selbst etwas Ordentliches zuzubereiten, über die Stunden, die sie die Söhne sich selbst überließ. Adele aber genoß es, tagsüber außer Haus zu sein, und sie kehrte nach einem Vormittag, den sie ihren eigenen Interessen gewidmet hatte, nachmittags in Hochstimmung zu ihren Söhnen zurück. So erfüllt, wie sie war, konnte sie ihnen jetzt emotional mehr geben als zuvor. Immer deutlicher spürte sie, wie ihr das Herz sank, wenn Rick nach Hause kam.

Nach einiger Zeit merkte sie, daß ihr andere Studenten ihres Semesters voraus waren, weil sie nur einen Kurs belegt hatte. Mehr konnte sie ohne Ricks Wissen nicht bewältigen. Ihre guten Freunde, mit denen sie angefangen hatte, meldeten sich für Sommerpraktika an. Sie hatte noch nicht die nötige Qualifikation, und selbst wenn, bedeutete ein Praktikum Ganztagsarbeit. Dadurch würde jedoch ihre recht gute Tagesroutine unterbrochen – ein paar Stunden Vorlesungen zu besuchen und zu studieren, anschließend Einkäufe und andere Besorgungen zu machen, bevor die Jungen aus der Schule kamen, sie mit heimzunehmen und dann Hausfrau und Mutter zu spielen. Dieses Leben gefiel ihr, es bot ihr sowohl intellektuelle Anreize als auch ein Familienleben und Sicherheit. Ihr wurde klar, daß es feige, abwegig und zu ihrem Schaden war, ihr Studium vor Rick geheimzuhalten, aber dafür konnte sie sich einige ihrer Wünsche erfüllen, ohne sich mit ihm auseinandersetzen zu müssen. Bis auf ein gewisses Unbehagen, das ihr ihre Entfremdung von Rick bereitete, ging es ihr sehr gut.

Dann hatte sie den nachstehenden Traum:

1. In einem Land wie Indien wurden in einem Dorf oder einer ländlichen Gegend die engen Straßen oder Wege von einem Haus zum anderen befestigt. Die Frauen legten die schmutzigen Hemden (Wäsche) ihrer Männer auf den Wegen aus und bestreuten sie mit »Stierkampf-Staub«, einem feinen schlackenartigen Zeug, wie man es von Rennbahnen und Parkwegen kennt, nur daß dieses aus einer Stierkampfarena stammte. Ich stand auf der Veranda eines Hauses und sah die Inderinnen die Hemden auf die Wege legen und Stierkampf-Kies darüberstreuen.

2. Ich bemerkte, daß die Frauen in den Häusern die Hemden für den Gebrauch beim Straßenbau nur aus den Eingangstüren herauswarfen; so wurde auf die entfernten Straßen nur wenig verteilt. Ich wies sie darauf hin und sagte: »Gibt es keine Probleme mit so vielen Hemden gleich vor der Tür? Die Hemden liegen da so dick auf, während sie weiter weg von den Häusern viel dünner verteilt sind.« Ich hoffte, sie würden es selbst sehen und sich die Mühe machen, die Hemden weiter vom Haus wegzutragen, auf Wegabschnitte, die sie nicht oft betraten.

Dieser Traum mit seinem exotischen Hintergrund und der absonderlichen Tätigkeit der Frauen kam Adele äußerst seltsam vor. Sie konnte es kaum erwarten, ihn zu analysieren.

Hier sind ihre Wortassoziationen:

1. *Indien* – Ungesundes Land, unterdrückte Frauen.

Dorf – Gemeinschaft, gegenseitige Abhängigkeit.

Ländliche Gegend – Natürliche Rohstoffe in der Nähe.

Eng – Engstirnig, nicht liberal oder emanzipiert.

Straßen – Irgendwohin kommen können.

Haus – Eine Ausgangsbasis für das Handeln.

Befestigt – Erschließen, ausbauen.

Frauen – Arbeit.

Schmutzig – Schweiß.

Hemden – Ämter, Macht.

Wäsche – Frauenarbeit.

Männer – Macht, Entscheidungen.

Wege – Ein Ausweg.

Bestreuten – Vorsichtig, mit Maßen.

Stierkampf – Sinnlose Gewalt, Macho.

Staub – Trocken, alt, tot.

Rennbahnen – Gesunder Sport.

Parkwege – Fitneß.

Stierkampfarena – Macho-Sport.

Veranda – Von wo aus man in die Welt schaut.

Inderinnen – Pflichtbewußt, eingeschlossen.

2. *Für den Gebrauch* – Recycling, gute Tat.

Aus den Eingangstüren – Öffentlich.

Herauswerfen – Verachtung.

Straßen – Straßen zur Stadt.

Verteilt – Gerecht teilen, fair.

Der Traum, von der Eingangsszene aus gedeutet, handelt von einer ungesunden *Situation*, in der unterdrückte Frauen schlechte Wege verbessern, um irgendwohin zu kommen.

Als Gemeinschaft machen sie vorsichtigen Gebrauch von ihrer Macht, ihrer Entscheidungskraft, ihrer Fitneß und anderen »männlichen« Eigenschaften, um den Weg *hinaus* zu befestigen.

Adele nannte das Dilemma im Traum selbst schon beim Namen, als sie sagte: »Gibt es keine Probleme ...?« Es machte ihr Sorgen, daß die Frauen, obwohl sie einige Macht besaßen, zuviel davon in der Nähe der Häuser vergeudeten, weil es so bequem war. So war es nicht wirklich ein Weg *hinaus,* der befestigt wurde.

Das Traum-Dilemma erfuhr weder eine *Steigerung zur Klimax* noch eine *Auflösung.* Adele wünschte sich eine Lösung, und sie wollte wissen, inwieweit sie sich mit diesen Frauen identifizieren konnte, deshalb erarbeitete sie den Rest des Traumdramas mit Hilfe der Gestalttherapie.

ICH: Wenn es etwas bewirken soll, müßt ihr die Hemden ausbreiten, damit sie sich nicht vor euren Häusern auftürmen. Statt Straßen zu befestigen, schafft ihr Wälle, Hindernisse genau vor euren eigenen Häusern.

FRAUEN: Das ist zuviel Arbeit, Wir müßten die Häuser verlassen und so weit gehen. Wir müßten unsere Häuser leer zurücklassen, während wir fort sind. Jemand könnte in unsere Häuser eindringen.

ICH: Wer?

FRAUEN: Jemand. Wir wissen nicht, wer.

ICH: Niemand. Die Männer sind fort zur Arbeit, und es sind immer ein paar Frauen da, die jederzeit nach unseren Häusern sehen.

FRAUEN: Schon gut. Wir bleiben aber *gern* zu Hause.

ICH: *Aha.* Es ist in Ordnung, wenn ihr zu Hause bleiben wollt. Aber in diesem Fall besteht keine Notwendigkeit, die Straßen zu befestigen. Ihr geht ja nirgendwohin.

FRAUEN: Dann waschen wir einfach die Hemden der Männer und hängen sie auf, damit sie wieder getragen werden können.

ICH: Klar. Daran ist nichts auszusetzen. Wenn ihr das gern tun wollt, gut. Aber wenn ihr Straßen ausbauen wollt, macht es richtig. Legt gute, glatte Straßen an, ohne irgendwas aufzutürmen, worin man sich festfährt. Dann müßt ihr regelmäßig aus dem Haus und euch der Mühe unterziehen, die Straße hinunterzugehen.

Nach ihrem Dialog mit den Frauen aus ihrem Traum sah Adele, daß der Traum auf ein vertrautes Thema hinauslief. Sie merkte, daß ihr Verlangen, in die Welt hinauszugehen und etwas zu leisten, noch immer mit ihrem Wunsch kollidierte, einen bequemen Ausweg zu finden und zu Hause zu bleiben. Die Klimax war am Punkt der Entscheidung erreicht, als sie den Frauen im Gestaltdialog sagte: »Es ist in Ordnung, wenn ihr zu Hause bleiben wollt ...«

Um zu einer Auflösung zu gelangen, zwang sie sich, eine Entscheidung zu fällen. Sie beschloß, »die Straßen auszubauen, es richtig zu machen«. Sie zog die Konsequenzen und bereitete sich fortan in aller Öffentlichkeit auf einen Beruf vor. Unter großen Schwierigkeiten und voller unguter Gefühle teilte sie ihrem Mann mit, sie wolle das Beraterexamen ablegen. Wie erwartet, führte er ihr alle möglichen Schwierigkeiten vor Augen, insbesondere ihre Pflichten gegenüber ihrer Familie, und fragte sie, wie sie damit zu verfahren gedenke. Sie antwortete, so gut sie konnte. Wenn ihr keine Antwort einfiel, versprach sie, ihr Bestes tun zu wollen, damit es ginge. »Wo ein Wille ist, ist auch ein Weg«, gab sie ihm zu bedenken. Sie hatte den Willen. Er glaubte nicht, daß der reichte. Sie schrieb sich für doppelt so viele Vorlesungen ein wie vorher, allerdings nicht ohne Schuldgefühle und Angst, die sie jeden Morgen überfielen, wenn sie das Haus verließ und die Jungen zur Schule brachte. Doch in der Stadt angekommen fühlte sie sich wieder frei. Sie hatte sich in die Innenstadt, wo die Universität lag, verliebt. Die Menschen und ihr Lebensstil waren so anders als in den Vorstädten. Leute aller Altersstufen und Hautfarben liefen dort herum. Es gab Leute, die anders waren als alle Klischees in ihrer Vorstellung – zum Beispiel hatte eine Frau mittleren Alters, verheiratet mit einem Arbeiter, bereits jedes Werk der Weltliteratur gelesen, von dem Adele je gehört hatte, und sie war der hellste Kopf, dem Adele je begegnet war. Einen jungen Homosexuellen fand sie besonders nett. Sie konnte viel unbeschwerter mit den jungen schwarzen Frauen ihres Semesters herumalbern als mit ihren Zimmergenossinnen in College-Zeiten.

Adele fand die restaurierten Altstadthäuser und Wohngebäude bezaubernd. Sie war begeistert, Leute kennenzulernen, die nicht miteinander verheiratet waren, aber zusammenlebten; und sie war noch mehr begeistert, als sie Frauen kennenlernte, die männliche Hausgenossen hatten, ohne eine Liebesbeziehung mit ihnen zu unterhalten, denn das bewies ihr, daß Männer und Frauen Freunde und Verbündete sein können, ohne sexuell miteinander zu verkehren. Sie lernte Leute kennen, die den Weg zur Hauptbibliothek in der Innenstadt, zu den alten Stadtbanken mit Marmorfassade, zum Theater, zum Einkauf und zum Flughafen zurücklegten, ohne ein Auto zu besitzen. Die Innenstadt wimmelte von aktiven Menschen, die in aller Freiheit zurechtkamen.

Sie fand ihr Vorstadtheim, für das Rick so lange hart gearbeitet hatte, auf einmal langweilig, ihre Aktivitäten einfallslos, ihre Kinder verwöhnt bis zur Unselbständigkeit und ihre Freunde alle gleich öde. Vorstadtbewohner unterhielten sich über ganz andere Dinge: über Autos, Immobilien und Tennis. Sie waren heilfroh, nicht in die Innenstadt mit ihren Raubüberfällen, Schwarzen und

Schwulen zu müssen. Rick brachte immer mehr Grundsätzliches darüber vor, wie Familien sein *sollten,* was Leute zu tun *hätten.* Er setzte ihr zu, das Haus neu tapezieren zu lassen und die alten Freunde häufiger einzuladen. Seine rassistischen Ausrutscher nahmen zu. Er machte abschätzige Bemerkungen über Leute, die einen anderen Lebensstil hatten als sie. Adele wurde plötzlich bewußt, daß sie verschiedene Wertvorstellungen hatten. Sie dachte, die ihren hätten sich vielleicht geändert, aber dann fiel ihr ein, daß sie die Werte, für die sie jetzt eintrat, auch schon in ihrer Jugend, vor ihrer Ehe also, für richtig gehalten, wenn auch nicht deutlich artikuliert hatte. Rick hatte nichts davon bemerkt. Anscheinend meinte er, wenn er in sie verliebt sei, müßten sie selbstverständlich auch die gleichen Wertvorstellungen haben, und das waren natürlich die einzig richtigen, die sich für anständige Leute gehörten. Sie hatte ihre eigenen Wertbegriffe bei ihrer Heirat den seinen untergeordnet, um ihm einen Gefallen zu tun, um die perfekte klassische Ehefrau zu sein. Sie hatte ebensowenig darüber nachgedacht wie er.

Sie behielt ihre wachsende Unzufriedenheit weitgehend für sich, bis sie nicht mehr aus noch ein wußte. Sie wollte ganz aus der Ehe heraus. Natürlich hing sie an den Jungen, aber sie hatte das zwingende Gefühl, ihre Unabhängigkeit erproben zu müssen. Sie fürchtete, wenn sie Rick etwas davon erzählte, gleich alles offen auszusprechen – eine schreckliche Auseinandersetzung wäre die Folge, und dann würde es ihr unmöglich sein, weiterhin in diesem Haus zu leben. Sie würde die Jungen verlieren; sie säße auf der Straße. Sie war nicht ganz sicher, wovor sie eigentlich Angst hatte, aber auf jeden Fall war sie noch nicht so weit, damit umgehen zu können. Ebensosehr, wie sie eine letzte Konfrontation scheute, widerstrebte ihr der Versuch, unmerklich Stückchen für Stückchen voranzukommen. Sie glaubte nicht, die nötige Selbstbeherrschung dafür zu haben.

Etwa um diese Zeit hatte Adele den nächsten Traum:

1. Es sollte ein Familientreffen bei Ricks Familie geben. Einige hatten sich bereits an einem See versammelt.

2. Ich wollte überhaupt nicht zu dem Treffen hin, aber es wurde von mir erwartet. Ich wollte meine Abneigung nicht äußern.

3. Ich segelte mit Ed, einem Vetter von Rick, aber in meinem eigenen Boot neben ihm auf dem Binnenwasserweg, der ein Teil des Meeres und Hunderte von Meilen von dem See entfernt war. Es war kühl und erfrischend, gerade richtig.

4. Ich rief zu Ed hinüber: »Versuchen wir doch, sie aufs Meer hinauszulocken, wo es kühl ist. Der See ist zu warm.« Ich wollte sie eigentlich auch nicht da haben, wo ich war, aber ich verfiel auf einen Kompromiß: »Sollen sie dahin kommen, wo ich bin.«

Im folgenden die Wortassoziationen zu den Traumelementen:

1. *Familientreffen* – Anpassung an den Willen anderer, was mir widerstrebt.
Ricks Familie – Er hält Riesenstücke auf die Familie und andere konservative Werte. Ich schätze die Familie auch, aber nicht höher als Individualität, Freiheit usw.
Einige hatten sich bereits versammelt – Die Macht der Institution.
See – Träge, langweilig im Vergleich zum Meer.

2. *Ich wollte überhaupt nicht zu dem Treffen* – Ich wollte keine gemeinsamen Ziele.

Aber es wurde von mir erwartet – Niemand hat je gefragt: »Sind das deine Ziele?«

Ich wollte meine Abneigung nicht äußern – Ich empfinde es als selbstsüchtig, wenn ich Rick verstimme, und man kann schlecht sagen: »Ich pfeife auf die Familie« oder: »Deine Ziele sind nicht meine.«

3. *Segelte* – Ein eleganter, cooler, nasser, herausfordernder Sport, in dem ich hervorragend war; ich wollte meinen Weg gehen.

Ed – Konformist, nichts Überragendes; ich wollte ihn hier gar nicht, aber er konnte gegenüber der Familie als Bote dienen.

In meinem eigenen Boot – Ich war selbständig, unabhängig.

Binnenwasserweg – Eine Route irgendwohin, ein Ziel.

Meer – Heimat, wissen, wo ich bin, Selbstverwirklichung.

Hunderte von Meilen von dem See entfernt – So weit klaffen meine und Ricks Wünsche auseinander.

Kühl – Gesund, unverbildet, rauh.

Erfrischend – Anregend.

Gerade richtig – Glück.

4. *Ich rief zu Ed hinüber* – Ich wehrte mich dagegen, es Rick und seiner Familie selbst zu sagen.

Sie hinauslocken – Ihnen die Augen über mich zu öffnen.

Aufs Meer – Ins Abenteuer.

Wo es kühl ist – Belebend.

Der See ist zu warm – Nur für langweilige, fade Leute.

Ich wollte sie eigentlich auch nicht da haben, wo ich war

– Ich wollte nicht, daß sie sich verändern, denn dann wäre ich nicht mehr allein und einzigartig.
Ich verfiel auf einen Kompromiß – Kompromisse verwehren einem das, was man wirklich will. Sie untergraben die Entschlußkraft, weil sie das Leben erträglich machen.
Sollen sie dahin kommen, wo ich bin – Das erhält den Frieden zwischen uns, denn so können sie nicht sagen, ich hätte sie nicht eingeladen.

Adele las aus Szene eins heraus: »Der Traum handelt vom Eingebundensein in die Familie und der Anpassung an Familienerwartungen.

Das *Dilemma* ist mein Wunsch, die Familienpflichten aufgeben zu können, denen ich zwar bisher gut nachgekommen bin, die ich aber herzlich leid bin. Ich möchte etwas anderes zu meinem Glück tun, aber meinen eigenen Weg zu gehen wird Probleme bereiten, und ich habe ihnen noch immer nichts gesagt. Durch meinen Entschluß, mich von der Familie in meine eigene Welt zurückzuziehen, wo ich eigene, abenteuerliche und spannende Ziele verfolgen kann, hat sich die Lage zur *Klimax* hin zugespitzt.

Die *Auflösung* vollzieht sich dadurch, daß ich sie einlade, sich zu ändern, wenn sie mit mir zusammensein wollen. Gleichgültig, ob sie sich ändern oder nicht, werden sie jedenfalls nicht sagen können, ich hätte sie nicht eingeladen. Ich will im Grunde gar nicht, daß sie sich ändern, weil sie dann an meinem ersehnten Abenteuer teilhaben und ich nicht frei, unabhängig und allein sein kann. Aber trotzdem muß ich diese Einladung aussprechen, um einen vollständigen Bruch zu vermeiden.«

An diesem Punkt angelangt, wollte Adele sowohl im wirklichen Leben wie im Traum Rick verlassen, um sich mit ganzem Herzen ihren beruflichen Zielen zu widmen und ein unkonventionelleres Leben zu führen. Die einzige Lösung, die ihr einfiel, war Scheidung. Die Auflösung im Traum hingegen legte ihr einen Kompromiß nahe: Statt Rick zu verlassen, war es einfach fair ihm gegenüber, ihm mitzuteilen, welche Veränderungen sie für nötig hielt und ihn, wie ungern auch immer, einzuladen, ihr entgegenzukommen.

Adele reagierte auf ihren Traum, indem sie Rick einlud, mit ihr zusammen zu einer Beratung zu gehen, um die Möglichkeiten zu einem solchen Kompromiß zu erforschen. Er weigerte sich zuerst, willigte aber schließlich doch ein.

Bei der gemeinsamen Beratung erklärte er ihr, daß er sich gegen Veränderungen, die sie einführte, gesträubt hätte, weil sie alles in Frage stellten, worauf er sein Leben gegründet hatte. Sie setzte ihm ihr Bedürfnis nach Unabhängigkeit und selbständigem Engagement auseinander. Sie sagte ihm, sie könne gut die beiden Jungen aufziehen und gleichzeitig einem Beruf nachgehen. Ihrer Meinung nach würden die Jungen eine Veränderung sehr gut verdauen. Ihre Wertvorstellungen würden ihnen helfen, zu gesunden, toleranten und flexiblen Menschen heranzuwachsen. Von Rick wünschte sie sich, daß er weniger unbeugsam wäre und ihr in die Unabhängigkeit nachfolge.

Ich würde gern damit schließen, daß Rick sich bereit erklärt hätte, ihr auf halbem Wege entgegenzukommen, und daß sie einen gemeinsamen Nenner gefunden hätten, mit dem sie beide zufrieden sein konnten. Aber es kam anders. Rick ließ sie ausreden und sagte ihr dann, er fände ihre Vorstellungen begreiflich, aber sie seien falsch, die seinen hingegen richtig, und er habe nicht die Absicht, sich zu ändern.

Sie setzte ein Semester aus, um alles zu überdenken. Unter dem vielen, was ihr durch den Kopf ging, war auch dieser Traum:

1. Ein Schwarzer von irgendeinem primitiven Stamm schickte sich an, einen kleinen Jungen als Menschenopfer darzubringen und ihn in das aufgewühlte Wasser zu werfen. Ich konnte das Wasser wie einen Ozean hinter ihnen sehen. Der Mann führte eine Zeremonie aus, bei der er den Jungen vor sich auf den Armen hielt. Der Mann streckte ihrer beider Arme zur Seite aus und ließ sie wieder sinken, er wiegte sich mit dem Jungen vor und zurück und machte zeremonielle Freiübungen. Das alles geschah vor einer Menge von Angehörigen dieses schwarzen Stammes; das Wasser war hinter dem Mann und dem Jungen. Ich stand bei der Menschenmenge, aber etwas abseits.

2. Ich fragte mich, was der Junge wohl dachte: War er angstgepeinigt und verzweifelt, oder war er von der Richtigkeit der Religion überzeugt und glaubte, in eine bessere Welt einzugehen? Was wußte er denn schon? Mich machte es krank. Ich fragte mich auch, was der Mann sich wohl dachte. Ich sah in ihm den Vater des Jungen, wenn nicht den leiblichen Vater, so zumindest einen Stammesangehörigen, der ihn kannte, ihn vielleicht sogar liebte und ihn womöglich für das Opfer ausgewählt hatte.

1. *Schwarzer* – Fremd, unverständlich, bedrohlich.
Primitiv – Emotional, nicht rational.
Stamm – Werte.
Kleiner Junge – Peter, mein Sohn, geliebt, immer selbständiger, aber im Grunde nehme ich selbst die Stelle des Jungen ein.
Menschen – Speziell; intelligent, aber verletzlich.
Opfer – Aufgeben, was einem am liebsten ist.
Wasser – Gefahr, Macht, angenehm, wenn man an der Oberfläche bleibt und es unter Kontrolle hat, andernfalls tödlich.

Zu werfen – Erzwungener Verlust.

Ozean – Grenzenloses Wasser.

Zeremonie – Nicht das Wahre, der Gesellschaft jedoch wichtig, Teil ihrer *Fesseln*.

Auf den Armen – Liebevoll, aber gebieterisch.

Streckte aus – Offen, wachsend.

Ließ sie wieder sinken – Wachstumshemmung, Kontrolle.

Wiegte sich vor – Wachstum.

Und zurück – Hilflosigkeit.

Freiübungen – Ritualisierte Übungen.

Menge – Gesellschaft, Bekannte, die einen beobachten.

2. *Richtigkeit der Religion* – Eine Ansicht, die ich in Frage stellte.

Vater – mein Mann Rick, liebevoll, aber jemand, der mich in Abhängigkeit hält.

Adele legte die *Situation* aus Szene eins so aus: »Jemand oder etwas Unverständliches und irgendwie Angstauslösendes, etwas Emotionales, Unerklärliches, mit anderen Wertvorstellungen als den meinen, wirft etwas weg, tötet etwas. Was getötet wird, ist etwas Besonderes, intelligent, aber verletzlich, etwas Geliebtes, das sich besser entwickelt und selbständiger wird.

Diese Kraft ist, mit Unterstützung der Gesellschaft, abwechselnd liebevoll und gebieterisch, fördert und beschränkt das Wachstum als ritueller Auftakt zum Töten. Ich frage mich, wie der besondere, intelligente und doch verletzliche Geliebte das aufnimmt? Ist er willens, ohne Kampf zu sterben? Ist er davon überzeugt oder nicht? Weiß der Vater/Mann, was er tut, tut er es mit Absicht? Tut er es eigens, *weil* er gerade diesen Menschen liebt, aus einer Art entstellter Bevorzugung heraus? Das alles sind offenbar die *Fragen*. Dieser Traum besteht aus Situation und Fragen. Es gibt keine *Klimax* und keine *Auflö-sung.*«

Adele hatte den Jungen mit sich selbst assoziiert, den Mann mit ihrem Ehemann, die Menge mit Familie und Gesellschaft. Aber da der Traum unvollendet zu sein schien, beschloß sie, den beunruhigenden Zusammenhang der Traumelemente mit Hilfe der »Zwei-Stühle-Methode« der Gestalt-Personifikationstechnik eingehender zu erforschen. Zuerst sprach sie als Kind mit dem Mann.

KIND: Was willst du mit mir machen? Sag es mir! Ich weiß es, aber ich möchte, daß du es mir bestätigst.
VATER: Ich werde dich ins Wasser werfen.
KIND: Sterbe ich dann?
VATER: Ja, aber dann bist du in der Hand der Götter.
KIND: Warum hast du mich auserwählt, denjenigen, den du am liebsten hast?
VATER: Die Götter werden ihre Freude an dir haben.
KIND: Es ist kein guter Gott, der das Leben dessen von dir fordert, den du am liebsten hast.
VATER: Götter brauchen nicht gut zu sein.
KIND: Ich glaube an keinen Gott, der nicht vor allem gut ist. Ich will nicht geopfert werden.
VATER: Du mußt aber. Unsere Familie, unser Stamm fordert das; es ist immer so gewesen.
KIND: Dann verweigere ich mich der Familie, die das fordert.
VATER: Das kannst du nicht. Ich werde dich zwingen müssen.
KIND: Ich werde kämpfen, aber ich weiß, daß ich bei einem Kampf verlieren werde. Ich werde in jedem Fall sterben, im Kampf gegen dich und die Menge, die dich unterstützt. *Adele bringt die Menge mit ins Gespräch und versetzt sich auch in deren Lage.*

MENGE: Wir können das nicht mitansehen. Es ist so traurig. Aber wir haben Angst davor, was wohl geschieht, wenn wir dich erst den Göttern opfern wollen und dann unser Opfer zurücknehmen. Die Götter sind soviel mächtiger als wir.

KIND: Ihr seid nichts als schwach und unnütz, wenn ihr nicht für das eintretet, woran ihr glaubt, und sei es auch vor den Göttern. Ihr seid von den Göttern abhängig, hilflos, Sklaven ihrer Launen.

MENGE *(laut):* Gibt es ein anderes Kind, das bereit ist, sich zu opfern? *(Die Kinder ducken sich alle, verstecken sich.)*

KIND: Seht ihr, sie wollen nicht. Ich bin geistig hierauf vorbereitet worden; deshalb bin ich so weit, bis zur Opferung, gekommen. Aber die anderen hatten nicht erwartet, dem gegenüberzustehen, und sie werden nicht vortreten, außer wenn sie auserwählt und vorbereitet worden sind wie ich.

MENGE: Gut. Bring kein Opfer. Laß ihn gehen. Wir werden uns etwas überlegen. Es ist zwar nicht sicher, aber wir hoffen einfach, daß die Götter uns nicht zu hart strafen. *(Die Menge zerstreut sich.)*

VATER: Du bist der Anlaß für diese Demütigung. Sie haben keine Achtung mehr vor mir. Jetzt habe ich weder die Achtung der Götter noch die Achtung des Stammes. Und an dir liegt mir nun auch nichts mehr. Ich habe dich geliebt, ich habe dich auserwählt, aber deine Mitwirkung an meinem Scheitern hat meine Liebe zu dir abgekühlt. Ich sehe, daß du stärker bist als ich. Das mißfällt mir, und darum liebe ich dich nicht mehr.

KIND: Es tut mir leid. Aber ich achte dich auch nicht mehr so wie früher. Du sagst, du hättest mich geliebt, aber nicht so sehr, daß du mir das gewünscht hättest, was am besten für mich ist, meine Kräfte zu stählen, ein Führer zu sein. Ja, gerade bin ich unseren Leuten ein Führer gewesen. Jetzt muß ich mich entscheiden, ob ich einfach meinen Weg gehe als freier Mensch oder ob ich statt deiner die Rolle des Führers übernehme.

Bei diesem Rollenspiel erhielt Adele Antwort auf ihre Fragen, vollzog sich die *Auflösung* des Traumdilemmas. Der Junge wußte, was vor sich ging, war jedoch bis jetzt noch nie dem Mann entgegengetreten. Obwohl der Junge kooperiert und sich geistig auf den Tod vorbereitet hatte, wollte er nicht sterben. Der Vater wußte, was er tat und hielt es für richtig. Er wollte den Jungen opfern, um seine eigene Position der Macht und Autorität zu erhalten. Was Liebe sein sollte, hielt diesem Ziel nicht stand. In seiner Begierde auf die hohe Stellung gönnte er dem Jungen weder Lebensfreude noch Freiheit, geschweige denn die Führungsposition, die er sich selbst vorbehielt.

Was das für Adele bedeutete, geht klar aus ihren Assoziationen zu den Worten Mann, Junge und Menge hervor: ihr Mann; sie selbst als liebenswerter, zunehmend selbständiger Mensch; Familie und Gesellschaft. Adele war sich vollkommen bewußt, daß ihre Vorstellung von ihrem Mann als Häuptling, der gewillt war, sie seinem Autoritätsbedürfnis zu opfern, nicht unbedingt der objektiven Wahrheit entsprach, sondern *ihrer* Sicht von ihm und ihrer Beziehung.

Der Traum zeigte ihr, wie fest diese Überzeugung in ihr verwurzelt war, wie sehr ihre Sehnsucht nach Freiheit für sie mit Leben gleichzusetzen war und wie das Geltendmachen ihrer Freiheitsliebe ihr ebendiese Freiheit und die Möglichkeit einer Führungsposition eröffnen konnte, aber um den Preis der Liebe ihres Mannes.
Sie befand sich in einem traurigen Dilemma, wußte jedoch, daß sie die Scheidung anstreben mußte. Die Tapferkeit, die der jungengleiche Teil ihrer selbst in der Traum-

krise bewiesen hatte, verflog allerdings, als sie über die reale Scheidung nachdachte, und zurück blieb Angst.

Wieder träumte sie:

1. Eine Gruppe von Wolkenkratzern steht eng zusammen, alle stark stilisiert und mindestens 20 Stockwerke hoch. Ich sah nichts in der Umgebung der Gebäude, woran ich wenigstens hätte erkennen können, wo ich war. Nur diese Hochhäuser. Sie stürzten ein und fielen gemeinsam in sich zusammen wie beim Abriß. Ich wußte, daß alle Leute darin ums Leben kamen.

2. Dann kam mir zu Bewußtsein, daß meine Tochter Stephanie dort mit ihrem Mann wohnte, und sie kamen ums Leben. Nicht, daß ich direkt gesehen hätte, wie sie umkamen. Es gab keine Leichen oder Blut oder Leute, die hineingeeilt wären, um die Halbtoten zu retten. Sie kamen einfach allesamt sauber ums Leben. Ich träumte nicht, daß es mir jemand gesagt hätte. Ich sah einfach nur die Gebäude einstürzen und wußte, daß sie umgekommen waren.

3. Der Rest des Traums bestand überwiegend aus meinen Gedanken. Ich war zutiefst betroffen, entsetzt. Ich war bekümmert über den Verlust meiner Tochter, dachte jedoch: »Das ist nicht das Ende der Welt.« Ich war beeindruckt, wie stark meine Gefühle waren. Der Verlust würde mich zwar immer schmerzen, aber ich konnte doch ohne sie zurechtkommen. Der Traum handelte also bloß von meinen Überlegungen, wie ich mit meiner Trauer fertigwurde.

4. Das einzige andere war ich selbst bei der Beerdigung, wie ich das Holz und Messing des Sarges betrachtete und dachte: »Noch falle ich nicht auseinander, aber vielleicht später?« Es lagen Trauer und Stärke darin.

Adele kam mit diesem Traum zu mir, um ihn mit mir zusammen zu analysieren. Ich las ihr die Bilder Wort für Wort vor, und sie hatte die folgenden Assoziationen:

1. *Gruppe von Wolkenkratzern* – Äußerst dauerhafte, massive Bauwerke.

Eng zusammen – Zusammengehörig wie eine Familie, derselbe Architekt.

Stark stilisiert – Wie ein Bauplan, nicht wirklich, ein Prototyp.

Mindestens 20 Stockwerke hoch – Höhe bedeutet Stabilität, aber Höhe ist auch gefährlich, denn bei einem Sturz werden Leute verletzt.

Ich sah nichts in der Umgebung – Keine Nachbarn, Anonymität.

Woran ich hätte erkennen können, wo ich war – Ich kannte diese Gebäude nicht.

Stürzten ein – Es war alles vorbei.

Fielen gemeinsam in sich zusammen – Auf einen Haufen, zum Wegfegen.

Wie beim Abriß – Vorsichtige Zerstörung, absichtlich; so, daß im Umkreis nichts beschädigt wird.

Leute ums Leben kamen – Wie bei einer Katastrophe aus den Nachrichten, man weiß, daß Leute betroffen sind, kennt sie jedoch nicht.

2. *Meine Tochter Stephanie* – Fast vollkommen, konservativ, idealistisch, hält den Familienzusammenhalt hoch.

Dort mit ihrem Mann wohnte – Eine traditionelle, feste Ehe, wie anständige Leute sie führen sollten.

Kamen einfach sauber ums Leben – Ich hatte immer gehofft, mein mir entfremdeter Vater würde »sauber« sterben, ohne lange Leidenszeit, in der er mich hätte fragen können, ob ich ihn liebte. Er starb auch ganz plötzlich. Ich hatte Schuldgefühle, weil ich nicht trauern konnte und sogar für seinen ordentlichen Tod dankbar war.

3. *Zutiefst getroffen, entsetzt, bekümmert, Verlust* – Genau diese Gefühle.
Stark – Ich fühle mich erstaunlich stark
Das ist nicht das Ende der Welt – Ich würde mich wieder erholen.

4. *Bei der Beerdigung* – In Trauer versunken sein, das Letzte vor einem Neubeginn.
Das Holz und Messing des Sarges – Holz und die Messingbeschläge wie beim Sarg meiner Mutter, und ich erinnere mich, beim Blick auf ihren Sarg gedacht zu haben: »Welch eine Verschwendung.« Sie hatte so lange gelitten, und zum Schluß war ihr Körper in einer schrecklichen Verfassung, und hier versuchten sie nun, diese elenden Überreste in Holz und Messing mit Satin zu erhalten. Wie eitel ist es doch, etwas erhalten zu wollen, das in einem so üblen Zustand ist wie der Körper dieser Frau. Es wäre besser gewesen, ihn schnell zu Asche zu verbrennen und ohne Gefäß der Erde zu übergeben.
»Noch falle ich nicht auseinander, aber vielleicht später?« – Ich habe nie so recht Vertrauen zu mir selbst. Trauer und Stärke. Das ist es.

Ich habe hier die vollständige Antwort zu jedem Traumelement wiedergegeben. Bei meiner Analyse fasse ich meist etwas zusammen. Ich überflog die langen Sätze zum »Holz und Messing des Sarges« und versuchte, einen zusammenfassenden Begriff dafür zu finden. Wie ich bemerkt hatte, war Adeles Kehle zugeschnürt und sie selbst den Tränen nahe, als sie von der Beerdigung ihrer Mutter sprach, deshalb war ich auf einen Gefühlsausbruch bei Erwähnung der Mutter in Verbindung mit dem Endabschnitt des Traums vorbereitet. Dann fiel mir der Nachsatz: »Welch eine Verschwendung!« zu ihrer Bemerkung über den Sarg der Mutter ein. Einfach auf einen vagen Verdacht hin fragte ich Adele: »Halten Sie das Leben Ihrer Mutter für verschwendet?«

»Ja«, brach es aus ihr heraus. »Sie hat nur für ihre Ehe gelebt und getan, was von ihr erwartet wurde. Nie hat sie etwas für sich selbst und die eigene Entwicklung getan. Sie hatte Begabungen, die sie nie gefördert hat. Sie stand im Dienst ihres Mannes und ihrer vier Kinder. Und sie alle wuchsen in der Überzeugung heran, eine Frau sei der Fußabtreter des Mannes. Wir Mädchen sind alle Fußabtreter geworden. Ich gebe meiner Mutter die Schuld daran, nichts Besseres für sich erwirkt zu haben, und ich gebe ihr auch die Schuld daran, uns nicht das Vorbild einer Frau gewesen zu sein, die erwachsen geworden ist.«

Die Schärfe ihrer Antwort half Adele die Traum-*Situation* zu verstehen. Aus der ersten Szene las sie heraus: »Der Traum handelt vom Tod der idealen Ehe, der idealen Familie. Offenbar ist der Prototyp, der Plan, zu schön, um wahr zu sein – je höher hinaus, um so schmerzlicher ist es ohne entsprechende Dauer. Aber das Ableben dieser unpersönlichen Familie bedrückt mich nicht weiter.« Sie hätte die Scheidung angestrebt, fügte sie hinzu, weil sie sähe, wie die traditionelle Ehe jedes Wachstum hindere, und sie bewundere alleinerziehende Eltern und Leute mit alternativen Beziehungsformen. »Ich glaube nicht an den Satz: Die Familie muß um jeden Preis erhalten werden.«

»Das *Problem* liegt darin«, erläuterte sie Szene zwei, »daß es etwas anders wird, wenn ich sehe, daß dieser Zusammenbruch meiner eigenen Familie droht und die Menschen darin in Mitleidenschaft zieht, die sich auf sie verlassen. Mein Wunsch war, die Ehe ›sauber sterben‹ zu lassen, ›ohne Blut‹, ›ohne Leichen‹ und ›ohne Halbtote‹, wie im Traum. Doch selbst im Traum war mir klar, daß dieses saubere Ende keine Realität ist, sondern meiner Phantasie entspringt.«

»Nach dem weiteren Verlauf des Traums bis zur *Klimax* zu urteilen«, deutete Adele Szene drei, »würde ich den Verlust einer intakten Familie um Stephanies und der anderen willen betrauern. Das ist auch gut so. Und doch habe ich, nachdem ich das durch meine Tochter verkörperte Ideal habe sterben sehen, insgesamt eher ein Gefühl der Kraft. Ich weiß, daß ich das Ende meiner Ehe ins Auge fassen und stark sein könnte.«

»Die *Auflösung* zeigt sich daran, daß ich mich trotz des Leids der anderen und meiner eigenen Trauer entschieden dagegen wehre, meine Fähigkeiten dem Ritual einer toten Ehe zu opfern, und keine Lust habe, das ganze Drum und Dran von etwas mitzumachen, das in Wahrheit gar nicht existiert. Auf dem emotionalen Tiefstpunkt angekommen, bin ich bereit, kraftvoll neu zu beginnen, obwohl mir klar ist, daß es später über längere Zeit noch schwer werden kann. Die Lösung lautet, daß ich Trauer empfinden werde, aber auch stark genug sein werde, die Trauer zu ertragen.« Adele entschloß sich zur Scheidung. Diese Entscheidung erleichterte sie bereits so, daß sich auch ihre Verzweiflung milderte. Unbefriedigt, aber nicht länger verzweifelt, schob sie die Scheidung noch etwas hinaus. Darauf folgte dies:

Ich hatte einen langen Traum über ein nettes älteres Paar, bei dem wir zu Gast waren. Sie stellten uns ein eigenes Badezimmer zur Verfügung, jede Menge Handtücher, bewirteten uns hervorragend und nahmen uns zu einem Festessen in ihren Club mit. Alles war sehr gemütlich und schön. Sie zeigten uns Bilder von ihren Kindern und Enkelkindern. Später kam eins ihrer Kinder mit den Enkel-

306

kindern zu Besuch, und wir lernten alle nacheinander kennen. Wir nahmen an vielen üppigen Mahlzeiten und Gesprächen teil, an die ich mich nicht mehr im einzelnen erinnern kann. Ich glaube, in einer Szene zogen wir unseren Kindern probeweise ein paar hübsche Kleider an, aus denen ihre Kinder herausgewachsen waren oder auch umgekehrt, und wir sorgten dafür, daß sie gut paßten. Dann gab es noch eine Szene draußen beim Betrachten eines Baums oder Gartens auf dem Hof. Wir unterhielten uns sehr gepflegt. Es herrschte eine Stimmung von gleichförmiger Heiterkeit, von einer flüchtigen Zufriedenheit, und mir kam der Gedanke, daß es sehr nett sei, alles sei nett, sofern ich nicht für lange hier bleiben müßte.

Älteres Paar – Was wir in ein paar Jahren sind.
Badezimmer, Handtücher – Sicherheit, Komfort.
Bewirteten uns – Sicherheit, Umsorgtwerden.
Festessen im Club – Überfluß, Beschränkung auf einen Platz, eine Gesellschaft, Gleichheit.
Bilder von Kindern – Familiensinn und familiäre Verpflichtungen, Hin-und-hergerissen-Sein zwischen Angst vor Einsamkeit und Auflehnung gegen Einschränkungen durch Kinder.
Kleider, aus denen die Kinder herausgewachsen waren – Trauer über das Heranwachsen der Kinder; ich habe alle winzigen Kleidungsstücke meiner Kinder aufgehoben, ich hänge daran, aber sie nehmen Platz weg. Wenn ich umziehe, muß ich sie fortgeben. Kleider aufzuheben heißt, im gleichen Haus zu bleiben, Stillstand.
Unterhielten uns sehr gepflegt – Artig, aber gezwungen.
Baum, Garten, Hof – Ich müßte meinen Hof mit den Bäumen und den Garten aufgeben, wenn ich ausziehe. Mein Herz hängt daran. (Sie weint.)
Nett, sofern ich nicht für lange hier bleiben muß – Ich

will nicht bleiben. Ich kann mich nicht dazu aufraffen, zu gehen.

Auf den ersten Blick zeichnet der Traum ein heiteres Bild *(Situation)* vom Wohlbehagen und Glück einer Familie. Nur die letzte Zeile: »Alles ist nett, sofern ich nicht für lange hier bleiben muß«, enthält einen Hinweis auf Negatives. Bei den Wortassoziationen tritt das *Problem* jedoch viel rascher zutage: »Beschränkung auf einen Platz«, »Gleichheit«, »Hin-und-hergerissen-Sein zwischen Angst vor Einsamkeit und Auflehnung gegen Einschränkungen durch Kinder«, »Trauer«. Wie sich das Traumdilemma zuspitzt, ist in dem Satz ausgedrückt: »Ich müßte sie aufgeben, wenn ich ausziehe.«

Die letzte Zeile des Traums läßt eine *Auflösung* ahnen. Allerdings keine glückliche. Vielmehr muß Adele der schonungslosen Wahrheit ins Gesicht sehen, daß sie viel aufgeben muß, wenn sie weiterkommen will. Der Traum zeigt einfach die Möglichkeit auf, den Verlust hinzunehmen und darüber zu trauern – oder kehrtzumachen und sich zum Bleiben in dem behaglichen Haus mit allem Komfort, der guten Bewirtung und den Erinnerungsstücken an die inzwischen erwachsenen Kinder zu entschließen. Adele blieb, und weitere Träume stellten sich ein.

1. Meine Kinder und ich waren auf einem freien Gelände, dem Ausläufer eines großen Hofes ähnlich dem Innenhof meiner High-School, einer nach einer Seite hin offenen Wiese.

2. Wir erblickten ein kleines Flugzeug, das aussah, als würde es abstürzen. Es drehte und schien auf uns zuzukommen.

3. Ich packte die Kinder und brachte sie aus dem Weg. Es drehte und kam dem Boden so nahe, daß ich dachte, es würde zerschellen, ehe es wieder zu uns umdrehen konnte. Ich dachte: »Beeil dich und zerschelle endlich, dann sind wir nicht mehr in Gefahr.«

4. Es zerschellte, und ich fühlte mich in Sicherheit.

Adele kamen dazu folgende Assoziationen in den Sinn:

1. *Meine Kinder* – Lieb, begeistert, frei.
Freies Gelände – Frei, aber exponiert, ungeschützt.
Großer Hof – Förmlichkeit, offen und doch eingeschränkt.
Innenhof meiner High-School – Leerer Pomp, Einschränkung.
Nach einer Seite hin offene Wiese – Nur ein Weg hinaus.

2. *Kleines Flugzeug* – Keine angsteinflößende Größe, hübsch, wendig.
Als würde es abstürzen – Ende, Katastrophe.
Drehte – Veränderung.
Schien auf uns zuzukommen – Könnte uns übel zurichten.

3. *Ich packte die Kinder* – Ich muß für sie sorgen.
So nahe – Konnte abspringen.
Zerschelle – Aus.
Wieder zu uns umdrehen – Zyklische Wiederholung. Erst beschließe ich, zu gehen, und freue mich darüber, dann denke ich an die Probleme, die das aufwirft, und bin bedrückt, und schließlich will ich doch wieder gehen und heitere mich wieder auf ... Ich will aus diesem Kreislauf heraus.
Beeil dich – Ich will keine Zeit mehr verschwenden.
Zerschelle endlich – Hinter sich bringen.

Gefahr – Spannungen, aufs Ende warten.

4. *Sicherheit* – Wenn man durch das Schlimmste hindurch ist, braucht man es nicht mehr zu fürchten.

1985 ließ Adele sich scheiden, denn sie hatte das sichere Gefühl, daß ihr Unabhängigkeitsverlangen nie vergehen, sie vielmehr Tag und Nacht verfolgen würde. Sie blieb mit ihren Söhnen in dem gemeinsamen Haus. Rick unterhielt sie und die Jungen ein Jahr lang, während sie ihr Studium beendete (vier Jahre nach ihrem ersten Kurs). Sie studierte überwiegend, wenn die Jungen in der Schule waren, damit sie öfter mit ihnen zusammensein konnte als Rick mit seiner Vollbeschäftigung. Mittlerweile hat sie eine regelmäßige Halbtagsarbeit in einer großen Firma. Nachmittags ist sie freiberuflich noch für andere Firmen tätig. Dadurch hat sie den Spielraum, den sie ihrem Gefühl nach braucht, solange die Jungen noch im Haus sind.

Als sie frisch geschieden war, war vieles schmerzhaft, aber dennoch freute sie sich ihrer ersehnten Unabhängigkeit und Selbständigkeit. Die Schwierigkeiten spornten sie in der Regel dazu an, sie zufriedenstellend zu meistern.

Zu Anfang hatte sie kein besonderes Bedürfnis nach einer neuen Männerbeziehung. Da sie sich allzulange Ricks Sexwünschen angepaßt hatte, und das für ihren Geschmack noch viel zu häufig, hatte sie eine Abneigung gegen den Geschlechtsverkehr entwickelt. Außerdem war ihre sexuelle Beziehung bestenfalls phantasielos gewesen aus Unwissenheit und aus der Vorstellung heraus, nur das tun zu dürfen, was »sich gehörte«. Sie hatte sich nie richtig wohl gefühlt in ihrem Körper, den sie als sehr unvollkommen empfand und in dem ihre Sexualität versteckt war. Sie beschloß, sexuell von Grund auf neu anzufangen. Sie las Bücher über die Freude am Sex, malte sich dazu einen liebevollen Partner aus und begann ihren Körper ganz neu zu erfahren. Durch Masturbieren entdeckte sie vielerlei, was ihr am Sex und am eigenen Körper gefiel. Der früheren Hemmungen ledig, stellte sie sich vor, wie sie wohl sexuell mit dem richtigen Mann harmonieren könnte.

Sie träumte viel in dieser Übergangsphase, wobei sie sich an den folgenden Traum besonders gut erinnert, einen Markstein-Traum, in dem viele Fäden ihres Lebens zusammenliefen.

1. Ich bewohnte eine Stadtwohnung. Ich schaute aus dem Fenster und sah jemanden mit einem Revolver ein oder zwei Personen auf dem Bürgersteig der gegenüberliegenden Straßenseite erschießen.

2. Ich ging hinaus und die Straße hinauf, bis ich eine Polizistin fand, die dienstfrei hatte und ihr kleines Kind trug, einen stämmigen Jungen. Ich sagte: »Ich passe auf Ihren Jungen auf, wenn Sie etwas wegen dieser Schießerei unternehmen.« Sie ging darauf ein. Ich trug das Kind die Treppen zu meiner Wohnung hinauf. Ich genoß das Gefühl, es zu halten. Ich spielte mit ihm und sorgte für es.

3. Dann kam eine attraktive blonde junge Frau in meine Wohnung und wollte mit mir schlafen. Sie war so direkt und ohne Scheu, daß mir der Gedanke gefiel. Was sie beim Sex tat, war genau das, was ich mochte, und sehr zärtlich. Nach einiger Zeit stand ich auf und schloß die Blenden, damit niemand hereingucken konnte. Ich war lieber ungestört, aber nicht etwa peinlich berührt von der Möglichkeit, es könnte uns jemand zugeschaut haben. Wir setzten unser Liebesspiel zufrieden fort.

4. Später kam die Polizistin wegen ihres Kindes zurück,

bemerkte, daß wir uns liebten, und fand es ganz natürlich.
Die drei Frauen fühlten sich zusammen rundum wohl.

1. *Stadt* – Aufregend, ein Hauch von Welt, frei.
Wohnung – Privat, frei.
Aus dem Fenster – Mittendrin.
Revolver – Gefahr.
Ein oder zwei Personen – Zufällige Opfer.
Der gegenüberliegenden Straßenseite – Gefahr ist nah,
aber nicht zu nah.

2. *Polizistin* – Stark, zuständig, mutig, professionell.
Dienstfrei – Weiterhin Autorität, Macht trotz aktiver
Mutterpflichten.
Ihr kleines Kind – Familie, Sorge.
Ein stämmiger Junge – Nett, zum Knuddeln.
Trug es – Wärme, Zuneigung.
Die Treppen zu meiner Wohnung hinauf – Freiwilliges
Sich-Kümmern.
Spielte mit ihm – Einsatz bringen.

3. *Attraktiv, blond, jung* – Jemand Begehrenswertes.
Mit mir schlafen – Es war normal, natürlich, heilsam, ge-
nußvoll.
Direkt – Ehrlich.
Ohne Scheu – Ehrlich, kein Spielchen.
Was sie beim Sex tat – Ungehemmt, für beide befriedi-
gend, ausgewogen – wir waren gleichwertig.
Schloß die Blenden – Mir war bewußt, daß unser Tun ge-
sellschaftlich untragbar war, aber ich war nicht beschämt.
Ungestört – Etwas, das ich unbedingt brauche.
Möglichkeit, es könnte uns jemand zugeschaut haben –
Familie, weitläufige Bekannte, die Gesellschaft.
Setzten unser Liebesspiel zufrieden fort – Ich habe ein

Anrecht auf diese Gefühle, auf meine Sexualität, meinen Freiheitsdrang.

4. *Polizistin kam zurück* – Was zusammengehörte, kam zusammen.

Wegen ihres Kindes – Verantwortungsgefühl, ein Herz für Kinder.

Bemerkte, daß wir uns liebten – Es war keine Überraschung, rechtens.

Fand es ganz natürlich – Wie es sein sollte.

Die drei Frauen – Die geltungsbewußte, starke Handelnde; die Erhaltende, die für das Kind sorgte; und die Lustvolle, die zum Lieben drängte und eine ehrliche sexuelle Beziehung einging.

Fühlten sich zusammen rundum wohl – Jede akzeptierte und achtete die Rolle der anderen, sie waren im Einklang miteinander.

»Ich lebte allein, frei, mitten im dicksten Gedränge, genau die *Situation,* die ich mir immer gewünscht habe«, sagte Adele bei der Interpretation ihrer Wortassoziationen. »Es lauerten natürlich auch Gefahren in meiner heißersehnten Unabhängigkeit.

Die *Frage* lautet: Kann der geltungsbewußte, aktive, starke Teil meiner selbst in der großen weiten Welt das Ruder übernehmen, während gleichzeitig der weiche, mütterliche Teil von mir zu Hause für die Kinder sorgt?

Bei der Zuspitzung *zur Klimax* stellte sich heraus, daß ich noch einen dritten Teil meiner Persönlichkeit, meine Sexualität, in Betracht ziehen mußte. Ich war eigener, ungehemmter, genußvoller in meiner Sexualität geworden und hatte einen Weg zu meiner Befriedigung gefunden. Die Frage der Koexistenz meiner Persönlichkeitsteile mußte weiter gefaßt werden, um meine Sexualität mit meinen Fähigkeiten, Initiative zu entwickeln und Sorge zu tragen, zu verweben.

Die *Auflösung* ist, daß meine geltungsbewußte, aktive, professionelle Seite von meiner mütterlichen, zärtlichen Seite profitiert und mit meiner geschlechtlichen Rolle rundum zufrieden ist. Meine mütterliche Seite ist meinem Geltungswillen dankbar, dafür, alle Dinge außerhalb des Hauses zu regeln, und freut sich ohne Scham an meiner vollerwachten Sexualität. (Endlich wird auch meine selbstsichere Seite durch eine Frau repräsentiert, statt durch einen angstauslösenden Mann und dann einen Jungen, wie früher.) Es ist eine neuempfundene Hochachtung für alle Aspekte meines Lebens da. Ich nehme an, es handelt sich um eine umfassende Selbstachtung. Mir ist wirklich wohl dabei.«

Dieser Traum war für Adele der Beweis, daß sie in ihrer Selbstakzeptanz an einem Punkt angelangt ist, an dem sie ihrer Meinung nach keine Therapie mehr braucht. Sie ist jetzt eng mit einem Mann befreundet, den sie irgendwann heiraten möchte. Den Entschluß zur Heirat zögert sie so lange hinaus, bis sie sicher ist, sich ihre Unabhängigkeit auch in einer engagierten Beziehung in aller Liebe bewahren zu können. Sie will sichergehen, daß sie sich voll und ganz einbringen kann, ohne sich gegen die Abhängigkeiten aufzulehnen, die naturgemäß unweigerlich entstehen. Dieses Entwicklungsstadium wird, wie sie hofft, seinen Ausdruck finden in einem Traum von Glück und Frieden.

12 Die Traumdeutung als Hilfe in persönlichen Beziehungen

Du erzählst mir deinen Traum, und ich schreibe ihn auf«, sagt jemand.

»Also, ich habe geträumt, ich esse ein Sandwich, und ...«, sagt der Träumer, während der Freund emsig kritzelt.

»Nun sag, woran denkst du, wenn ich vorlese: *Ich esse ein Sandwich?*« fragt der Freund, als der Traum vollständig aufgezeichnet ist.

»An die alten Zeiten, als ich noch keine leitende Stellung bekleidete, sondern nur ein kleiner Angestellter war«, erwidert der Träumer. »Eine Zeit mit weniger Verantwortung.«

Wenn zwei Menschen zusammen einen Traum interpretieren, kann etwas Gutes dabei herauskommen. Zum einen kann der objektive Zuhörer Dinge aus dem Traum heraushören, die dem Träumer beim Erzählen gar nicht bewußt sind, und ihm so zu wichtigen Selbsterkenntnissen verhelfen. Zum zweiten kann er etwas über den emotionalen Hintergrund und die persönliche Symbolik des anderen aus dessen gegenwärtiger Sicht erfahren. Und zum dritten können der Träumer und sein Gefährte auf diese Weise fast unmerklich ins Gespräch über ein wesentliches Thema kommen, an das sie nicht gerührt hätten, wäre nicht die schützende Gewißheit gegeben, daß es sich ja »nur um einen Traum« handelt.

Diese drei Begleiterscheinungen der Trauminterpretation – das genaue objektive Zuhören, das Verständnis für die Auffassung des anderen und die Aussprache über schwierige Punkte – sind entscheidende Faktoren für die Entwicklung einer engen zwischenmenschlichen Beziehung.

Hier ein Beispiel dafür, wie zwei Freundinnen sich genau und objektiv zuhören: Tina erzählte Becky von einem Traum, den sie auf einer Auslandsreise mit ihrem Mann Todd hatte. Im Traum hatte Tina mit ihrem Mann in irgendeinem fremden Land eine unerfreuliche Auseinandersetzung. »Ich konnte nicht feststellen, wieviel Uhr es in dem Land war, und ich konnte den Zugfahrplan mit seinen technischen Zeitangaben wie 13.08 h und 14.46 h nicht lesen, und mit der Währung kam ich auch nicht zurecht. Todd wollte mir helfen und sagte, er würde sich um all das kümmern, und ich war so wütend auf ihn. Ich war völlig verunsichert.«

Als Tina ihre Liste von Wortassoziationen fertig und Becky die Traumhandlung in vier Szenen aufgeteilt hatte, begann Becky mit der Deutung. »Du bist völlig verunsichert, wenn Todd dir helfen will«, sagte Becky im genauen Wortlaut der Assoziationen Tinas.

»Nein«, entgegnete Tina scharf, »ich bin sehr selbstsicher.« »Auf mich wirkst du sehr sicher«, pflichtete Becky diplomatisch bei. »Du scheinst genauso zufrieden mit dir zu sein wie andere. Aber du selbst hast gesagt, du wärst völlig verunsichert, wenn Todd dir helfen wollte.« Sie zeigte Tina ihre wortwörtlichen Aufzeichnungen.

Tina war wie vom Donner gerührt. Sie mußte davon ausgehen, daß ihr Selbstvertrauen doch angeknackst war. Zum ersten Mal wurde ihr klar, daß ihr Selbstvertrauen litt, wenn Todd zuviel für sie zu erledigen bemüht war. Daraus erklärten sich viele ihrer Streitigkeiten. Tina geriet dann in eine unerklärliche Wut und brauste auf. Wenn er ihr nachsagte, sie sei ungerecht, weil er sich doch zu dem und dem Zeitpunkt besonders hilfsbereit gezeigt hätte, ärgerte sie sich noch mehr. Jetzt begriff sie, daß die Ursache ihrer Wut ihre eigene Unsicherheit war und das, was seine Fürsorglichkeit für sie bedeutete – nicht selbst klarkommen zu können. Da sie nun die Grundlage ihrer Empfindlichkeit kannte, konnte sie gegensteuern, sobald sich etwas zusammenbraute, und ihm die Spitze nehmen.

Diese Einsicht hätte sie womöglich nie gewonnen, wenn Becky nicht ihre eigene Traumbeurteilung in allen Einzelheiten aufgeschrieben und ihr vorgelesen hätte. Von dieser Trauminterpretation profitierte nicht nur die Ehe von Tina und Todd, sondern auch das ohnehin schon gute Einvernehmen zwischen den beiden Freundinnen, die fortan noch mehr Vertrauen ineinander setzten.

Einblick in den emotionalen Hintergrund und die persönliche Symbolik des anderen zu nehmen, ist ein Schritt zu größerer Vertraulichkeit. Dabei fällt mir ein Paar ein, das wegen ehelicher Probleme zur Therapie kam und das sich in einer Sitzung über die Anschaffung eines Rasenmähers stritt. Alice sagte, ihr sei es peinlich, wie hoch das Gras in ihrem Vorgarten schon wachse; sie legte ihrem Mann Harry nahe, doch einen Rasenmäher zu kaufen, den man fahren könne, und sie wolle dann die Ecken und Ränder schneiden. Mit der Arbeitsteilung war Harry einverstanden, aber er wollte um keinen Preis das Gerät kaufen. Jedesmal, wenn sie sagte, heute sei ein guter Tag, um es endlich zu kaufen, reagierte Harry gereizt. Je mehr Harry sich sperrte, um so höher wuchs das Gras, und um so ungeduldiger wurde Alice.

Harry sagte, er hätte schon längst einen solchen Mäher gekauft. Das Problem sei nur, daß Alice ständig nörgelte. Wenn sie mit ihrem Genörgel aufhörte, würde er den fahrbaren Rasenmäher schon kaufen. Sie behauptete, damit aufgehört zu haben, und trotzdem habe Harry keinen Mäher gekauft.

Kurz darauf träumte Harry von Heidekraut. Als er Alice seinen Traum erzählte, fragte sie ihn, warum um alles in der Welt er denn von Heidekraut träume. Er sagte, er wüßte es nicht; er hätte seit Jahren nicht an Heidekraut gedacht. Dann erzählte er ihr von seinem Großvater, einem alten Schotten, der nach Kanada emigriert war und, als er endlich genug gespart hatte, ein Haus mit ausgedehnten Rasenflächen gekauft hatte, wo auch Harry mit seiner Familie gelebt hatte. Von einer Reise nach Schottland brachte der alte Mann ein paar Heideableger aus der Heimat seiner Vorfahren mit und pflanzte sie zwischen Felsbrocken im Gelände. In der Absicht, eine schottische Moorlandschaft anzulegen, holte er jedes kleinste Heidepflänzchen, das aus dem Rasen sproß, heraus und pflanzte es an die Stelle, die er für das Heidekraut ausersehen hatte. Der Heidefleck vergrößerte sich und blühte lila und weiß. Er war für den alten Mann fast ein Heiligtum, das er wie ein Mönch behütete. Harry hatte die Aufgabe, das Gras mit einem Handrasenmäher zu schneiden, aber er durfte erst mähen, wenn er zuvor auf allen Vieren die gesamte Rasenfläche nach Heideschößlingen abgesucht hatte. Er bekam einen Penny pro Pflänzchen, das er entdeckte und zur Verpflanzung markierte. Er erinnerte sich, wie er dieses Suchritual einmal ausließ und einfach mähte, in der Meinung, etwaige Heidepflänzchen noch rechtzeitig vor dem Abmähen zu entdecken. Ein paar bemerkte er, andere nicht. Sein Großvater hatte ihn schwer bestraft für diese abgekürzte Arbeitsweise.

»Kein Wunder, daß du keinen Rasenmäher zum Fahren kaufen willst«, rief Alice aus. »Du bist ja dafür bestraft worden, es dir bequem gemacht zu haben.«

Harry fand Alices Fingerzeig sehr aufschlußreich. Jetzt fiel ihm wieder ein, daß der Rasen daheim eine Art geheiligter Grund gewesen war, weil dort die kleinen Heidepflanzen aufkeimten, die Verbindung zu Großvaters Heimat. Er wurde selbstsüchtig und gefühllos gescholten, weil es ihn nicht kümmerte, wenn er den Pflänzchen die zarten Spitzen abmähte. Ihm war es zuwider, danach zu suchen und sich sagen lassen zu müssen, auf ihn sei kein Verlaß, wenn er einmal ein Pflänzchen übersehen hatte. Die ganze Rasenpflege wuchs sich zu einer Bedrohung für seine Selbstachtung aus.

Während er das alles erzählte, kamen Harry die Tränen. Danach war er erleichtert und in der Lage, einen fahrbaren Rasenmäher zu erstehen. Mittlerweile mäht er mit großem Vergnügen und einem gewissen Rachedurst jedem Pflänzchen in seinem Weg den Kopf ab.

Ohne den Traum hätten Alice und Harry nie erfahren, daß die Rasenpflege für Harry ein altes Ärgernis, ein altes Versäumnis symbolisierte. Wer hätte das auch vermuten können! Diese Enthüllung war eine gute Erfahrung für beide, und durch ihr neues Verständnis brachten sie fortan mehr Geduld füreinander auf.

Jeder von uns hat sein eigenes Heidekraut, hat eigene Erfahrungen mit etwas gemacht, was anderen und häufig einem selbst gar nicht bewußt ist. Träume holen diese Bilder aus der Vergangenheit (und der Zukunft) ans Licht, um uns emotionale Probleme vor Augen zu führen. Träume mit einem Menschen, der uns nahesteht, gemeinsam zu interpretieren vertieft die Beziehung zu diesem Menschen, da wir ihm unsere zuvor geheimgehaltenen Symbole anvertrauen.

Wenn zwei Menschen ihre Träume gemeinsam deuten, kommt es dabei manchmal zu Gesprächen über Fragen, die für die Beziehung von Bedeutung sind, aber normalerweise nicht angeschnitten werden. Der Traum wird weitererzählt, ehe der Träumer gemerkt hat, worauf er sich da eingelassen hat, und ist er erst so weit, findet er meist auch ein Gespräch darüber nicht schlecht. Außerdem macht es weniger Angst, über den Umweg der Symbolinterpretation miteinander zu sprechen als direkt von Mensch zu Mensch.

Eine junge Frau, Peggy, träumte zum Beispiel, sie sei mit ihren Eltern auf einer Party und treffe dort zufällig einen inzwischen verheirateten Jugendfreund. Sie ging zu ihm hinüber und begrüßte ihn herzlich. Sie unterhielten sich angeregt, bis seine Kinder dazukamen. Auch mit den Kindern unterhielt Peggy sich freundlich, bis ihre Eltern ihr durch Zeichen bedeuteten, daß sie gehen wollten. Peggy verabschiedete sich mit dem Wunsch, sie hoffentlich einmal wiederzusehen. Insgeheim war sie jedoch erleichtert, daß ihre Eltern sie erlöst hatten, denn obwohl sie die Kinder des alten Freundes nett fand, war sie es doch müde geworden, höflich mit ihnen zu plaudern.

Peggy erzählte ihrem Verlobten Burton den Traum, und sie beschlossen, ihn gemeinsam zu analysieren. Bei dem Wort *Kinder* nannte Peggy sofort die Namen von Burtons Kindern. Als ihr angesichts dieser Assoziation ein Licht aufging, hätte sie sich sperren können, aber sie maß der gegenseitigen Offenheit so viel Gewicht bei, daß sie lieber aufrichtig blieb. Aus ihren Wortassoziationen wurde schnell deutlich, daß der alte Freund im Traum ihren Verlobten verkörperte. Sie mochte Burtons Kinder sehr gern, war es jedoch leid, sich nett und freundlich mit ihnen unterhalten zu müssen. Ihre Eltern, bemerkte sie, hätten ihre Beziehung zu Burton hintertrieben, weil sie ihre Heirat mit einem geschiedenen Mann und die unvorbereitete Übernahme von Mutterpflichten gegenüber seinen Kindern nicht guthießen.

Ohne den Traum hätte Peggy aus Angst, ihrer Beziehung zu schaden, nie irgendwelche negativen Empfindungen in einem Gespräch mit Burton geäußert. Aber da nun einmal ihre Sorgen im Traum zum Ausdruck gekommen waren, führten sie zum erstenmal ein tiefgehendes Gespräch über ihr Verhältnis zu seinen Kindern. Die Tatsache, daß das Thema im Traum angeschnitten wurde und nicht in einer emotionalen Krise, half ihnen, sich auf konstruktive Äußerungen zu beschränken. Peggy lernte, daß selbst heiße Eisen angefaßt werden können. Wenn sie festgestellt hätten, daß sie sich über dieses Thema auch auf so indirekte Weise nicht aussprechen konnten, hätte Peggy ihre Heiratspläne noch einmal überdenken sollen. Doch Peggy und Burton einigten sich darauf, daß Peggy versuchen würde, praktische Erfahrungen in der Entwicklung einer echten Beziehung zu den Kindern zu sammeln, statt sich auf Party-Smalltalk zu beschränken. Alles, was er über ihre Angst vor ihrer Rolle als neue Ehefrau erfuhr, konnte eigentlich nur dazu beitragen, unvermeidlich entstehende Spannungen abzubauen.

An diesem Traum wird auch deutlich, daß man seine Träume nicht mit jemandem teilen sollte, mit dem man keine vertrauliche Beziehung eingehen will oder dem gegenüber man noch nicht zu schonungsloser Offenheit bereit ist, denn aufrichtig interpretierte Träume führen oft zu einem Gespräch über sehr intime Fragen.

Susan und Mike sind ein typisches Beispiel für Ehepartner, deren gegenseitiges Vertrauen noch zu wünschen übrigließ. Ein Gespräch über einen Traum öffnete ihnen über mancherlei die Augen, worin sie sich näherkommen konnten.

Susan heiratete Mike, einen mit vielen Ämtern betrauten Studenten, Vorsitzender einer Studentenverbindung und Mitglied des Studentenparlaments einer Universität in New Orleans. Nach dem College machte er ein Managementpraktikum in einer großen Firma und hatte gute Aussichten auf eine erfolgreiche Karriere. Er wirkte selbstsicher in seiner Führungsrolle und schien jeder Situation gewachsen zu sein. Susan hingegen war oft gehemmt, deshalb bewunderte sie sein Selbstvertrauen und beneidete ihn darum.

Sie mußte Mike dazu überreden, mit ihr zusammen ihre Träume zu interpretieren. Er sträubte sich anfangs dagegen, und als er schließlich einwilligte, analysierten sie nur Susans Träume. Eines Morgens, nachdem Mike ihr gegenüber erwähnte, einen schlimmen Traum gehabt zu haben, bestand Susan darauf, ihn gemeinsam zu analysieren, da es ihrer Beziehung nur guttäte, wenn er sein Schweigen bräche.

Mikes Traum drehte sich um ein sehr verbreitetes Traumelement – die Nacktheit des Träumers. Mike hatte geträumt, er säße nackt hinter einem Podium vor einer großen Menschenmenge. Nach Beendigung der Versammlung hoffte er, die Menge würde sich zerstreuen, so daß er unbemerkt hinter dem Podium hervorkommen könnte. Aber die Leute blieben. Schließlich stürmte er einfach los, die Leute sahen ihn, und alle rannten hinter ihm her. Er rannte die Straßen des französischen Viertels in New Orleans hinunter, um ihnen zu entkommen, aber ein paar ließen nicht von seiner Verfolgung ab. Schließlich sprang er in einen Andenkenladen und schnappte sich einige der Tonmasken, die als Souvenirs an Touristen verkauft werden. Diese Masken hielt er vor die Stellen seines Körpers, die er verbergen wollte. Er meinte, das Problem damit gelöst zu haben, fühlte sich aber immer noch unwohl in seiner Haut. Die Menge sammelte sich um ihn und starrte ihn noch eine Weile an, um sich dann zu trollen.

Jetzt mußte Mike sich entscheiden, was er mit den Masken zu tun gedachte. Er fragte sich, ob er sie wohl für den Heimweg brauchte oder ob er sie dem Ladenbesitzer zurückgeben sollte. Er überlegte auch, ob ihn der Inhaber nun zum Kauf drängen würde, weil sie ja »gebraucht« waren.

Schließlich sagte er, sie sollten für ihn zurückgelegt werden. Er war erleichtert, nach Hause gehen zu können, ohne die Masken ganz aufgeben zu müssen.

Susan schrieb Mikes Assoziationen auf. Die Nacktheit in Mikes Traum – wie in den meisten Träumen – ließ auf Verletzlichkeit und die Angst schließen, schutzlos angetroffen zu werden. Das Podium war seine Führungsposition, der Laden stand für seine Arbeit, sein »Geschäft«. Laut Mike sagten die Masken: »Verbirg, wer du bist.« Sein Heim war für ihn da, wo er mit Susan zusammen war.

In der *Traum-Situation* wurde von ihm erwartet, sich vor allen Leuten als Führungskraft zu beweisen, obwohl er sich vor dem Rampenlicht fürchtete. Sein ungeschütztes Selbst mochte er nur zeigen, wenn das Publikum gegangen war. Das *Problem* bestand darin, daß die Leute ihn nie allein ließen, um ganz er selbst sein zu können; vielmehr verfolgten sie ihn. Die *Klimax* war erreicht, als er sich hinter einer Maske verbarg, hinter einem Image, das ihn einigermaßen zu schützen schien. Es blieb die Frage offen, ob er sein Image immer behalten müsse, weil er es ja bereits »gebraucht« hatte. Als *Auflösung* ergab sich, daß er bei Bedarf auf sein Image zurückgreifen konnte, es *jedoch nicht mit nach Hause zu nehmen brauchte.*

Mike und Susan unterhielten sich darüber, welchen Bezug es zum wirklichen Leben gab. Mike sagte, bei der Arbeit müsse er ein bestimmtes Image aufrechterhalten, was wirklich nicht so leicht sei, und auf dem College sei es auch nicht so einfach gewesen. Er hätte sich manchmal danach gesehnt, einfach ausspannen und er selbst sein zu können. Am liebsten würde er die ganzen Regeln für den Umgang mit der Chefetage und den Untergebenen, für Konfliktlösungen und die Art, wie man sich verkauft, einfach vergessen. Er wollte eigentlich ungezwungen sein. Die Auflösung seines Traums lautete, daß er zu Hause ungekünstelt sein und seine Maske fallen lassen konnte, während sein Image »im Laden an der Straße« erhalten blieb, falls er es brauchte.

Susan sagte, sie hätte längst das Gefühl gehabt, daß die Anforderungen seines Berufs störend zwischen sie getreten seien. Er sollte sich beim Zusammensein mir ihr von seiner wahren, spontanen Seite zeigen, und ihre Sehnsucht nach einer tieferen Vertraulichkeit sei einer der Gründe dafür gewesen, warum sie auf eine gemeinsame Traumdeutung gedrängt hätte.

Er ließ die Bemerkung fallen, sie sei vielleicht bei den Leuten gewesen, die ihn im Traum verfolgt hatten, als er nackt war, und gehörte vielleicht zu den Leuten, die nicht sehen sollten, wie er wirklich war.

Sie entnahm der Trauminterpretation, daß er im Grunde gar nicht der coole, ewig selbstsichere Herr der Lage war, den sie in ihm vermutet hatte. Er mußte vieles von dem Image vortäuschen, das ihn auf dem Universitätscampus zum Big Boss gemacht hatte. Aber statt einen Bruch in ihrer Beziehung herbeizuführen, schloß die Enthüllung seiner Verletzlichkeit sie noch enger zusammen. Susan empfand sich jetzt eher als ebenbürtig, sie wurde von seiner Dünnhäutigkeit angezogen. Sie versprach, ihm eine bessere Stütze zu sein in seinem Bemühen, sein berufliches Image aufrechtzuerhalten und zu Hause wieder zu sich selbst zu finden. Nach der gemeinsamen Interpretation von Mikes Traum waren beide der übereinstimmenden Meinung, daß Mike nicht länger zu fürchten brauchte, es sei gefährlich, Susan gegenüber offen zu sein.

Man beachte, daß die Trauminterpretation vom reinen Traumsymbol zu äußerst abstrakten Assoziationsbegriffen hinführte, dann in ihrer Bedeutung auf das Leben bezogen wurde und schließlich zu einem Gespräch über Fragen, die nicht direkt etwas mit dem Traum zu tun hatten, Anlaß gab. Der Traum führte Schritt für Schritt, in einem Tempo, das dem Paar genügend Spielraum ließ, zu einem offenen Gespräch über zuvor im Dunkeln gebliebene Bereiche ihrer Beziehung.

Rachel und Jerry sind ein Paar, das ohne Trauschein zusammenlebt. Sie kamen sich ebenfalls durch ihre Träume näher und merkten dadurch erst, was jeder von ihnen von der Beziehung eigentlich erwartete.

Rachel war eine erfolgreiche junge Systemanalytikerin. Als ich sie zuerst kennenlernte, steckte sie gerade mitten in einem Entscheidungsprozeß, was sie mit ihrer ins Stocken geratenen Ehe mit einem Mann, der sich in Marihuanawolken eingehüllt hatte, anfangen sollte. Sie wollte sich scheiden lassen, aber eine lähmende Angst vor irgend etwas hielt sie zurück. Rachel kam auf den Gedanken, eine Analyse ihrer immer schlimmer werdenden Träume könne ihr vielleicht aufzeigen, warum sie die Scheidung nicht durchzusetzen vermochte. Sie meldete sich zu einem meiner Traum-Workshops an, um zu lernen, wie man den Träumen ihr Geheimnis entlockt. Die Deutungsmethode, die sie bei mir lernte, half ihr, ihre Ängste zu verstehen und damit umzugehen. Bald darauf reichte sie die Scheidung ein.

Es war ihre erste Beziehung nach der Trennung von ihrem Mann, die sich durch die Traumanalyse vertrauensvoller und intimer gestaltete. Rachel lernte Jerry ein paar Monate nach der Trennung von ihrem Mann kennen und war sofort von seinem Witz und Verstand begeistert. In seiner extremen Offenheit wirkte er sehr selbstsicher. Sie fand sofort einen Zugang zu ihm, was ihr nie zuvor bei einer Beziehung zu einem Mann gelungen war. Wie sie selbst sagt, »war sie neugierig und wollte der Sache auf den Grund gehen«, obwohl sie noch nicht endgültig geschieden war.

Jerry hatte ebenfalls das Empfinden, daß Rachel und er sich intellektuell gewachsen waren, was er bisher nur bei Männerbekanntschaften erlebt hatte. Es befriedigte ihn zutiefst, daß er sich in ein und derselben Beziehung sowohl intellektuell als auch emotional und physisch bestätigt fand.

Rachel genoß das neue Wohlgefühl einer echten Kommunikation. Jerry fragte sich mit vorsichtigem Optimismus, ob Rachel wohl endlich einmal die Frau sei, die er gern heiraten würde.

Dennoch gab es, wie in jeder Beziehung, auch bei ihnen Zeiten, in denen etwas nicht stimmte. »Eines Abends lag irgend etwas an, was uns zu schaffen machte«, erinnert sich Rachel, »wir wußten nur nicht genau, was. Wir redeten um den heißen Brei herum und kamen kein Stück weiter.« Der tote Punkt machte ihr Sorgen, denn sie hatte noch deutlich in Erinnerung, wie sich zwischen ihrem ersten Ehemann und ihr eine Kluft aufgetan hatte, die durch kleine Risse wie diesen entstanden war. Sie verbrachte trotzdem die Nacht zusammen mit Jerry.

Am Morgen wachte Rachel aus einem Traum auf und spürte, wie Jerry zu ihr hinüberlangte. Sie liebten sich sanft und leise im Dämmerlicht des frühen Morgens. Danach, als sie sich in den Armen lagen, sagte Jerry: »Ich hatte vorhin einen Traum ...«

»Erzähl ihn mir, bevor du ihn vergißt«, sagte Rachel. Jerry erzählte ihr den Traum, und als er geendet hatte, sagte Rachel: »Ich hatte auch einen Traum, gerade als du mich geweckt hast.« Sie erzählte Jerry nun ihren Traum, solange sie ihn noch in allen Einzelheiten im Gedächtnis hatte.

Beide erkannten sofort, daß die Träume etwas über ihre Beziehung aussagten. Da sie von den Details fasziniert waren und über manches Absurde sogar lachen mußten, war dem jeweiligen Inhalt jede Peinlichkeit genommen. Rachel schlug Jerry vor, die Träume gemeinsam nach der Methode, die sie in meinem Workshop gelernt hatte, zu analysieren.

Jerry erzählte seinen Traum noch einmal, und Rachel schrieb ihn auf, wobei sie gleich die einzelnen Elemente kennzeichnete. Dann forderte sie Jerry auf, zu jedem der Traumelemente, die sie unterstrichen hatte (nachstehend sind sie durch kursive Schrift gekennzeichnet), frei zu assoziieren.

1. Du und ich machten in einer *Stadt*, nicht in dieser, einen *Spaziergang*. Die Stadt besaß *europäisches* Flair, etwa wie *Old Town*. Ich hatte ein Gefühl, als wäre ich *daheim*. Wir waren beide sehr *hungrig*. Wir gingen die Straßen entlang und hielten nach einem Platz Ausschau, wo wir essen konnten, aber bei jedem *Restaurant* gab es einen Grund, nicht hineinzugehen. Schließlich fanden wir ein gemütliches *Cafe*, in dem uns eine mollige, mütterliche Frau eine *randvolle Schale* mit köstlichen *Früchten* brachte.

2. Dann waren wir in einem *Schlafzimmer* im *High Tech-Stil*, und *Licht* aus großen *Eckfenstern* erfüllte den Raum. Wir waren gerade aus dem *Bett*, als sich plötzlich eine große Anzahl deiner *Freunde* und *Kollegen* – *schöne, junge, lebhafte* Leute – ins Zimmer *drängten*. Sie waren alle darauf versessen, mit dir zu *reden*, dir etwas zu erzählen, *deinen Beifall* zu finden.

3. Du warst für diese Leute *verantwortlich; du hattest die Kontrolle.*

4. *Doch wie angestrengt ich auch versuchte,* mit dir ins Gespräch zu kommen, ich *fand keine Beachtung bei dir.*

1. *Stadt* – Romantik, Abenteuer.
Spaziergang – Ziellos daherschlendern, sich einfach amüsieren.
Europäisch – Die alte Heimat, Tradition.
Old Town – Meine Heimat, wo ich aufgewachsen bin.
Daheim – Angenehm.
Hungrig – Verlangen nach etwas, das ich nicht habe.
Restaurant – Ein Ort, wo man etwas zu essen bekommt.
Cafe – Treffpunkt.
Mollig – Mütterlich.
Mütterlich – Fürsorglich.
Randvolle Schale – Überfluß, alles, was man sich wünscht.
Früchte – Sinnenfreude.

2. *Schlafzimmer* – Zusammenleben, das Leben miteinander teilen.
High-Tech – Modern.
Licht – Hell, klar, aufgeklärt.
Eckfenster – Nadine und Michael, die unterhalten eine sehr moderne, aufgeklärte Beziehung.
Bett – Sex.
Freunde – Nicht die Art von Leuten, die ich mag.
Kollegen – High-Tech-Typen (negativ).
Schön – Jung.
Jung – Was ich nicht mehr bin, und das bedrückt mich.
Lebhaft – Funkelnd.
Drängten – Drängeln, so daß niemand anders mehr herein kann.
Reden – Kommunizieren.
Deinen Beifall – Angenommen oder abgelehnt werden.

3. *Du warst verantwortlich* – Eine geltungsbewußte, starke Frau.

Du hattest die Kontrolle – Etwas beängstigend.

4. *Wie angestrengt ich auch versuchte* – Ich rief nach dir, aber ich bin nicht zu dir unter all den Leuten hingegangen.

Fand keine Beachtung bei dir – So ist es im Grunde.

Rachel nahm die szenischen Unterteilungen in der rechten Spalte vor wie oben und schob ihm das Blatt hin. »Wovon handelt der Traum?« fragte sie ihn und erklärte ihm, daß er die Antwort aus den »wahren« Bedeutungen in der rechten Spalte des ersten Abschnitts herauslesen müsse.

»Er handelt von der Suche nach einem Ort, an dem man sich in einer traditionellen, romantischen Partnerschaft niederlassen kann, die wohltuend und befriedigend ist.«

»Und wie lautet das *Problem?*«

Jerry wechselte zum Antworten auf die zweite Szene über. »Dies ist eine *moderne* Partnerschaft«, interpretierte er die Symbolik von Szene zwei. »Sie ist durch intellektuelle Aufrichtigkeit, Offenheit und klare Verhältnisse gekennzeichnet, wie die Beziehung von Nadine und Michael oder irgendeinem anderen aufgeklärten Paar. Das ist auch gut so, aber modern heißt, daß du alle möglichen Ansprüche stellst, auf die eine Frau nach alter Fasson nicht käme – Ansprüche an deinen Beruf, dein Studium, deine Kinder, deinen Ex-Mann, an andere Männer –, und manches davon ist für dich von größerem Interesse als ich.«

»Und welche *Zuspitzung* gibt es?«

»Du bist eine geltungsbewußte Frau und hast die Macht, all diese Beziehungen unter Kontrolle zu halten. Du befindest dich in einer Position, von der aus du zustimmen oder ablehnen kannst. Ich warte darauf, daß du mich auswählst. Das ist etwas beängstigend.«

»Worin liegt die *Auflösung?*«

»Ich werde nicht von dir beachtet, wenn ich nicht zu dir hinübergehe und genau solchen Wirbel um dich mache wie die anderen Leute.«

Jerry fügte hinzu: »Früher haben sich die Frauen im allgemeinen meiner Lebensweise, meinem Zeitplan, meinen Ansprüchen anpassen müssen. Aus diesem Traum ersehe ich, daß ich mich offenbar deiner Lebensart anpassen muß. Ich merke sehr oft, wie ich mit Menschen und Dingen um deine Gunst wetteifern muß.

Ich muß mich entscheiden, ob ich eigentlich mit ihnen konkurrieren will. Ich muß herausfinden, ob du mir in unserer Beziehung genügend Aufmerksamkeit zukommen läßt, daß ich zufrieden sein kann.«

Das war es also, was Jerry auf dem Herzen lag. Warum ist im Traum alles so klar? Der Traum war zu lesen wie ein Buch. Die einzelnen Elemente zeichneten sich deutlich ab, wirkten aber doch so traumhaft, daß sie nicht als bedrohlich empfunden wurden. Jetzt war endlich alles heraus. Warum war die Sache bloß in der Realität so schwer zu erkennen? Die Antwort kam schnell, da die Karten nun einmal auf dem Tisch lagen. Jerry meinte, nicht das Recht zu haben, mehr Beachtung zu verlangen, wie er sagte. Genauso sei es mit seiner Mutter gewesen, erinnerte er sich. Die Führung ihres Feinkostgeschäftes habe sie vollkommen in Anspruch genommen. Anscheinend seien ihr die Kunden wichtiger gewesen als er. Er fühlte sich nicht berechtigt, sie um Zuwendung zu bitten. Selbst jetzt käme es ihm noch anmaßend vor, zu einem vielbeschäftigten Menschen zu sagen: »Ich brauche mehr Zuwendung.«

Rachel machte ihm klar, daß die anderen Leute in seinem Traum ihre Beachtung oder sogar ihren Beifall fanden, weil sie zu ihr kamen und sie darum baten. Nur er sei als Zuschauer im Abseits geblieben. Rachel gab Jerry die Erlaubnis, genauso zu verfahren wie andere Menschen in ihrem Leben. »Woher soll ich wissen, daß du Zuwendung brauchst oder daß du dich zurückgewiesen fühlst, wenn du es mir nicht sagst?« fragte sie ihn. »Ich *bin* so beschäftigt, daß ich mich auf andere Dinge konzentriere, wenn es den Anschein hat, daß du mich nicht unbedingt brauchst. Versuch einfach, dich bemerkbar zu machen, wie die Leute im Traum«, riet sie ihm.

Jerry war erleichtert, daß dieses Thema einmal zur Sprache gekommen war, und er fühlte sich Rachel enger verbunden wegen ihres Verständnisses für seinen Standpunkt.

Dann Rachel an der Reihe, ihren Traum zu erzählen:

1. Ich war bei meiner Familie daheim, packte und bereitete mich auf die Abreise für ein neues Schuljahr vor. Mein Vater kam vom Briefkasten ins Haus mit einer zusammengefalteten Notiz, die im Kasten lag; er meinte, sie sei für mich, obwohl auf der Außenseite kein Name stand. Ich faltete die Notiz auseinander und las sie, bloß zwei Sätze von meinem letzten Freund: »Ich soll dir von Pam sagen, daß wir unsere Hochzeit planen. Wir denken an eine gemeinsame glückliche (glücklose) Zukunft.« Ich warf die Notiz weg und packte weiter.

Dann war ich in der Universität, wo ich am längsten studiert habe. In der Absicht, mich einzuschreiben und eine Wohnung zu finden, durchstreifte ich die Universitätsstadt schnell und gründlich und regelte meine Angelegenheiten selbständig.

2. Auf einem Teil des Universitätsgeländes waren Tierkäfige, wie ein kleiner Zoo, und ein Bassin für Delphine. Ein Delphin folgte mir über die ganze Länge des Beckens und stupste ab und zu meine Hand an, um getätschelt zu werden. Gegen Tagesende lernte ich einen jungen Mann kennen; ich fühlte mich diesem Mann sofort verwandt; wir unterhielten uns intensiv und ausgiebig über unsere Zukunft, unsere Erwartungen, unsere Ängste und Empfindungen. Die sexuelle Anziehung zwischen uns war sehr stark. Dann bemerkte ich, daß der Mann seine Arme nicht gebrauchen konnte; sie hingen schlaff zur Seite herunter. Er war nicht in der Lage, mich zu halten, zu umarmen, seine Hände auf mein Gesicht zu legen, wenn wir uns küßten.

3. Aber wir küßten uns trotzdem, und der Traum wurde sehr erotisch.

4. Als wir uns küßten, faßte ich einen Entschluß, nicht an seine Behinderung zu denken, es sei denn, sie würde zum Problem. Gerade da hast du mich aufgeweckt.

Jerry las Rachel nun die einzelnen Traumelemente vor, und sie assoziierte frei dazu, wie folgt:

1. *Familie* – Zusammenhalt.
Packte – Vorbereitung zum Abschied.
Neues Schuljahr – Eine Veränderung.
Vater – Gutes Verhältnis.
Briefkasten – Kommunikation.
Zusammengefaltete Notiz – Privatsphäre wird respektiert.
Letzter Freund – Wenn ich ihn geheiratet hätte, wäre ich in meiner Heimatstadt geblieben.
Pam – Unreife.
Hochzeit – Traditionelle Riten.

Glücklich (glücklos) – Man erwartet das Glück, aber man wird nicht glücklich.

Zukunft – –

Warf weg – Ich lehnte das Traditionelle, die Heimatstadt-Beziehung ab.

Universität – Zugehörigkeit.

Einschreiben – Offiziell und amtlich.

Wohnung – Meinen Platz finden.

Gründlich – Ich war zuversichtlich, begabt, konnte meine Angelegenheiten selbständig regeln.

2. *Tierkäfige* – Zoo.

Zoo – Beengt.

Bassin – Eine fremde Umgebung für mich.

Delphine – Wunderschöne Tiere.

Ein Delphin – Herrliches Gefühl; schmeichelhaft, ausgewählt zu werden.

Folgte – Freundlicher Hund, abhängiger Gefährte.

Stupste an – Konnte mir nichts sagen, mich nicht fassen.

Getätschelt werden – Zuneigung, Streicheln.

Gegen Tagesende – Endlich.

Junger Mann – Naiv.

Verwandt, unterhielten uns intensiv, Ängste, Empfindungen, sexuelle Anziehung – Alles positive Emotionen.

Arme – Völlig unnütz.

Schlaff – Keine Reaktion.

Halten, umarmen – Zuneigung, weniger sexuell.

Seine Hände auf mein Gesicht zu legen – Sexuelle Initiative.

Küßten – Sexuell

3. *Küßten* – Sexuelle Beziehung.

Erotisch – Erotisch.

4. *Entschluß, nicht an Behinderung zu denken* – Eine Behinderung ist das, was man aus ihr macht.

»Die *Situation* war die, daß ich von der emotionalen Behaglichkeit daheim fortging, eine Heirat in der alten Heimatstadt ablehnte, deren traditionelles Glück mir fragwürdig erschien, und statt dessen voller Zuversicht, Neues zu lernen und mich durchzusetzen, in einem neuen Ort meinen Platz finden wollte. Die *Frage* war, wie ich mich einem freundlichen, netten Geschöpf gegenüber verhalten soll, das meine Zuneigung ersehnt, aber so behindert ist, daß es nicht weiß, wie es darum bitten oder sich anders äußern soll. Das Thema, das diese Frage anschneidet, kommt in meinem Traum ein zweites Mal zur Sprache; diesmal ist es ziemlich deutlich ein mögliches *Problem.* Der Mann hat alle emotionalen Vorzüge zu bieten, an denen mir etwas liegt, außer daß er nicht gut zufassen kann und in seinen Reaktionen eingeschränkt ist.

Wir versuchen es einfach einmal mit einer sexuellen Beziehung, und es kommt zur *Steigerung.*

Die *Auflösung* liegt darin, daß ich vorläufig die Behinderungen ignoriere und mich an den guten Seiten freue.«

Übertragen auf ihr reales Leben hieß diese Deutung für Rachel, daß sie froh war, sich den traditionellen Erwartungen von Heimatstadt und Familie zu entziehen, um ihre Flügel auszubreiten und sich als unabhängige Studentin und berufstätige Frau zu versuchen. Zum gegenwärtigen Zeitpunkt mochte sie sich nicht durch eine neue Heirat binden. Sie gab allerdings zu, daß sein Mangel an Leidenschaftlichkeit in körperlicher Hinsicht wie sein Unvermögen, ihr gegenüber seine Liebe verbal zum Ausdruck zu bringen, ihr zu schaffen machte. Sie hatte zwar, wie im Traum, keine Schlüsse daraus gezogen, aber sie empfand deutlich, daß etwas fehlte. Sie war der Auffassung, daß er durchaus Feuer besaß und vielleicht lernen würde, das auch zu zeigen. Wenn nicht, sah sie darin ein mögliches Problem.

Jerry bekannte, daß er sich tatsächlich ein wenig vorkam wie der Mann, der seine Arme nicht gebrauchen konnte. Er mochte Rachel, aber er hielt sich zurück; er konnte sich nicht gehenlassen. Er meinte, vielleicht nicht so sinnlich zu sein wie sie, und er gestand auch seine Angst ein, einfach »loszulassen«.

Ihre Feststellung – »Ich war zuversichtlich, begabt und konnte meine Angelegenheiten selbständig regeln« – entsprach seinem Bild von ihr als einer Führungspersönlichkeit, die ihn zu ihrer Selbstachtung nicht brauchte. Er bewunderte ihre Selbstsicherheit und Selbständigkeit, empfand sie jedoch gleichzeitig als bedrohlich. Er hätte gern das Gefühl gehabt, mehr gebraucht zu werden.

Rachels Traum bestätigte ihm trotz allem seine Anziehungskraft. Er übte offenbar doch einen Reiz aus und faszinierte sie. Die Szene mit den schlaffen Armen brachte ans Licht, daß seine Leidenschaft, seine Art, sowohl Zuneigung als auch sein Bedürfnis danach auszudrücken, ernstlich behindert war. Jerry wurde dazu ermutigt, sich Rachel deutlich bemerkbar zu machen, während sie sich seine Verletzlichkeit klarer vor Augen führen mußte. Für sie war er fortan nicht mehr in erster Linie der »starke Mann«, an den sie beide geglaubt hatten, und sie bemühte sich, mehr für ihn da zu sein.

Das gemeinsame Analysieren ihrer Träume hatte eine Atmosphäre der Offenheit und des Miteinanders geschaffen. Sie hatten den Schleier ihres Unbewußten gelüftet und einander gezeigt, was sich dort abspielte. Worüber sie sich nicht einmal selbst ganz klar werden konnten, das offenbarten sie sich schließlich gegenseitig. Was dabei herauskam, nahmen sie an, ohne es zu werten, und danach empfanden sie eine tiefe Ruhe. Sowohl Rachel als auch Jerry gaben an, sich noch mehr zu mögen, seit sie einander ihre Träume mitteilten. Rachel gestand Jerry rückhaltlos ihre Liebe, machte ihm Geschenke und legte ihre Seele vor ihm bloß. Er hingegen war immer noch auf der Hut. In seiner Angst davor, wozu Rachels überschwengliche Zuneigung allzu schnell führen mochte, und mit dem sicheren Gefühl, nicht entsprechend reagieren zu können, machte Jerry den Vorschlag, sie wollten sich nur noch jedes zweite Wochenende sehen. Sie hielt eine solche Regelung für töricht, aber er bestand darauf.

Rachel ging sofort wieder mit anderen Leuten aus, um die Wochenenden zu füllen, und er vermißte sie sofort. Da hatte er nun eine Liebesbeziehung wie nie zuvor und versagte sich dennoch, dem bisherigen Verhaltensmuster seines Lebens getreu. In seiner Erinnerung reihte sich eine Beziehung an die andere, in der das betreffende Mädchen stets ernste Absichten geäußert hatte, während er sich um eine feste Bindung drückte. Einmal war er anderthalb Jahre mit einem Mädchen zusammen, ohne sich selbst einfach »loszulassen« und aus sich herauszugehen, und trotzdem war er am Boden zerstört, als sie ihn schließlich wegen eines anderen verließ. Jetzt stand ihm der Sinn nach jemandem, der ihm für den Rest seines Lebens Sicherheit bot, und er wollte Kinder haben. Und doch hielt er wieder Abstand von dem einzigen Menschen in seinem Leben, mit dem er derzeit eine solche Beziehung haben konnte. Er fragte sich, warum eigentlich.

Kurz darauf mußte Jerry sich einer Operation unterziehen – eine Kleinigkeit, dachte er, nichts Ernstes. Rachel fragte, ob sie kommen sollte. Er sagte nein, es sei eine ambulante Behandlung, eine Bagatelle. Er wäre sicher ein wenig angeschlagen, vermutete er, aber er wohne ja in der Nähe der Klinik und könne allein nach Hause gehen. Gut, sagte sie. Sie würde ihn anrufen. Nach seiner Operation ging er nach Hause und wartete auf Rachels Anruf. Er wartete und wartete neben dem Telefon. Die Operation war auf einmal eine große Sache – die sie anscheinend nicht kümmerte.

»Sie tat doch so liebevoll und besorgt, wie kann sie mich dann so links liegenlassen?« klagte er. »Wie kann sie denn ihre Gefühle einfach so an- und abschalten!« Er kam auf den Gedanken, sie würde ihn vielleicht strafen, weil er ihre Beziehung auf jedes zweite Wochenende beschränkt hatte. Er war allmählich froh, nicht »aus sich herausgegangen zu sein«. Wie sie ihn jetzt behandelte, faßte er als Rechtfertigung für seine Zurückhaltung auf.

Als Rachel endlich anrief, war sie sehr erstaunt über Jerrys Ärger. Sie erklärte ihm, daß sie gleich bei ihm gewesen wäre, um ihn mit Kissen, Saft und Keksen zu päppeln, wenn er nur ein Wort gesagt hätte, aber er hätte geradezu betont, es handle sich um eine Bagatelle.

Jerry hörte aus dieser Erklärung die gleiche Wahrheit heraus, die ihm schon ihrer beider Träume enthüllt hatten. Wenn er nicht um Zuwendung bat, bekam er sie auch nicht; und er hatte nicht gebeten. Trotzdem war er verletzt und ärgerlich, daß sie nicht mehr an ihn dachte.

In der folgenden Nacht hatte er einen Traum:

1. Ich träumte, es sei Sonntagmorgen, und Rachel und ich wachten in einem kleinen Gebäude auf, das ihr gehörte. Das Haus hatte die Form einer Drehorgel mit alten Holzschnitzereien, die braun und golden angemalt waren. Da war ein komischer Apparat, wie ein altes Weissagungsgerät, das einem vorgab, was man essen sollte.

2. Rachel knipste dann das Licht an, und mit dem Licht zusammen gab es einen lauten Krach.

3. Rachel kleidete sich an.

4. Ich bat sie, das Licht und den Krach kleiner zu drehen.

Bei ihrem nächsten Zusammensein bat Jerry Rachel, den Traum mit ihm gemeinsam zu analysieren. Sie las ihm die einzelnen Elemente vor, und er kam auf die folgenden freien Assoziationen:

1. *Sonntagmorgen* – Wenn wir nach einer gemeinsamen Nacht aufwachen und uns lieben.
Kleines Gebäude – Gemütliches Häuschen für Liebende.
Das ihr gehörte – Sie hat die Zügel in der Hand.
Drehorgel – Zirkus, Spaß.
Alte Holzschnitzerei – Romantisch.
Braun und golden – Antik.
Komischer Apparat – Kurioses Gerät.
Weissagungsgerät – Unsere Zukunft wissen.
Was man essen sollte – Was wir brauchen.

2. *Knipste das Licht an* – Ihre verständigen, logischen, vernünftigen Erklärungen.
Lauter Krach – Ihre Direktheit und Objektivität ist mir ein bißchen zuviel.

3. *Rachel kleidete sich an* – Kein Sex, keine Intimität mehr; Zurückweisung.

4. *Ich hat sie* – Ich brachte diesmal meine Bedürfnisse vor.
Kleiner zu drehen – Abzuschwächen, womit ich nicht klar komme.
    Rachel fragte Jerry, wovon der Traum handle. »Spaß, Spiel, Sex in einer romantischen Beziehung, bei der du die Zügel in der Hand hältst«, las er aus der ersten Szene ab.

»Ein altmodisches Gerät soll uns sagen, was wir in Zukunft brauchen.«

»Welches *Problem* liegt an?« fragte Rachel.

»Ich habe Schwierigkeiten mit deinem Intellekt und deiner Logik. Deine Direktheit ist eine Bedrohung«, sagte Jerry.

»Worauf läuft das hinaus, auf welchen *Höhepunkt* zu?«

»Du kündigst die Vertraulichkeit auf und gehst deiner Wege. Ich fühle mich zurückgewiesen«, antwortete Jerry.

»Und wie sieht deine *Auflösung* für dieses Problem aus?«

»Ich werde dich bitten, weniger tonangebend zu sein«, schloß er.

»Du verlangst, daß ich weniger intellektuell, weniger vernünftig und weniger direkt bin?« rief sie aus. »Und ich dachte, du würdest gerade das an mir bewundern.«

»Tue ich auch. Ich kann nur nicht begreifen, wie du so schnell von zärtlicher Frau auf Geschäftsmäßigkeit und Vernunft umschalten kannst. So wie damals, als du mich nach meiner Operation so lange nicht angerufen hast und dann mit einer vernünftigen Erklärung von deiner starken Konzentration auf irgendein Projekt aufgewartet hast.«

»Du hattest gesagt, du brauchtest mich nicht«, erinnerte sie ihn. »Ich weiß, aber das ist Logik. Wenn du mich wirklich gern hast, wie konntest du dann erst so spät anrufen?«

»Ich habe viel zu tun. Ich habe meinen Beruf, meine Arbeit in der Schule, meinen Sohn, den noch immer laufenden Scheidungsprozeß und dich. Das alles unter einen Hut zu bringen, ist nur bei genauer Koordination von Zeit und Energie möglich. Ich muß mich voll auf eine Sache konzentrieren und mir alles andere aus dem Kopf schlagen. Wenn ich mit dir zusammen bin, konzentriere ich mich vollkommen auf unsere Beziehung. Wenn ich nicht mit dir zusammen bin und du mir gesagt hast, daß du mich nicht brauchst, bist du mir aus dem Sinn. Wie könnte ich denn arbeiten, wenn ich immer nach dir schmachten würde?«

Das Gespräch, das durch die Interpretation von Jerrys Traum in Gang kam, führte beiden noch deutlicher vor Augen, welche Rolle einer im Leben des anderen spielte. Jerry ging auf, wieviel Rachel in ihren vielen Rollen zu bewältigen hatte, und er empfand Bewunderung für die gesammelte Aufmerksamkeit, mit der sie zu Werke ging. Ihm wurde klar, daß er zu den vielen wichtigen Dingen ihres Lebens gehörte, aber nicht unbedingt am wichtigsten war. Sie liebte ihn, doch wenn er sich ihr verschloß, konnte sie sich anderen Dingen und Menschen widmen, die ihr Befriedigung verschafften. Er lernte, darin eine ihrer starken Seiten zu sehen.

Sie wiederum merkte, daß er öfter Bestätigung brauchte. Dazu war sie durchaus bereit, aber sie wollte nichts von dem aufgeben, was sie sonst noch beschäftigte, nur weil es ihn ängstigte, wieviel Energie sie daran wandte.

Sie stimmten in dem Punkt überein, daß sich aller Wahrscheinlichkeit nach nichts an dem ändern würde, was jeder von ihnen in die Beziehung einbrachte und davon erwartete. Trotzdem fanden sie beide ihren intellektuellen Austausch in seiner Offenheit und Lebhaftigkeit einmalig. Keiner wollte den anderen aufgeben.

Aus *seinen* Träumen konnten sie alle beide ersehen, daß sie in einem althergebrachten Szenarium glücklich miteinander waren. Jedesmal gehörte zu diesem Szenarium außer der Wärme und Zuneigung auch das Essen. In seinem ersten Traum versuchten sie einen Platz in Old Town zu finden, wo man etwas zu essen bekam und in Geborgenheit beieinander war. Im zweiten Traum hatten sie sich voller Glück geliebt in einer alten Drehorgel mit einem Gerät, das ihnen vorgab, was sie essen sollten. Für ihn fingen die Probleme an, sobald das Szenarium modern wurde. In seinem ersten Traum markierte der Wechsel zu einer hellerleuchteten modernen Umgebung eine Störung in ihrem Verhältnis. In seinem zweiten Traum war es ebenfalls das Licht, das ihm beginnende Schwierigkeiten anzeigte.

Ganz anders sie: Sie fand in ihrem ersten Traum zwar auch einen Platz zum Leben, aber um diesen neuen Platz zu finden, ließ sie die Sicherheit von Heimat und Tradition hinter sich.

Es war nicht zu übersehen, daß er sich im Grunde seines Herzens nach einer Beziehung im alten Stil sehnte, mit einer Frau, die ihm intellektuell ebenbürtig, aber doch nicht zu selbstsicher oder direkt sein sollte und die vor allem ihm die nötige Aufmerksamkeit entgegenbrachte. Sie hingegen wollte ein modernes Leben einschließlich ihres Berufes und anderer Interessen führen und nur dann Zeit und Energie an eine intime Beziehung wenden, wenn ihr und ihrem Partner ausdrücklich danach zumute war.

Sie einigten sich darauf, ihre sexuelle Beziehung abzubrechen, aber gute Freunde zu bleiben. Sie treffen sich immer noch; sie suchen einander auf, wenn sie Probleme haben; sie erzählen sich ihre Träume. Sie fühlen sich wohl, ohne irgendwelche sexuellen Zwänge. Keiner von ihnen hat bisher den ersehnten Partner fürs Leben gefunden, und um so mehr schätzen beide die Stabilität ihrer Freundschaft. Sie haben das sichere Gefühl, daß ihre Selbsterkenntnisse bei der gemeinsamen Traumarbeit ihre Freundschaft in jeder Hinsicht erheblich vertieft haben. Ob nun die Geschichten damit enden, daß Freunde einander weiterhelfen, daß die Liebe zweier Menschen fortdauert oder daß aus Liebenden Freunde werden, immer rückt die Trauminterpretation die Menschen einander näher.

13 Irgendwelche Fragen?

Wenn ich einen Traum-Workshop abgeschlossen habe, kommen immer einige Teilnehmer mit guten Fragen zu mir. Im folgenden einige der Fragen, die mir häufig gestellt werden und die vielleicht in den bisherigen Kapiteln noch nicht hinreichend beantwortet worden sind.

FRAGE: *Warum vergessen wir Träume so schnell?*
ANTWORT: Der Hauptgrund ist der, daß wir schlafen. Es fällt uns einfach schwer, uns irgendwelche Vorgänge zu merken, während wir schlafen. Am besten erinnert man sich an einen Traum, wenn man bei seinem Schluß sofort ganz wach wird, aber nur wenige Träume begleiten uns auch in den Wachzustand.

Ein weiterer Grund ist der, daß Träume in erster Linie Gefühle widerspiegeln, häufig in Form von unzusammenhängenden Bildern. Die Bilder sind, außer beim prophetischen Traum, nicht der eigentliche Traum; sie sind nur Symbole des Traums. Als solche sind sie nichts Dauerhaftes; ein Satz von Symbolen ist so gut wie ein anderer. Außerdem sind Träume nicht immer folgerichtig angelegt. Wie Sie sicher schon gemerkt haben, ist es sehr schwer, sich bei einer bestimmten Textpassage, die völlig unklar geblieben ist, an den genauen Wortlaut zu erinnern, während ein klarer, zusammenhängender Text viel besser im Gedächtnis bleibt.

Träume sind häufig unzusammenhängend. Bei einem Gedicht, das man auswendig lernt, dient der Reim als Gedächtnisstütze. Die Form trägt in diesem Fall dazu bei, die Worte ins Gedächtnis einzuprägen. Träume besitzen oft keine bestimmte Form.

Da Träume, aus denen man aufwacht, am besten in Erinnerung bleiben, erinnert man sich natürlich auch besser an die Art von Träumen, die einen aus dem Schlaf hochfahren lassen, als an andere. Deshalb bleiben schlechte Träume viel öfter im Gedächtnis als gute. Aus schlechten Träumen schreckt man angsterfüllt und zitternd auf und fragt sich, was einen so entsetzt haben könnte. Hingegen stellt man sich kaum je die Frage: »Was war das nur für ein Traum, der mich so angenehm berührt hat?«

Offenbar sorgt noch ein zusätzlicher Faktor dafür, daß Träume so ungemein flüchtig sind. Ich habe selbst schon manches Mal einen Traum gleich nach dem Aufwachen aufgezeichnet und meine Aufzeichnungen weggelegt. Zwei, drei Tage später fällt mir die Niederschrift meines eigenen Traums wieder in die Hände, und ich frage mich: »Was ist denn das? Habe ich noch nie im Leben gesehen.« Meist muß ich erst etliche Sätze lesen, um überhaupt zu erkennen, daß sie aus meiner Feder stammen. Dabei bin ich überzeugt, ich würde nie einen Traum in so kurzer Zeit vergessen, den mir jemand anders erzählt. Anscheinend werden die Botschaften aus unserem Schlafzustand, die sich in unser Bewußtsein zu stehlen versuchen, nicht bloß vergessen, sondern auch noch verdrängt.

FRAGE: *Wenn wir einen Traum vergessen, heißt das, er war nicht wichtig?*

ANTWORT: Nein. Während meiner Forschungsarbeit haben mir Träumer von höchst wichtigen Träumen erzählt, die sie jemandem erzählten und gleich darauf vergaßen. Später, wenn der Traum in Erfüllung gegangen war, wurden sie dann von demjenigen, dem sie ihren Traum erzählt hatten, daran erinnert. Verschiedene Male sagte ein Traum den Tod eines Lebensgefährten voraus, und deshalb könnte er, auch wenn er vergessen wurde, ja keineswegs als unwichtig abgetan werden. Ein wichtiger Traum, dem man keine Beachtung schenkt, kehrt vielleicht wieder, bis man ihn im Gedächtnis behält und etwas unternimmt.

FRAGE: *Wie erinnert man sich besser an Träume?*

ANTWORT: Ein Trick ist der, den Traum sofort nach dem Aufwachen im Kopf durchzugehen und in *Worte* zu fassen. Manchmal meinen wir, einen Traum gut in Gedanken erfaßt zu haben, und dabei haben wir nur die Bilder noch einmal an uns vorbeiziehen lassen oder ihn noch einmal nachempfunden, statt ihn in Worte zu fassen, mit deren Hilfe wir unsere Gedanken und Gefühle in den Griff bekommen können. Und dann, wenn wir unter Druck stehen, merken wir auf einmal, daß wir uns nicht mehr an das erinnern, was uns aufgeregt, begeistert oder gewundert hat. Je vollständiger ein Traum in Worte umgesetzt wird, um so klarer bleibt er im Gedächtnis. Wenn der Traum schon längst verblichen ist, erinnert man sich noch an die Worte. Auf diese Weise prägen sich die entsprechenden Traumereignisse dem Klanggedächtnis ein.

Die beste Methode der Erinnerung aber ist das Aufschreiben auf Papier oder Aufzeichnen auf Tonband. Ist der Trauminhalt auf diese Weise festgehalten, kann man später noch auf die Traumsymbole reagieren, auch wenn man sich gar nicht mehr daran erinnert.

Zur Schlafenszeit sollten sie darauf achten, alles Nötige für die Aufzeichnung des Traums in Reichweite zu legen. Wenn sie ein Blatt Papier ans Bett legen, um mitten in der Nacht etwas aufzuschreiben, dann vergessen Sie nicht den Stift oder Ihre Brille. Denken Sie auch daran, daß Sie Licht brauchen. Ich kenne Träumer, die einen Kugelschreiber mit eingebauter Taschenlampe benutzen, um nachts schreiben zu können, ohne ihre Zimmergenossen zu stören. Sollten Sie Ihren Traum lieber mit dem Cassettenrecorder aufnehmen wollen, prüfen Sie, ob Sie ein leeres Band eingelegt haben und alles bereit ist, so daß Sie nur einzuschalten brauchen. Vielleicht wollen Sie Papier und Stift oder ein Cassettengerät ebenfalls auf der Toilette deponieren, um auch dort Aufzeichnungen machen zu können. Wundern Sie sich nicht, wenn die Aufzeichnung, die Sie mitten in der Nacht vornehmen, so klingt oder aussieht, als seien Sie betrunken gewesen. In diesem Zustand gemachte Aufzeichnungen sind zwar nicht so nüchtern, dafür aber viel aufschlußreicher als solche, die mit wacherem Geist festgehalten wurden.

FRAGE: *Wie bald nach seinem Auftreten sollte man einen Traum analysieren, um einen Nutzen davon zu haben?*
ANTWORT: So bald wie möglich, um auch unmittelbar den Nutzen davon zu haben. Wenn Sie zum Beispiel einen Traum beim Morgenkaffee auswerten, sehen Sie vielleicht eine gute Möglichkeit für eine bestimmte nutzbringende Handlungsweise bei der Arbeit. Warten Sie länger, vertun Sie vielleicht Ihre Chance, diesen besonders positiven Nutzen daraus zu ziehen. Die meisten Fragen, über die man träumt, betreffen allerdings einen größeren Zeitraum und können bis zu einem gewissen Grad auch später noch gelöst werden.

FRAGE: *Bleibt der Sinn in jedem Fall der gleiche, ob der Traum sofort oder später analysiert wird?*
ANTWORT: Nicht unbedingt. Wenn sich ein Problem wie ein Leitmotiv durch ein ganzes Leben zieht, wird ein Traum darüber den Eindruck hinterlassen, als gelte er für eine längere Zeit. Eine sofortige Interpretation wird dann unter

Umständen eine kurzfristige praktische Lösung aufzeigen, während eine spätere Auslegung womöglich zu einer längerfristigen Lösung führt.

Josh, ein Mann, der in einer Mietwohnung lebte und gleichzeitig anderswo selbst ein Haus besaß, hatte den folgenden Traum:

Ich träumte, ich sähe, wie mein Vermieter heimlich einen Sack mit Marihuana im Deckel eines Schachts versteckte. Um ihm einen Streich zu spielen, öffnete ich später den Schacht, holte das Marihuana heraus und hängte es da auf, wo mein Vermieter es gleich sehen mußte, nur damit er wußte, daß ich sein Geheimnis kannte. Als er es fand, ärgerte er sich sehr über meinen Streich. Aber er tat mir nichts.

Josh hatte den Traum gleich nach dem Aufwachen zu seiner Zufriedenheit analysiert. Er glaubte, der Traum hänge mit einer Gerichtssache zusammen, in die er verwickelt war. Er hatte einen Mieter wegen Zerstörung von Eigentum verklagt. Er wollte dem Schwurgericht sagen, daß der Mann Marihuana im Haus hatte, um einen überzeugenden Grund anzugeben, warum der Mieter gewalttätig gegen Sachen vorgegangen sein könnte. Josh hatte persönlich nichts gegen den Genuß von Marihuana, dachte jedoch im stillen, Marihuanabesitz könnte die Geschworenen beeinflussen. Der Richter hatte aber bei einer Vorverhandlung entschieden, das Marihuana sei nicht zur Sache gehörig und könnte nicht als Beweismittel verwendet werden. Josh hatte sich deshalb vorgenommen, in der Hauptverhandlung zu sagen: »Das Marihuana ...«, und selbst wenn er dann vom Richter unterbrochen wurde, würde das Wort in den Köpfen der Geschworenen hängenbleiben.

Am Morgen zog er den Schluß, der Vermieter in seinem Traum verkörpere den zuständigen Richter. Der Richter wollte das Marihuana unerwähnt lassen, aber Josh hängte es doch an die große Glocke. Darüber würde sich der Richter ärgern, folgerte Josh weiter, doch er käme mit seinem Trick durch.

»Der Traum hat mich in meinem Vorhaben bestärkt«, sagte Josh.

Einige Tage später beschlossen Josh und ich jedoch, den Traum noch einmal zu analysieren. Diesmal fragte ich Josh, welche Assoziationen das Wort *Marihuana* bei ihm auslöste. Das erste, was ihm dazu einfiel, war eine Frau, eine Geliebte, der er sein eigenes Marihuana für eine Weile zur Aufbewahrung gegeben hatte. (Er hatte sich gedacht, wenn er sein Marihuana vorübergehend aus dem Haus verbannte, würde er in seinem Streitfall gegen den Mieter selbstsicherer auftreten können.) Seine Kenntnis von dem *geheimen Versteck* für das Marihuana erinnerte ihn an seine intuitive Fähigkeit, die Gedanken und Gefühle anderer zu durchschauen. Seine Assoziation zu dem Wort *Schacht* war in echter Freudscher Manier die Vagina. Der Deckel ließ ihn an Schönheit denken, weil er und seine Geliebte auf einer Europareise vor kurzem die kunstvoll verzierten Kanaldeckel in Wien bewundert hatten. Das ganze Bild von Schacht und Deckel erwies sich als Symbol für seine intime Beziehung mit einer schönen Frau. Das Herausholen des Marihuanas aus dem Versteck erinnerte ihn daran, wie er seine Geliebte mit seiner intuitiven Kenntnis ihrer Gedanken und Gefühle bedrängt hatte. Sie hatte sich sehr über manches geärgert, was er zur Sprache brachte, und sah darin eine Einmischung in ihre Privatsphäre. Diese Sache ging noch einmal gut, aber Josh merkte doch, daß er zu weit gegangen war und in Zukunft besser seine Eingebungen bezüglich der Geheimnisse anderer Menschen für sich behielt, bis eine solche Vertraulichkeit gefragt war.

Weder die eine noch die andere Interpretation war »richtig« oder »falsch«. Beide hatten zu verschiedenen Zeiten ihre Gültigkeit und einen entsprechenden Nutzen.

FRAGE: *Warum habe ich immer wieder den gleichen Traum?*

ANTWORT: Wiederkehrende Träume sind ein Hinweis darauf, daß irgend etwas im argen liegt. Prophetische Träume wiederholen sich oft mehrere Male, entweder völlig gleich oder mit geringfügigen Abweichungen. Träumer, die mir schrieben, ein wiederkehrender Traum sei schließlich in Erfüllung gegangen, setzten meist hinzu: »Und danach blieb der Traum aus.« Symbolische Träume behandeln häufig eine Frage, einen Konflikt, der sich im Traum auf einen Höhepunkt hin steigert. Aber wenn der Träumer bei diesem Höhepunkt erwacht, ohne eine Lösung gefunden zu haben, kehrt der Traum unter Umständen wieder. Er macht deutlich, daß der Träumer noch immer von der Sache gequält wird und weiter nach einer Lösung suchen muß.

Ein typisches Beispiel ist der junge Mann, dem in einem lebhaften Traum immer wieder seine Mutter erschien, die schon Jahre tot war. Jedesmal streckte er im Traum die Arme nach ihr aus, und jedesmal sagte sie: »Berühre mich nicht.« Dann pflegte er sich verletzt abzuwenden und aufzuwachen. Da er diesen Traum so oft träumte und hinterher stets völlig niedergeschlagen war, wußte er, daß er eine Antwort auf die Frage finden mußte, warum sie sich nicht von ihm berühren ließ. Jemand riet ihm, doch seine Mutter selbst das nächste Mal, wenn sie ihm im Traum erschien, zu fragen, warum er sie nicht berühren dürfe.

Als er in seinem nächsten Traum die Hand nach ihr ausstreckte und sie wieder warnte: »Berühre mich nicht!«, fragte er sie: »Warum darf ich dich nicht berühren?« Sie antwortete nicht, aber sie wandte sich von ihm ab, wie er sich zuvor von ihr ab gewandt hatte.

Der junge Mann analysierte seinen Traum, und da wurde ihm bewußt, daß er stets vom Beifall seiner Mutter abhängig gewesen war. Auf die Bitte, zum Bild der *Mutter* frei zu assoziieren, sagte er: »Sie kam für mich vermutlich gleich nach Gott.« Ihre Zurückweisung im Traum weckte bei ihm das Empfinden, ihrer Anerkennung und damit der Anerkennung Gottes nicht würdig zu sein, womit er sich letztlich auch das eigene Selbstwertgefühl aberkannte. Als er nun selbstbewußt aufbegehrte und sie fragte, wich sie zurück. Er begriff, daß seine Mutter auch nur ein Mensch und verletzlich war und daß Mißbilligung oder Zurückweisung von ihrer Seite, ob in Wirklichkeit oder im Traum, nicht unbedingt etwas war, was er ein Leben lang mit sich herumschleppen mußte. Nachdem der Träumer das Problem gelöst hatte, kehrte der Traum nicht mehr wieder.

Wiederkehrende Träume sollten nach Möglichkeit eine Auflösung erfahren, weil ihre Thematik ganz offensichtlich so wichtig ist, daß sie immer wieder in der gleichen Form aufgegriffen wird.

FRAGE: *Sie sagen, daß es im Falle eines prophetischen Traums für den Träumer von Vorteil ist, diesen Traum jemandem zu erzählen. Gibt es auch Fälle, in denen man seinen Traum nicht weitererzählen sollte?*
ANTWORT: Ich bin eigentlich der Ansicht, daß es nie verkehrt ist, mit *jemandem* darüber zu sprechen. Allerdings nicht einfach mit *irgend jemandem*. Ich rate zu einer gewissen Diskretion. Ich halte es zum Beispiel für keine gute Idee, einem alten Menschen zu erzählen, man habe

von seinem Tod geträumt. Der Gedanke an den Tod ist sicher den meisten alten Leuten nicht fremd, aber Knall auf Fall mit einer solchen Botschaft konfrontiert zu werden, dürfte den Betreffenden doch sehr bestürzen. Ich würde nicht empfehlen, einem unzuverlässigen, böswilligen oder unsympathischen Menschen einen Traum zu erzählen. Und wenn Ihr Chef verkündet, er halte jeden, der an paranormale Phänomene glaubt, für einen Dummkopf, sollten Sie ihm auch nicht unbedingt unter die Nase reiben, daß Ihr letzter Traum Ihrer Meinung nach in Erfüllung gehen wird.

FRAGE: *Stimmt es, daß kreative Menschen ganze Romane oder Kunstwerke träumen?*

ANTWORT: Ja, es ist wunderbarerweise wahr. Die Handlung von mehreren Werken R. L. Stevensons und die Metaphorik des Dichters Robert Penn Warren sind nur einige von vielen Beispielen in der Literatur, bei denen die Autoren entsprechende Träume hatten. Der Sänger und Songschreiber Billy Joel hat behauptet, bestimmte Zeilen, von denen er geträumt habe, hätten ihn zu einigen seiner Lieder inspiriert. 130 Gedichte in Grangers Nachschlagewerk *Index to Poetry* von 1986 handeln von Träumen, und 49 davon sind sogar mit »Traum« betitelt. Eine Träumerin sandte mir die detaillierte Beschreibung eines Traums, in dem sie durch einen Urwald aus hohen Bäumen und niedrigen Palmen wanderte. Als eine Löwin mit Jungen auf der Traumbühne erschien, lief die Träumerin freudig los, um es Freunden zu erzählen. Auf dem Weg kam sie an einem riesigen, in Fuchsienrot und anderen leuchtenden Farben gestreiften Pilz vorbei. Einige Wochen später flog die Träumerin von ihrer Heimatstadt San Francisco nach New York, wo sie unter anderem das Museum of Modern Art besuchte. Zu ihrem großen Erstaunen sah sie dort ein Bild mit genau der Dschungelszene an der Wand hängen, die sie geträumt hatte. Auf dem Gemälde zeigt eine auf einem Sofa ruhende Frau auf eine Löwin mit ihren Jungen. Die fuchsienroten und andersfarbigen Streifen tauchten auf dem Lendenschurz eines Eingeborenen im Bildhintergrund wieder auf. Noch größer aber war ihre Verwunderung, als sie den Titel des Bildes von Henri Rousseau las: Der Traum. Offenbar hatte der berühmte naive Maler der Jahrhundertwende die Szene ebenfalls im Traum erlebt oder vorausgeahnt, daß eine Frau sich zum Schlaf hinlegen und diese Löwenfamilie inmitten des farbenprächtigen Urwaldes schauen würde.

Eine ganze Reihe weniger berühmter Leute ist auf ähnliche Weise durch Träume inspiriert worden. Ein Schriftstellerkollege hat mir erzählt, daß er, wenn er Schwierigkeiten hat, einen sachlichen Text abzufassen, der seine Ideen und Fakten vollständig wiedergibt, oftmals die Gliederung seines Artikels träumt und ihm am Morgen bloß noch den letzten Schliff zu geben braucht. Eine Modedesignerin erzählte mir, bei ihr und ihren Kollegen käme es häufig vor, nicht nur von einem bestimmten Kleidungsstück zu träumen, sondern von einer ganzen Modenschau, die sie dann nach dem Aufwachen möglichst rasch aufzeichnen würden.

1988 machte der Künstler Sandi Grow in Atlanta eine Ausstellung unter dem Motto: »Noch vom Traum umfangen.« Sie bestand aus nichts anderem als Traumszenen auf Leinwand, in denen die Kritiker eine »tiefe, sinnliche Symbolik« entdeckten. Von Richard Hill, einem Bildhauer aus Atlanta, dessen Werke überall in den USA ausgestellt werden, konnte man kürzlich in einer Zeitschrift lesen, ihm sei nach eigenen Angaben mehrmals seine verstorbene Mutter im Traum erschienen und habe ihm genaue Angaben zu den Ideen, Materialien, Formen und Farben seiner Werke gemacht. Er sei ihren Anweisungen gefolgt.

FRAGE: *Sind künstlerisch veranlagte Menschen wie Schriftsteller und Maler aufgrund ihrer intuitiven Veranlagung die einzigen, die kreativ träumen?*

ANTWORT: Nein. Ein Chemiker, der regelmäßig alle seine Träume aufzeichnet, hat mir einmal gesagt: »Auch Wissenschaftler sind nicht gegen solche Träume gefeit; ihnen ist nur nicht wohl dabei.« Trotz der Skepsis seiner Kollegen hat er selbst schon durch entsprechende Träume Lösungen für Forschungsprobleme gefunden. Sogar Einstein soll durch einen Traum auf die Idee seiner Relativitätstheorie gekommen sein. Ein weiteres berühmtes Beispiel für einen wissenschaftlichen Durchbruch aufgrund eines Traums ist die Entdeckung eines deutschen Chemikers aus dem 19. Jahrhundert, Friedrich A. Kekulé von Stradonitz, der als Vater der theoretischen Grundlagen der organischen Chemie gilt. Kekulé zerbrach sich den Kopf über die bis dahin unbekannte Struktur des Benzols. Er schlief ein und sah die Atome von seinem Geist Besitz ergreifen. Sie verwandelten sich schließlich in Schlangen, und als sich eine Schlange in sich zusammenringelte und den eigenen Schwanz packte, ging Kekulé plötzlich auf, daß es sich bei der schwer bestimmbaren Struktur des Benzols um einen Ring handelte.

Der zeitgenössische Physiker Niels Bohr hat ebenfalls anhand eines Traums ein Atommodell entdeckt, das später nach ihm benannt wurde, und in einem weiteren Traum, Jahre vor dem praktischen Beweis, die Pilzform des Rauchs einer Atombombe vorausgesehen. Ein Ingenieur, den ich in Carrolton, Georgia, kennenlernte, sagte mir, schwierige Konstruktionsprobleme, die ihn lange beschäftigten, würden häufig in seinen Träumen zu einer Lösung kommen, und Kathryn Gable, eine Fotografin aus Atlanta, erinnert sich, ein schwieriges technisches Problem an ihrer Großformatkamera gelöst zu haben, nachdem sie davon geträumt hatte.

FRAGE: *Sind solche schöpferischen oder problemlösenden Träume prophetisch zu nennen?*

ANTWORT: Es läßt sich unmöglich feststellen, ob diese Träume prophetischer Natur sind oder ob sie einfach nur Elemente zusammenfügen, die ohnehin schon im Geist des Träumenden schlummern. Kunstwerke entstehen aus Elementen, die schon vorher da waren, und sie könnten sich auch ohne besondere parapsychische Fähigkeiten des Träumers in seinem Geist zusammenfinden. Und für die Lösung des Kameraproblems gab es vielleicht schon Anhaltspunkte im Kopf der Fotografin, ohne daß sie sich dessen bewußt gewesen wäre. Es spielt im Grunde keine Rolle. Ein problemlösender Traum ist nicht unbedingt prophetisch, sondern vielleicht auch das Produkt einer Art von Computeranalyse der Gedanken. Andererseits könnte er natürlich durchaus prophetisch sein. Was die Reaktion anbelangt, gibt es keinen Unterschied. Auf die angemessene Reaktion kommt es an.

FRAGE: *Wenn Träume Informationen verarbeiten, die unterdrückt worden sind, kann ein Träumer dann etwas Falsches mit einem Wort assoziieren und so seine wahren Gefühle verleugnen mit dem Ergebnis, daß die Traumanalyse nichts bringt?*

ANTWORT: Ja. Wenn man sich gegen das Gefühl oder einen aufsteigenden Gedanken wehrt, assoziiert man wahrscheinlich nicht aufrichtig. Die Traumanalyse in der Ungestörtheit der eigenen vier Wände basiert auf der Idee, daß man dort wenigstens laut denken kann, ohne daß man gehört wird. Man fühlt sich sicherer.

Leider sind wir oft selbst unsere strengsten Zensoren.

Wir selbst sind es, vor denen wir das ganze Zeug verbergen wollen. Wenn Sie hingegen bei Ihrem Therapeuten unabsichtlich etwas erwähnen, was Sie im tiefsten Innern bewegt, wird Ihre unvorsichtige Äußerung vielleicht gleich aufgegriffen mit den Worten: »Hallo, was haben wir denn hier?« Manchmal hört ein objektiver Freund aus dem, was Sie sagen, etwas heraus, wovon Sie keine Ahnung hatten, und hilft ihnen, es ans Licht zu bringen.

FRAGE: *Was ist, wenn einem zu einem bestimmten Traumbild nichts einfällt?*

ANTWORT: Manch einer hat große Schwierigkeiten mit dem Assoziieren. Bei den meisten Traumelementen weiß er nichts zu sagen. Er muß einfach üben und sich zu lockern versuchen. Die meisten Leute haben Angst, das, was sie äußern, könnte albern klingen, und brauchen nur einen anderen in der gleichen Situation zu erleben, um ihre Hemmungen zu verlieren. Wenn jemandem, der gut assoziieren kann und schon eine lange Reihe von Traumbildern durch hat, bei einem Element plötzlich nichts mehr einfällt, nennt man das *Blockieren*. Bei dem betreffenden Wort ist ein Gedanke oder Gefühl aufgekommen, das dem Träumer Unbehagen bereitet. Unter Umständen blockt er in diesem Fall so schnell ab, daß ihm selbst sein unbehagliches Gefühl gar nicht bewußt wird.

Ein Träumer namens Bill war unerschöpflich im Assoziieren. Er sprudelte nur so über von interessanten, aber harmlosen Assoziationen zu allen Elementen seines Traums, von Reizworten wie *nackt* bis hin zu Allgemeinbegriffen wie *gehen*.

Doch als ich ihm den Satz »Bereit oder nicht« vorlas, entstand eine lange Pause. Ich wartete. Schließlich sagte er: »Kann ich das auslassen?« Er merkte gar nicht, wie aufschlußreich sein Schweigen war. Für mein Verständnis handelte es sich um einen klaren Fall von Blockieren; das Traumproblem hatte damit zu tun, daß der Träumer für irgend etwas, das auf ihn zukam, nicht bereit war.

Ein weiteres Beispiel hierfür ist der Traum über das Marihuana. Der Träumer assoziierte schlagfertig etwas zu allen Traumgegenständen, bis ich *Schacht* sagte. Da fiel ihm nichts mehr ein. Ich erklärte ihm schließlich, der alte Freud würde sagen, ein Schacht sei eine Vagina. Daraufhin sagte der Träumer: »Das ist auch das erste, was mir in den Sinn kam, aber ich habe es wieder verworfen, weil es wirklich nur ein Freudsches Standardsymbol ist.« Das erste, was einem einfällt, ist das, was man aussprechen sollte, und dieser Mann verwarf es einfach. Ich fand es zwar durchaus verständlich, daß er nicht sagen wollte, was Freud in diesem Fall gesagt hätte, aber trotzdem mußte ein Grund vorliegen, warum er zuerst an das Freudsche Symbol gedacht hatte statt an näherliegende Begriffe wie *Wasser, Rohre, Arbeiter.*

Es kommt des öfteren vor, daß ein Träumer sich innerlich dagegen sträubt, etwas mit einem Traumelement in Verbindung zu bringen, was ihn irgendwie ängstigt. Wenn sich jemand weigert, sich mit einem Traumsymbol auseinanderzusetzen, läßt sich nichts machen – auch wenn Sie selbst der/diejenige sind. Versuchen Sie, sich so zu akzeptieren, wie Sie sind; versuchen Sie, Ihre Gefühle zu akzeptieren, denn sie steigen nun einmal auf, und Sie haben keine andere Wahl. Also gewöhnen Sie sich besser an, ihnen nachzugehen.

FRAGE: *Kündigen Träume, die Probleme und deren Lösungen wiedergeben, Veränderungen an oder spiegeln sie nur Veränderungen wider, die innerlich bereits stattgefunden haben?*

ANTWORT: Ein Problem zu lösen oder sich bewußt zu werden, ein Problem innerlich schon gelöst zu haben, ist oft ein und dasselbe. Manchmal scheint es so, als eröffne ein Traum eine Lösungsmöglichkeit, an die man vorher nicht gedacht hatte, oder als sei eine bestimmte Stelle in einem Traum ein Rat von einer ungemein weisen Macht. Ein Licht geht einem auf, und man hält sich daran. In diesem Fall hilft der Traum tatsächlich, ein Problem zu lösen. Es kommt aber auch vor, daß ein Traum lediglich aufzeigt, an welchem Punkt man in seinem Leben angelangt ist; er spiegelt zwar eine Entwicklung wider, ist aber nicht deren Ursache. Dieses Sichtbarmachen ist genausoviel wert wie eine Problemlösung, denn es bestätigt die Entscheidungen, die man getroffen hat. Der Traum markiert unter Umständen den Punkt, den Sie bewußt oder unbewußt erreicht haben, und weckt das wundervolle Gefühl in Ihnen, daß Sie wirklich eine gute Entscheidung gefällt und eine gute Veränderung erzielt haben.

Schlußwort:
Was uns verbindet und zusammenhält

Ich kenne wissenschaftliche Theorien und weiß, daß sie unzureichend sind. Ich habe festgestellt, daß es keine Theorie gibt, die erschöpfend erklären könnte, woher parapsychische Informationen kommen oder wie sie sich in Symbolträume einfügen. Das heißt nicht, daß es keine Erklärung gibt. Eines Tages wird man sie finden, davon bin ich überzeugt. Ich hoffe, mit den Mustern, die sich in Hunderten von Traumberichten und Interviews vor meinen Augen abgezeichnet haben, ein wenig Licht in dieses Dunkel gebracht zu haben.

Es wird immer Menschen geben, die sagen, daß solche Phänomene nicht existieren, nur weil es noch keine Erklärung dafür gibt. Das ist eine geistige Hürde, die Skeptiker nicht überwinden können. Aber Sie und ich, wir gehen davon aus, daß es wirklich Träume jenseits der Grenzen von Zeit und Raum, jenseits der Grenzen des Lebens gibt, Träume, die auf wörtliche oder symbolische Weise wahr werden. Sie und ich *wissen* es, weil wir die Träumer kennen.

Ob wir Träume als Synapse und Elektron, Empathie und göttlicher Geist oder als Konzept begreifen, das Zeit und Raum in einem holistischen Modell zusammenfallen läßt, wir hören alle das Echo – ja sind ein Teil des Echos – all dessen, was uns verbindet und zusammenhält.

Als meine Kollegin und ich uns gemeinsam der Arbeit an diesem Buch widmeten, ging wie ein Lauffeuer die Nachricht um, wir untersuchten Traumerlebnisse. Wir waren überrascht, wie viele Leute sozusagen aus dem Blauen auftauchten und uns in allen Einzelheiten Träume erzählten, die in Erfüllung gegangen waren, oder Symbolträume, die ihr Leben veränderten. Das Erste hat mir immer klarer meine ursprünglichen Forschungsergebnisse bestätigt, daß parapsychische Träume existieren und öfter auftreten, als sich durch Zufall erklären ließe. Das Zweite hat den Wunsch und Willen bekräftigt, Lösungen zu finden, die bereits im Innern eines jeden von uns angelegt sind.

Ebensosehr hat es uns verwundert, wie Leute mit einem Achselzucken über die bedeutsamsten Träume einfach hinweggehen, sowohl über solche, die voller parapsychischer Möglichkeiten stecken, als auch über solche, deren Symbolik geradezu ins Auge springt. Denn als wahr erweisen kann sich die Traumweisheit nur bei entsprechender positiver Reaktion. Träume, ob flüchtig oder lebhaft, parapsychisch oder symbolisch, kommen aus einer Dimension, die wir kaum verstehen. Und doch bewegen uns Träume in ihrer zwingenden Eindringlichkeit dazu, tief in unserem Innern nach der eigenen verborgenen Weisheit zu forschen, und erinnern uns zugleich dauernd an unsere Verbundenheit mit anderen. Sowie wir lernen, darauf zu reagieren, blicken wir mit einer neuen inneren Ruhe und Zuversicht auf die Zukunft, in die Ferne und auf das, was möglich ist.

Quellenangaben

Capra, Fritjof: *Das Tao der Physik. Die Konvergenz von westlicher Wissenschaft und östlicher Weisheit,* Scherz, München, rev. u. erw. Neuausg. 1984.

Ferguson, Marilyn: »Wirklichkeit und Wandel – Karl Pribram als Pionier der Gehirn- und Bewußtseinsforschung.« In Wilber, Ken (Hrsg.): *Das holographische Weltbild. Wissenschaft und Forschung auf dem Weg zu einem ganzheitlichen Weltverständnis.* Scherz, München 1988.

– : *Geist und Evolution. Die Revolution der Gehirnforschung.* Goldmann, München 1986.

Orme, J., zitiert in Ferguson, M.: *Geist und Evolution,* a. a. O.

Pribram, Karl H.: »Worum geht es beim holographischen Paradigma?« In Wilber, Ken (Hrsg.): *Das holographische Weltbild,* a. a. O.

Rothman, T.: *Discover,* Feb. 1987, Time Inc., New York.

Schmeidler, G., u. McConell, R.: *ESP and Personality Patterns.* Yale University Press, New Haven, Conn., 1958.

Bereits erschienen im /Stb

Joe Hyams

Der Weg der leeren Hand
Zen in der Kunst des Kampfes

ISBN 3-89767-447-5

Kyriacos C. Markides

Auf dem Löwen reiten
Die Suche nach dem mystischen Christentum

ISBN 3-89767-453-X

Peter Orban

Der multiple Mensch
über die Vielfalt jeder Seele

ISBN 3-89767-454-8